MÉLANGES OFFERTS À DANIEL LANÇON

*Ouvrage publié avec le soutien de*

l'UMR Litt&Arts EA7355 - CNRS, université Grenoble Alpes

MÉLANGES OFFERTS À DANIEL LANÇON

*Textes recueillis par* Ridha Boulaâbi

GEUTHNER

*Couverture*

Paysage, Inde du Sud, photographie Daniel Lançon, 1989.


16, RUE DE LA GRANDE CHAUMIÈRE - 75006 PARIS

ISBN : 978-2-7053-4010-0



*Composition de la couverture*
Chloé Heinis

À Daniel Lançon,

# Remerciements

Daniel Lançon, professeur émérite en littératures française et francophone et Ridha Boulaâbi, maître de conférences en littératures francophones, remercient très chaleureusement les collègues et amis qui ont contribué à ce volume d'hommage :

**Yves Bonnefoy** †, écrivain, poète et professeur au Collège de France

**Guillaume Bridet**, professeur de littérature française des XXe et XXIe siècles, université de Bourgogne

**Catherine Brun**, professeur des littératures et théâtres de langue française XXe-XXI[e], université Sorbonne nouvelle - Paris 3

**Christiane Chaulet-Achour**, professeure émérite de littérature comparée et francophone, université de Cergy-Pontoise

**Dominique Combe**, professeur de littérature française et de théorie littéraire, université Sorbonne nouvelle - Paris 3

**Kadidja Khelladi**, professeur de littérature française, université Alger 2

**Martine Mathieu-Job**, professeure émérite de littératures française et francophone, université Michel de Montaigne - Bordeaux 3

**Fouad Mehdi**, enseignant chercheur en littératures française et francophone, université Moulay Ismaïl - Meknès

**Anne-Marie Monluçon**, maître de conférences en littérature comparée, université Grenoble Alpes

**Sarga Moussa**, Directeur de recherche CNRS, membre de l'UMR THALIM dans l'équipe « Écritures de la modernité », université Sorbonne nouvelle - Paris 3

**Patrick Née**, professeur, spécialiste de la poésie moderne et contemporaine, université de Poitiers

**Ralph Heyndels**, professeur de littératures française et francophone, université de Miami

Que soit également remerciée l'UMR Litt&Arts de l'Université de Grenoble Alpes pour l'hommage rendu à Daniel Lançon, lors du colloque « Créer/publier en français aujourd'hui depuis le Maghreb » qui s'est tenu à Lyon le 5 décembre 2017 et à Grenoble le 6, 7 et 8 décembre 2017.

# Sommaire

# Introduction

## Vous avez dit *orientaliste* ?
## Les voix d'Orient dans le brouhaha médiatique

RIDHA BOULAÂBI

Depuis quelques années, plusieurs expositions en France se consacrent à la relecture de l'histoire de l'orientalisme pictural européen. En soi, on ne peut que se réjouir de toutes ces manifestations s'intéressant au rapport du monde occidental à l'altérité en général et à l'Orient en particulier. De nombreux journaux nationaux, en commentant aussi bien les œuvres exposées que les choix des commissaires, se chargent à leur tour de la vulgarisation de l'orientalisme en s'appuyant sur les travaux d'Edward Said ainsi qu'un grand nombre de travaux issus des études postcoloniales et décoloniales, anglo-saxonnes et autres. Toutefois, cet effort de pédagogie adressé à un public non spécialiste tend malheureusement vers une simplification que l'on peut qualifier de préoccupante : les rapports entre Orient et Occident, entre Européens et non-Européens sont très souvent vus et analysés aujourd'hui, uniquement sous le prisme de la domination, qu'elle soit affichée ou inconsciente.

Présenté très souvent comme une discipline monolithique et immuable, l'orientalisme est systématiquement attaqué en tant que savoir au service d'un pouvoir impérial, dénoncé comme une machine à produire et à diffuser les stéréotypes nécessaires à la mainmise de l'Occident sur le reste de la planète. C'est en ce sens que toute représentation occidentale de l'Autre est systématiquement scrutée, suspectée dans les moindres détails, afin de prouver son implication dans cette vaste expansion coloniale qui s'est propagée partout. Commentaires et comptes-rendus prennent souvent l'allure d'une enquête visant, à travers tout un vocabulaire souvent moralisateur, à démontrer la culpabilité d'un artiste féru d'Orient, à révéler la compromission d'un écrivain-voyageur, sacrifiant ainsi la complexité des contextes historiques et artistiques sur l'autel de ce qu'on peut appeler aujourd'hui le *politiquement décolonial.*

Du 11 janvier au 2 avril 2018, le musée national Eugène Delacroix propose, en association avec la fondation Lilian Thuram pour l'éducation contre le racisme, une exposition sous le titre « Imaginaires et représentations de l'Orient. Questions de regards ». Présenté comme un parcours de « médiation » ouvert à tout public, le projet a pour ambition de s'interroger sur l'Orient imaginaire, sur le rapport du peintre occidental au monde qui l'entoure, en confrontant les œuvres exposées aux « commentaires conçus par Françoise Vergès et Lilian Thuram[1] ». D'emblée, le choix du pluriel dans le titre annonce une promesse, propose au visiteur un contrat original fondé *a priori* sur une pluralité de regards et de visions censée le prémunir contre toute position partiale ou encore essentialisante. Néanmoins, rapidement, le contrat se voit interrompu par des commentaires, partisans, réduisant les œuvres de Delacroix à un vaste bazar oriental et ne gardant du contexte intellectuel et artistique que sa dimension politique : le peintre témoigne de sa supériorité occidentale en prenant comme modèle un monde oriental en cours d'asservissement. En se référant, en filigrane la théorie saidienne, Lilian Thuram écrit ceci :

> « L'orientalisme permet de renforcer le sentiment de supériorité des Européens car ils s'éprouvent comme plus "avancés" ; regarder l'Orient, c'est revenir aux sources, en arrière, aller vers un archaïsme. L'Occident enferme l'Orient dans un espace clos, le fabrique commercialement et économiquement. Aujourd'hui encore, cette marchandisation de l'Orient est sensible. Ainsi, les supermarchés occidentaux dans lesquels on trouve à disposition des produits venant du monde entier, comme un exotisme mis à disposition[2] ».

---

[1] Le communiqué de presse présente les partenaires de l'exposition en ces termes : « Françoise Vergès, politologue, membre du comité scientifique de la Fondation Lilian Thuram, titulaire de la chaire « Global South(s) » à la Maison des sciences de l'homme, est à l'initiative de ce projet dont elle a développé les prémices au musée du Louvre. Footballeur professionnel de 1991 à 2008, Lilian Thuram a été notamment champion du monde en 1998. En 2008, il crée la Fondation Éducation contre le racisme afin de traduire en actes son engagement personnel contre les discriminations, pour l'égalité. Il est docteur Honoris causa de l'Université de Stockholm. »,
http://www.museedelacroix.fr/IMG/pdf/cp_accrochage_lt_version_definitive.pdf

[2] J'ai transcrit les commentaires à partir de photographies prises lors de la visite, faute de catalogue édité.

Il ne s'agit nullement ici de discuter la dimension orientaliste qui se dégage d'un certain nombre de tableaux de Delacroix. Il s'agit surtout de pointer du doigt la simplification des thèses, ou tout simplement l'ignorance de la complexité des contextes artistiques et politiques qui ont vu naître cette fascination pour l'Orient. Les tableaux ne sont plus regardés pour eux-mêmes mais ils sont souvent pris comme des exemples illustrant des idées préconçues faisant de l'oriental un éternel objet exotique et de l'occidental un colonisateur sans scrupules. Le rôle du militaire avançant à coup de canons sur le terrain va de pair, en ce sens, avec celui du peintre qui envahit les mêmes espaces par ses fantasmes d'européen colonialiste. D'autres explications, comme celles accompagnant *Femmes d'Alger dans leur appartement,* se passe de tout commentaire :

> « La femme orientale fascine au 19e siècle pour la liberté que ses vêtements, lâches, libres, donnent à son corps, à une époque où les femmes européennes portaient des corsets, des guimpes, qui contraignaient leurs mouvements. Ce que l'on voit encore aujourd'hui avec la relation à la danse orientale. La mode orientale est appréciée pour la liberté des corps qu'elle permet ».

En 1980, Assia Djebar, publie un magnifique recueil de récits reprenant le titre du célèbre tableau de Delacroix. Dans le chapitre « Regard interdit. Son coupé[3] », l'écrivaine algérienne propose une lecture complètement décentrée de *Femmes d'Alger dans leur appartement* : Djebar déplace en effet le voyeurisme du peintre occidental et son « regard volé » vers une autre oppression qui ne se voit pas de prime abord, celle d'un Orient masculin dominant ses propres femmes. Le texte revient sur la claustration féminine en terre d'islam, sur ces corps enfermés dans des espaces interdits, enveloppés dans des vêtements dont la confection obéit à un code d'honneur extrêmement sophistiqué. La richesse apparente des parures cache dans ses plis le pouvoir de l'homme oriental sur la femme, un pouvoir saisi, selon Djebar, par le génie du peintre occidental[4]. Quant à la « danse orientale » évoquée

---

[3] Assia Djebar, « Regard interdit, son coupé », *Femmes d'Alger dans leur appartement,* Albin Michel, Paris, p. 226-227.

[4] Pour plus d'informations, je renvoie à mon étude « Lectures croisées de *Femmes d'Alger dans leur appartement* », dans *L'Orient Zur (De-) Konstruktion eines phantasmas,* Véronique Porra, Gregor Wedekind (dir.), Transcript, Bielefeld, Allemagne, 2017.

plus haut par Lilian Thuram, rappelons ici que le terme a été inventé par des écrivains-voyageurs européens au XIXe siècle, fascinés par la puissance érotique que provoquent ces mouvements. La pratique de la « danse du ventre » a été diffusée pendant l'exposition universelle de 1889 à Paris : dans une section baptisée « La Rue du Caire », se produisaient des *Almées* à moitié dénudées, non pas pour mettre en valeur la liberté des corps des dites Orientales mais pour mettre en scène un Orient féminin sexuellement débridé, prometteur et disponible à tout moment[5] ! Là encore, la description de cette rue fournie par Edmond de Concourt se passe de tout commentaire :

> « Et nous voilà dans la rue du Caire, où le soir, converge toute la curiosité libertine de Paris, dans cette rue aux âniers obscènes, aux grands Africains en leurs attitudes lascives, à cette population en chaleur ayant quelque chose des chats pissant sur la braise, – la rue du Caire, une rue qu'on pourrait appeler la rue du rut[6] ».

Toujours dans cette volonté de réévaluer l'histoire de l'orientalisme français, le musée d'Orsay organise une exposition pluridisciplinaire intitulée « Le modèle noir de Géricault à Matisse », du 26 mars au 21 juillet 2019. Dans le catalogue de la manifestation, les commissaires la présentent ainsi :

> « Cette exposition se veut projet de cohésion. En pointant une réalité historique jusque-là négligée par les musées et les chercheurs, elle fait surgir une présence et vient combler un manque réel. Nous avons conscience néanmoins que, sur des sujets aussi

---

5 Le « Supplément littéraire » du journal *Le Figaro* daté du 24/08/1889, consacre toute une page aux « Femmes exotiques à l'exposition », avec un intérêt particulier pour « Les Almées » : « La danse du ventre est spécialement défendue dans les grands centres de notre possession ; c'est seulement chez soi, à domicile, portes closes et rideaux tirés, qu'on peut se donner ce spectacle. Il n'existe pas, à Alger, un seul établissement où on l'exécute, et, s'il s'en trouve un à Oran, que la police ferme, d'ailleurs, de temps en temps, c'est sans doute parce que cette ville renferme relativement moins d'Arabes que les autres. Car on affirme que c'est à cause des Arabes que cette dislocation abdominale est prohibée ». Pour plus d'informations, je renvoie à l'étude de Mariem Guellouz « Contemporanéités plurielles. De la construction de la figure de la danseuse orientale à une danse contemporaine arabe », *Tumultes*, 2017, n°48, Éditions Kimé, p. 141-155.

6 Edmond de Goncourt, *Journal des Goncourt*, Paris, G. Charpentier et E. Fasquelle, VIII (1889- 1891), 2 juillet 1889, p. 66.

exigeants, une certaine modestie s'impose. En aucun cas traiter la question de manière définitive, mais espère apporter à un sujet complexe une première lecture, en ouvrant à notre réflexion de nouveaux chemins[7] ».

Conscients de l'importance des débats actuels autour des revendications identitaires des minorités, les responsables prennent le soin dès le début de mettre en garde visiteurs et lecteurs contre toute forme d'amalgame quant à l'orientation et aux objectifs de l'exposition :

> « Nous tenons ici à dissiper toute ambiguïté : il ne s'agit pas d'une exposition sur la représentation des Noirs perçus comme un groupe social. C'est bien au « modèle » que nous nous intéressons, modèle dont le double sens – sujet, sujet représenté par l'artiste, aussi bien que porteur de valeurs – est parfaitement assumé[8] ».

Or, l'article publié par le journal *Le Monde,* daté du jeudi 28 mars 2019 sous le titre « Artistes et modèles à l'épreuve du racisme », propose une autre lecture, pour le moins surprenante si l'on prend en considération les objectifs avancés par les commissaires de l'exposition. Philippe Dagen fait en effet le choix de se focaliser uniquement sur la dimension raciste qui se dégage des tableaux :

> « On cite cette ignominie parce qu'elle est exemplaire de la principale conclusion, qui, peu à peu, se dégage des œuvres autant que des documents et de la rencontre des unes et des autres, éminemment révélatrice. Cette conclusion que le racisme, sous des formes flagrantes ou sous-entendues, se maintient au long du siècle et demi ici parcouru, dans les milieux artistiques comme dans les autres milieux professionnels et sociaux. On aimerait pouvoir écrire l'inverse et que les artistes ont été les agents les plus actifs de la dénonciation de la colonisation et du racisme. C'est impossible. Pour beaucoup, le Noir, reste un motif exotique[9] ».

La condamnation morale reléguant les modèles noirs au strict rôle de victimes oppressées occulte complètement le travail considérable qui a été fourni par les commissaires de l'exposition afin de réhabiliter

---

7 *Ibid.*, p. 13.

8 *Le Modèle noir de Géricault à Matisse*, catalogue, « Préface » de Laurence Des Cars, Paris, Musée d'Orsay/Flammarion, p. 12.

9 « Artistes et modèles à l'épreuve du racisme », *Le Monde,* jeudi 28 mars 2019, p. 24.

ces mêmes modèles en les sortant de l'anonymat, en leur donnant enfin une identité propre, non pas en tant que Noirs mais en tant qu'individus singuliers[10]. Plus important qu'un état des lieux sur les ravages de la supériorité blanche exercée contre les Noirs, l'exposition se donne à voir comme un acte de réparation, comme un effort d'intégration de ces minorités autrefois exploitées dans l'histoire globale de l'art européen. L'esprit même de ce projet se résume dans la citation d'Alain L. Locks, mise en exergue dans le catalogue : « L'art doit découvrir et révéler la beauté que les préjugés et la caricature ont recouverts ». Malgré toutes ces bonnes intentions, le critique préfère passer rapidement sur ce travail de réhabilitation en mettant toute son énergie dans la dénonciation de l'orientalisme comme générateur de ségrégation raciale :

> « La responsabilité de l'orientalisme et du réalisme bourgeois dans la diffusion de ces stéréotypes est flagrante, des sculptures en pierres rares de Cordier aux servantes noires et dévêtues de Chassériau, Gérôme, de Bénouville et autres. Ce ne sont qu'allégories conventionnelles, soit celles d'une sexualité qui serait déchaînée – stéréotype qui demeure actif tout le temps des colonies et jusqu'à Joséphine Baker au moins –, soit celles de la docilité de la domestique qui s'occupe bien des enfants de sa maîtresse[11] ».

Enfin, du 7 mars au 21 juillet 2019, le musée Marmottan Monet, consacre, à Paris, une exposition à l'orientalisme pictural, en grande majorité français, sous le titre *L'Orient des peintres. Du rêve à la lumière.* Couvrant une longue période du XIX<sup>e</sup> au XX<sup>e</sup> allant d'Auguste Ingres, Delacroix, Gérôme, Chassériau, à Matisse, Kandinsky et Paul Klee, l'exposition s'articule autour de axes majeurs présentés comme suit : « Portées par le souffle de la conquête napoléonienne, les peintres européens ont fantasmé l'Orient avant de mettre leur rêve à l'épreuve du voyage. Si ce dernier ne fait pas disparaître une image indissociable de la figure féminine, d'Ingres et de Delacroix aux premières heures

---

[10] Le débat peut être posé autrement comme le fait bien la journaliste et l'écrivaine française Tania de Montaigne dans son dernier essai *Les Noirs n'existent pas,* paru chez Grasset en 2018. En effet, tout en dénonçant le racisme ordinaire, l'auteure s'insurge contre l'assignation des citoyens de couleur noire à une communauté supposée définissable et identifiable par la simple mention de la majuscule dans l'adjectif « Noir ».

[11] *Le Monde,* jeudi 28 mars 2019, *op. cit.,* p. 24.

de l'art moderne, l'expérience du voyage et de la lumière d'Orient bouleverse le regard et les pratiques. C'est pourquoi l'exposition s'articule autour de ces deux axes : figure et paysage[12] ».

*Le Monde* daté du 26 avril 2019 fait état de cette exposition avec le titre suivant : « L'Orient, petite fabrique de clichés. Une exposition au Musée Marmottan montre comment les peintres du XIXe et du XXe se sont nourris davantage de fantasmes que de réalisme ». Le choix des mots révèle clairement la thèse défendue et le compte-rendu prend ainsi l'allure d'un réquisitoire – « preuves » et « démonstrations » à l'appui –, contre une peinture largement institutionnalisée, faite de « truquage », de « collage », de « montages d'éléments plus ou moins véridiques », de « mensonges véniels » ... L'objectif, nous rappelle le critique, a été déjà défini « depuis le début de l'orientalisme » : asseoir la domination de l'Occident sur l'Orient en réduisant celui-ci à un gigantesque réservoir de « stéréotypes » afin de « satisfaire les amateurs et leurs fantasmes ».

Que la peinture orientaliste, au même titre que l'orientalisme littéraire, ait assuré son succès en participant à la diffusion de fantasmes et de désirs sur un Orient souvent construit, rien de bien nouveau que l'on pourrait qualifier de « révélation » ! Il s'agit, aujourd'hui, d'un lieu commun, battu et rebattu depuis les thèses d'Edward Said et leurs prolongements dans le cadre d'un certain nombre d'études post-coloniales. Si les rapports entre le savoir orientaliste, toutes disciplines confondues, et le pouvoir impérialiste et colonial ont fait l'objet d'innombrables travaux, les spécialistes mettent souvent en garde, à commencer par Said lui-même, contre toute forme d'essentialisation susceptible d'enfermer et l'Orient et l'Occident dans des rôles prédéfinis que l'on peut expliquer uniquement à partir de catégories réductrices comme celles du dominant/dominé. Les travaux universitaires montrent à quel point ces relations de domination sont plus complexes que l'on croit.

Malheureusement, en voulant dénoncer ces rapports de force enfermant l'Orient dans le rôle de subalterne, l'article du *Monde,* tombe, à mon sens, dans son propre piège en enfermant, à son tour,

12 *L'Orient des peintres. Du rêve à la lumière,* catalogue de l'exposition Marmottan Monet, Éditions Hazan, Vanves, 2019, p. 32.

l'exposition du Musée Marmottan dans la mise en scène d'un Orient typiquement féminin, celui des harems et des odalisques. Contrairement à la diversité des représentations orientalistes exposées, l'article ne retient que les peintres qui ont participé par leur voyeurisme à la violation des espaces féminins, intimes et interdits aux étrangers, *a fortiori* à l'étranger colonisateur. L'exposition met en scène « un vaste bordel au soleil ». Toutes ces démonstrations appuyées par un vocabulaire, moralisateur dans son ensemble, évacuent, à mon sens, la complexité de cette peinture, en la coupant souvent de son contexte de production. Le critique s'est-il attardé par exemple devant le tableau d'Eugène Fromentin, *La Rue Bab-el-Gharbi à Laghouat (1859)* qui par son ambiguïté même met en question la légitimité de l'expansion coloniale française ? Certes le paysage reprend le stéréotype assez répandu de l'arabe paresseux passant son temps à faire la sieste. Sauf que le tableau s'avère ironique et la sieste apparente se donne à lire comme une scène de mort renvoyant aux massacres coloniaux dans ces contrées. Le texte accompagnant ce tableau cite à dessein l'explication donnée par Théophile Gautier : « Cette peinture répond à une commande de l'État français sollicitée par Fromentin en partance pour l'Algérie en 1852. Témoin de la violence des combats qu'il relate dans *Un été dans le Sahara,* il propose ici une scène ambiguë, entre sieste à l'ombre des remparts et massacre. C'est ainsi que Théophile Gautier compare les dormeurs à "des cadavres enveloppés de leurs suaires" dans sa critique du Salon de 1859, sans même que l'État français ne proteste ». À propos de ce type de peinture, l'article du *Monde* se contente de qualifier ces paysages d'« ennuyeux » quand d'autres renvoient tout simplement au « versant sanglant de l'orientalisme ». En somme, l'Orient ne doit en aucun cas déborder son statut de victime et l'Occident doit veiller à demeurer oppresseur. Peut-on voir les choses autrement ? Par exemple, montrer avec les mêmes « preuves » et les mêmes « démonstrations », que l'Orient, bon gré mal gré, a véritablement exercé son pouvoir sur les peintres du XIXe siècle et que la rencontre avec les couleurs et la lumière a complètement refaçonné l'histoire de la peinture française. André Breton résumera cette rencontre plus tard dans une formule devenue célèbre : « C'est d'Orient que nous vient aujourd'hui la lumière[13] », faisant ainsi état de son apport à la civilisation occidentale.

[13] Voir *Les Cahiers du mois*, « Les Appels de l'orient », numéro 9/10, Paris, Émile-

En opérant un décentrement parfaitement légitime, l'exposition du Musée Marmottan a montré d'autres facettes de cette fascination occidentale pour un Orient irrésistible à bien des égards, un Orient qui sort enfin de son unique rôle de victime afin d'être appréhendé à sa juste valeur, c'est-à-dire dans sa complexité même.

*

* *

Les contributions qui composent ce volume d'hommage à Daniel Lançon sont salutaires de ce point de vue parce qu'elles viennent rappeler de nouveau la complexité des rapports entre l'Orient et l'Occident. Toute recherche scientifique exigeante impose constamment la prise en compte des contextes de production des œuvres étudiées. Dans ce volume de Mélanges, cette même exigence ambitionne surtout de dépasser les clivages, de sortir l'Orient et l'Occident d'une relation manichéenne étouffante, assignant à chacun une fonction prédéfinie et, dans certains cas, malheureusement non négociable.

Les nouvelles et récits réunis par Leïla Sebbar, Jean-Claude Gueneau, Nora Arceval, sous le titre *Aflou, djebel Amour*, rendent parfaitement compte de cette complexité qui caractérise les rapports de la France et de l'Algérie en période coloniale. La relecture du « Journal d'un appelé (1961-1962) » de Jean-Claude Gueneau », proposée par **Martine Mathieu-Job** nous apprend beaucoup sur les paradoxes et les contradictions qui tissent ce témoignage de bout en bout. En effet, si « l'affectation à un bataillon en Algérie est d'abord, pour ce jeune appelé originaire d'Auxerre, surtout après 14 premiers mois de service militaire en Allemagne, » vécue comme « la découverte d'un territoire fort différent » qui mobilise au début toute la nomenclature orientaliste dans les descriptions, la rencontre avec les populations algériennes met à l'épreuve constamment les objectifs de sa mission « pacificatrice ». Son abnégation et son engagement militaire se trouvent régulièrement ébranlés par un sentiment de « malaise profond » face à l'impunité de certains soldats « humiliant et terrorisant femmes et enfants désarmés ». Conscient de toutes ces formes de violences quotidiennes infligées aux indigènes, le soldat se laisse peu à peu gagner par la simplicité de la vie à Aflou et « se rêve en

---

Paul, Frères, Éditeurs, 1925, p. 250

médiateur » à la recherche d'un « trait d'union » symbolique à partir d'espaces singuliers comme l'école.

Du côté algérien, le rêve qui nourrit, selon **Catherine Brun**, une « utopie révolutionnaire » passe, « à défaut de monuments » visibles, par la réappropriation d'espaces souterrains qui participent de « l'œuvre de libération ». C'est dans *Qui se souvient de la mer* de Mohamed Dib et *Grotte éclatée* de Yamina Mechakra que prend naissance par exemple « cette aspiration à des paysages désaliénés », évoluant dans des mondes invisibles, ensevelis sous le bitume des villes coloniales. En analysant les différentes figures de l'enfouissement, l'imaginaire des grottes, des entrailles de la terre et de la mer, Catherine Brun montre comment ces fictions, en se jouant sans cesse des codes du réalisme grâce à une écriture faite de « cryptes et de cavités, de palimpsestes et de stratifications », posent les jalons d'une résistance souterraine. Il faut donc s'enfoncer dans les tréfonds d'une terre algérienne encore inaccessible pour voir se dessiner la promesse de ce « nouveau monde [qui] s'annonce » mais qui ne se montre pas encore.

La même complexité que revêt la notion d'« Orient », **Christiane Chaulet-Achour** la traite à partir de la littérature algérienne contemporaine. En prenant les nouvelles du journaliste et essayiste algérien, Akram Belkaïd la critique commence par rappeler le flou enveloppant le terme « Orient » pris souvent dans une conception globalisante qui tend à estomper les particularités des pays et des contrées qui le forment. L'Algérie, en ce sens, a un rapport problématique à l'Orient, vu son passé si hétérogène, faits de sources et d'emprunts multiples. L'intérêt littéraire pour l'Orient est donc récent en Algérie et, selon Christiane Chaulet-Achour, concerne, dans la période contemporaine, essentiellement le Proche-Orient comme espace et l'islam et l'islamisme comme thématiques récurrentes. Ces récits qui ouvrent « l'Algérie sur le monde arabe » se situent au carrefour du journalisme et de l'écriture romanesque ; la fiction emprunte beaucoup au reportage comme genre et permet à l'écrivain-enquêteur d'échapper aux contraintes liées à la quête de la stricte vérité par la restitution des faits[14]. Pour cela, la nouvelle se prête parfaitement à cet exercice transgénérique :

---

[14] Voir Laurent Demanze, *Un nouvel âge de l'Enquête*, José Corti, Paris, 2019.

« Le lien étroit du genre de la nouvelle avec l'écriture journalistique et l'essor de la presse est bien connu. Avec l'éclosion d'une presse algérienne depuis l'indépendance, de nombreux Algériens ont eu des espaces éditoriaux où ils pouvaient opter pour la brièveté narrative pour raconter un épisode, un fait, une émotion ».

Si l'intérêt pour l'Orient passe chez certains écrivains algériens par une relecture historique de l'islam comme religion et comme culture (Assia Djebar, Salim Bachi, Yasmina Khadra, Boualem Sansal, Kamel Daoud…)[15], chez d'autres écrivains, comme l'analyse **Ridha Boulaâbi**, ce même intérêt passe plutôt par la relecture de la tradition orientaliste française, dans sa façon de concevoir l'altérité et l'ailleurs, aussi proche que lointain. L'originalité d'une telle relecture réside dans la mise en fiction d'un savoir scientifique sur l'Orient, aujourd'hui largement mis à l'épreuve depuis *L'Orientalisme* d'Edward Said et l'essor des études postcoloniales. C'est le cas par exemple de l'écrivain et journaliste algérien Nourredine Saadi qui propose dans son roman *La Nuit des origines,* un réexamen des rapports entre Orient et Occident en passant par la mise en scène d'un orientalisme en partage, en évitant une relation manichéenne enfermant les deux mondes dans un unique rapport de domination pour l'un et de subalternité pour l'autre. C'est en cela que le récit est salutaire d'une certaine manière : Nourredine Saadi a choisi d'interroger les rapports de la France et de l'Algérie en s'attaquant aux marges, de relire l'Histoire à travers les histoires mineures. C'est dans ces zones géographiques, culturelles et linguistiques indécidables que l'écrivain révèle la fécondité d'un tiers-espace où échouent des hommes et des femmes dont le destin est inexorablement lié par la force d'une histoire politique et culturelle commune, fusse-t-elle violente.

La réécriture des histoires communes passe également par le réexamen d'un certain nombre de mythes construits dans et par la littérature. **Sarga Moussa** revient sur la construction, dans les récits de voyage français des années 1869, du mythe du canal de Suez, un « mythe moderne célébrant le triomphe du progrès industriel, traversé par un discours nationaliste à la gloire de la France ». Célébrée comme le début d'une « nouvelle mondialité » traduisant l'union de l'Orient et

---

15 Nous citons à titre d'exemples les publications de Hela Ouardi, *Les Derniers jours de Muhammed,* Albin Michel, Paris, 2016 ; *Les Califes maudits, La déchirure,* vol.1, Albin Michel, Paris, 2019.

de l'Occident, la création du canal de Suez se voit légitimée par tout un discours propédeutique amenant peu à peu les Égyptiens vers la voie « du progrès industriel destiné à apporter le bonheur universel en développant le commerce entre les peuples ». Toutefois, Sarga Moussa montre à quel point cette célébration triomphante se dénonçait elle-même à travers « son propre caractère irréel par un lexique empruntant fréquemment au registre du merveilleux ». En somme, le mythe de fondation censé fêter le mariage des deux rives, sous l'égide d'une France triomphante, révèle en réalité « une profonde asymétrie entre les deux partenaires de ce couple » Orient-Occident. C'est cette asymétrie qui appelle une réécriture de ce récit en prenant en compte la version égyptienne.

D'autres formes d'asymétries se font jour quand on va du côté de la réception. **Dominique Combe** revient sur les rapports complexes qui lient Pierre Loti à la Turquie, une complexité souvent négligée par la critique. Il convient de rappeler ici que dans ce mouvement actuel de dénonciation de l'orientalisme exotique, Pierre Loti est souvent cité comme une figure de proue. De nombreuses études ont réduit le rapport de l'écrivain-voyageur à la Turquie ou encore à l'islam à une simple fascination pour le pittoresque et l'étrange qu'incarne l'oriental par ses mœurs et ses traditions. Dans ce volume, Dominique Combe réinscrit l'œuvre de Loti dans un contexte littéraire et intellectuel beaucoup plus large en prenant comme fil d'Ariane la relation intime que l'auteur entretient avec la ville d'Istanbul :

> « Loti ne cesse de revenir à Istanbul comme à un port d'attache avec lequel il lui est impossible de rompre, non seulement par l'esprit, mais surtout par la plume ».

Il suffit de se plonger dans des textes pour se rendre compte du « sentiment profond de l'appartenance à l'Orient, auquel l'écrivain s'identifie corps et âme ». Nous sommes loin, en ce sens, de l'image d'un écrivain collectionneur de simples « impressions » et la passion pour la Turquie est loin d'être une turquerie ! Bien au contraire, elle « repose sur une empathie profonde et des affinités électives, étayées sur des recherches approfondies ». De la même manière, son rapport à l'islam témoigne d'un réel intérêt pour cette religion et son mystère, comme le prouvent ses journaux intimes.

Ces mêmes débats touchant à la réception des écrivains-voyageurs et parfois de leur récupération par un certain nombre de mouvements, **Guillaume Bridet,** les traite à partir de *L'Usage du Monde* de Nicolas Bouvier. En se positionnant en effet dans cette étude comme un « historien de la littérature », Guillaume Bridet trace le parcours d'un ouvrage devenu aujourd'hui « une référence incontournable » ou, plus important encore, une « légende ». C'est à Michel Le Bris que revient non seulement la réhabilitation de Nicolas Bouvier dans le paysage intellectuel français qui s'est longtemps désintéressé de l'écrivain, mais aussi la promotion de *L'Usage du monde* dans le « cadre d'une pensée à la fois esthétique, historique et politique bien spécifique ». Cette tentative de patrimonialisation d'un livre considéré comme « tourné vers le monde et non vers le texte », engage un travail sur la fabrique d'une telle légende. En effet, en replaçant l'œuvre dans le contexte littéraire, intellectuel et politique de l'époque, Guillaume Bridet montre comment ces lectures « presque exclusivement littéraires et éthiques » de *L'Usage du monde* participent de la fabrication d'une « fable » présentée comme « alternative salutaire au structuralisme et au Nouveau Roman ».

C'est dans cette même perspective qu'**Anne-Marie Monluçon** interroge plus particulièrement la notion de « frontière » à partir de *L'Usage du monde* de Nicolas Bouvier :

> « Le rôle du voyageur n'est-il pas d'aiguiser son regard de manière à percevoir les frontières invisibles, à critiquer celles qui sont aberrantes, à repérer les indéniables continuités, ou à identifier ce qui " fait frontière" pour lui-même ? ».

Pour répondre à ces questions, la critique revient sur les scènes de frontières chez Bouvier en étudiant les différentes valeurs qui les sous-tendent. Qu'elles soient documentaire, géopolitique ou anthropologique, ces fonctions se donnent à lire à travers une écriture qui

> « met en œuvre une grande diversité de formats, de l'ellipse à la séquence développée, de tonalités (sérieuse ou humoristique, satirique...) ».

Au-delà, en somme, du Nouveau roman et du mouvement structuraliste français, qui, faut-il le rappeler, ne sont en aucun cas représentatifs de la diversité de la production littéraire française, de nombreux écrivains manifestent à travers leurs œuvres une grande fascination pour les langues et les cultures du monde arabe, loin d'une vision exotique ou stéréotypée de l'Autre. C'est à cet égard que

**Kadidja Khelladi** propose une relecture du *Fou d'Elsa* de Louis Aragon en interrogeant les sources arabophones d'une œuvre qui défie encore aujourd'hui le lecteur francophone par son érudition et sa richesse linguistique et intertextuelle. Ce monument littéraire génériquement diversifié, mêlant sans gêne langues et modèles littéraires et poétiques d'Orient et d'Occident, trouve son unité dans la figure d'un Orient imaginaire, conçu non seulement comme l'espace d'une relecture romancée des rapports complexes entre les deux mondes, mais aussi comme une source extrêmement riche d'un renouvellement des formes littéraires.

Ce « détour par l'Orient », pour reprendre un titre de Gérard Macé, apparaît également chez Jean Genet comme la découverte d'une double altérité : l'altérité culturelle et linguistique qui caractérise un pays lointain et une autre graphie, mais aussi l'altérité qui habite le voyageur, cette part de lui-même qu'il découvre au contact de nouvelles civilisations. Comme le montre bien **Ralph Heyndels**, la confrontation de Genet à une civilisation totalement différente, devenue la sienne au fil de ses rencontres humaines et ses engagements politiques, permet ainsi à l'écrivain d'explorer un Orient inconnu qui coexiste en lui-même avec la part occidentale de sa personnalité. C'est donc un Orient à « l'envers » qui se donne à lire à partir de l'expérience de Genet dans le monde arabe.

Enfin, à partir de l'exemple de Mohamed Leftah, c'est un Orient s'interrogeant sur ses propres limites qui se donne à lire, en dehors de toute relation d'oppression en lien avec l'Occident. Car, à la différence de nombreux écrivains francophones maghrébins qui ont fait le choix d'inscrire et de traiter la question homosexuelle dans le monde arabe uniquement sous le prisme de la domination entre le Nord et le Sud, Mohamed Leftah met l'Orient face à sa propre histoire et le désigne comme véritable responsable de ses propres malheurs en la matière[16]. C'est en ce sens que **Fouad Mehdi** analyse le désir homosexuel dans une société arabe qui « renvoie dos à dos le masculin et le féminin ». Ce sont d'autres formes de domination qui sont prises en compte ici :

---

[16] Je renvoie à mon étude : « L'homoérotisme oriental au risque de l'Occident », dans *Les Occidents des mondes arabes et musulmans*, Maxime Del Fiol et Claire Mitatre (dir.), Geuthner, 2018.

« Le roman de Leftah met en fiction la persistance de ce que Judith Butler appelle la "matrice hétérosexuelle", c'est-à-dire la pérennité des enjeux de pouvoir et de domination au sein même de la relation homosexuelle ».

*

* *

Placé sous le signe de « l'aménité des rencontres » (l'expression est de Daniel Lançon), *Voix d'Orient*, reflète, par la richesse et la diversité des contributions, la recherche foisonnante de Daniel Lançon qui n'a cessé de tisser des liens entre Orient et Occident, de construire des ponts entre langues et cultures des deux rives de la Méditerranée. Ces rapports souvent complexes, Daniel Lançon les lit comme un véritable espace d'écarts féconds et de dialogue, dans le sens que François Jullien donne à ces notions, loin de l'usage un peu trop galvaudé de nos jours :

> « En posant à la fois le *dia* de l'écart : un *dia*-logue est d'autant plus riche, nous montraient déjà les Grecs, qu'il met de l'écart en jeu et permet de la confrontation ; et le *logos* de l'intelligible : il n'y a d'ineffable culturel de quelque culture que ce soit, même de la « sinité », et toutes les cultures sont appelées non pas au compromis – je refuse cette façon timorée d'entendre la tolérance – mais à se comprendre. C'est-à-dire, au travers d'écarts qui ne cessent de se configurer, à relancer l'intelligence du commun[17] ».

La volonté de compréhension passe enfin par un dialogue constant avec la littérature française contemporaine : passionné aussi bien par l'orientalisme que les francophonies littéraires, Daniel Lançon a consacré une grande partie de son œuvre à de grandes figures de la littérature française comme Yves Bonnefoy. Partageant le même intérêt pour de nombreux auteurs, **Patrick Née** propose une étude sur les rapports entre « Poésie et inconscient » et ouvre le débat

---

17 François Jullien, *L'Écart est l'entre. Leçon inaugurale de la Chaire sur l'altérité*, Galilée, Paris, 2012, p. 46-47.

à d'autres formes de « branchements[18] ». C'est dans « l'histoire des Lettres occidentales », depuis « la grande coupure romantique » que Patrick Née explore la question des « fantasmes », du « processus créatif », de « l'inconnu », en faisant dialoguer

> « plusieurs des poètes majeurs du XIXe siècle, en langues française et anglaise, qui ont fortement à voir les uns avec les autres : de Poe et Coleridge à Baudelaire et Mallarmé ou Rimbaud, jusqu'à Valéry ».

---

18 Jean-Loup Amselle, *Branchements. Anthropologie de l'universalité des cultures* [2001], Paris, Flammarion, Champs, 2005.

# Du *djebel Amour* et de l'amour de l'Orient

MARTINE MATHIEU-JOB

Il est des premiers postes qui marquent à jamais. Je sais qu'au début du beau parcours professionnel de Daniel Lançon, il y a eu une nomination dans l'Algérie nouvellement indépendante, alors qu'il était tout jeune enseignant, pouvant expliquer, au moins en partie, sa disposition ultérieure à la rencontre des cultures et son indéfectible intérêt pour les altérités culturelles, surtout lorsqu'elles touchent à cet espace oriental réel ou fantasmé.

En hommage amical à ce parcours ouvert et généreux, je voudrais lui faire part de quelques réflexions que m'inspire un touchant petit récit de Jean-Claude Gueneau, publié aux éditions Bleu autour. L'écriture de ce témoignage a été sollicitée par l'éditeur, qui avait entendu parler de ce pan d'histoire personnelle et d'histoire franco-algérienne par Leïla Sebbar, elle-même amenée fortuitement à cette connaissance à l'occasion d'une rencontre avec des lecteurs. L'idée de réunir en un même ouvrage, simplement intitulé *Afflou, djebel Amour*, trois auteurs pour qui ce même lieu, au nom si puissamment suggestif, résonnait de bien diverses façons est judicieuse, et son aboutissement des plus heureux[1]. Différentes dans la modalité narrative adoptée, mais différentes surtout par le prisme de la vision adoptée, les évocations successives produisent des effets de convergences et de dissemblances tout à fait troublants et instructifs quant à l'impossible unicité (ou la probante diversité des vérités) des représentations. « Nouvelles et récit » sur ce thème réunis par Leïla Sebbar montrent comment ce lieu de naissance se présente à elle non dans une quelconque matérialité effective (elle l'a quitté trop jeune pour en avoir gardé des souvenirs précis), mais dans une géographie poétique et affective, nourrie de lectures et de rencontres. Les « Contes des Hauts Plateaux par la femme d'Aflou » transcrits par Nora Arceval font à la fois acte de collecte d'un fonds littéraire oral traditionnel et

[1] Leïla Sebbar, Jean-Claude Gueneau, Nora Arceval, *Aflou, djebel Amour*, Saint-Pourçain-sur-Sioule, Bleu autour, 2010. Les références seront signalées dans le corps du texte.

acte d'affiliation à sa tribu originelle, ancrée dans cet environnement de l'Atlas algérien. « Journal d'un appelé (1961-1962) » de Jean-Claude Gueneau se veut plus ponctuel et référentiel. Chacune de ces contributions mériterait des commentaires intrinsèques et comparés, mais je m'en tiendrai ici à ce seul récit personnel.

L'affectation à un bataillon en Algérie est d'abord, pour ce jeune appelé originaire d'Auxerre, surtout après 14 premiers mois de service militaire en Allemagne, la découverte d'un territoire fort différent de ceux fréquentés jusqu'alors et, d'emblée, un choc esthétique. Si bien que le récit s'enclenche moins sur l'appréhension liée à ce saut redouté dans la guerre, que sur les sensations de ravissement immédiat. L'arrivée à Oran le lundi 13 mars 1961 est source d'une première émotion (60) : « Entrée dans le port sous un soleil resplendissant. » L'acheminement vers l'Atlas présaharien conforte le frottement heureux à des paysages si peu familiers (61) :

> « Deux impressions dominantes me restent de ce voyage. La première est la lenteur de notre progression, la seconde est la beauté de la région traversée, riche, cultivée avec soin, très bien irriguée, où s'étalent d'immenses plantations d'orangers et d'oliviers. De place en place, d'énormes buissons d'aloès et de figuiers de Barbarie, et un peu partout, des cigognes. C'est la plaine de Réliziane, pour nous un éblouissement. »

La fin du périple d'acheminement, pourtant fait dans un inconfortable camion GMC de l'armée américaine, aiguise encore cette sensibilité à la captivante beauté d'un environnement radicalement exotique (62) :

> « [...] émerveillé par la découverte du paysage infini de la steppe couverte de touffes d'alfa avec, çà et là, sous le bleu du ciel immense, un dromadaire qui nous regardait passer d'un air hautain, des bourriquots que les anciens qui nous accompagnaient désignaient sous le nom de 'scooters du désert'. Un autre sujet d'émerveillement fut de découvrir la présence de l'eau sur cette terre brûlée de soleil. Là où était l'eau éclataient les fleurs de splendides lauriers roses. »

Le désir d'effectuer un compte-rendu documenté se laisse ainsi quelquefois supplanter, comme on voit dans de telles occurrences, par une discrète mais tenace tentation orientaliste travaillant les descriptions. De celle de l'entrée dans cet univers neuf à celle du départ suscitant des sentiments mêlés (111) :

> « Sur le bateau du retour, le 5 avril 1962, je voyais le blanc sillage d'écume sur le bleu profond de la Méditerranée et, au-delà, le mauve des collines de la côte algérienne qui s'éloignait. Je me sentais partagé entre l'immense joie des prochaines retrouvailles avec les miens et une nostalgie diffuse, le sentiment de laisser à Aflou une part de moi-même qui s'y était profondément ancrée. »

Qu'il ait pris des notes lors de ce séjour qu'il savait éphémère, ou qu'il ait gardé ces images profondément inscrites dans sa mémoire sensorielle, le narrateur arrive, dans ce récit entrepris une cinquantaine d'années après les faits, à donner chair à la représentation, au-delà de son expérience de soldat, de tout un environnement observé et ressenti, avec une précision remarquable, une grande sensibilité au détail esthétique. Cette volonté de garder trace, de capter ce qui s'était montré si captateur, de jouir directement mais aussi de façon médiatisée de « la rude et prenante beauté du djebel Amour » (97) s'était déjà manifestée en son temps sous une autre forme, celle de l'art photographique, en une vocation d'ailleurs largement partagée : « Nombre d'appelés se sont lancés dans la photo », a-t-il eu l'occasion de constater, qui se réjouissaient de voir revenir à la caserne les clichés développés en diapositive restituant « dans leur transparence toute la lumineuse beauté des paysages des Hauts Plateaux » (95). Infinie réactualisation par le biais de la photo, ou du récit, de la sensation du moment, elle-même déclinée en de multiples variations lors des transformations du décor environnant au fil des saisons – lorsque l'enneigement succède à la brûlure de l'été par exemple, ou que tout se brouille sous l'effet d'un vent de sable.

La restitution narrative entremêle en maints endroits sensations retrouvées à vif, et sentiments de nostalgie travaillant en carte postale la simplicité rustique de l'atmosphère locale, telle celle d'un marché (90) :

> « Ces épices, ces légumes, offerts en vrac dans des sacs à même le sol et mêlant leurs parfums, quel plaisir en comparaison des produits sans saveur, sans odeur, trop lisses, trop luisants, trop parfaits de forme de nos super et hypermarchés actuels ! »

Lorsque le cadrage se resserre sur un motif humain, c'est encore en un troublant mélange de projection empathique et de mise à distance pittoresque que se fait l'évocation (98) :

> « Une image est restée gravée dans ma mémoire, celle d'une femme du village enveloppée dans son haïk, marchant pieds nus dans la neige, pieds et chevilles violacées de froid. Elle allait placidement, sans souffrance apparente, tout comme elle aurait marché sur du sable chaud ! »

La motivation première du récit reste cependant le souci de témoigner d'une expérience d'appelé sur le terrain de guerre algérien, d'où l'affichage de nombreux indices référentiels, précisant dates, lieux et modes d'intervention du bataillon d'affectation, le 519e BT. L'histoire personnelle s'inscrit bien dans la grande Histoire, et ce qui est intéressant, c'est que même les événements majeurs de cette guerre sont restitués dans leur vécu à hauteur d'homme. Par exemple, la nouvelle du putsch des généraux, lancé dans la nuit du 21 au 22 avril 1961, parvient aux hommes de ce camp d'Aflou par la radio, retransmettant l'intervention du général de Gaulle. C'est l'occasion pour Jean-Claude Gueneau de rappeler le rôle important – et peut-être généralement sous-estimé – de la radio à transistors qui diffuse en tous lieux et en simultané certaines nouvelles, et fait en l'occurrence que la troupe se trouve informée de l'événement en même temps que l'état-major, rendant le contingent d'autant plus difficile à manipuler. C'est aussi l'occasion de faire état des différences de réaction à l'événement au sein de ce bataillon, selon qu'il s'agit des militaires de métier ou d'appelés, de soldats originaires d'Algérie ou non, ou bien encore de « suspects » arabes placés sous surveillance, autrement dit de prisonniers utilisés à certaines tâches pratiques (et qui n'ont pas tous, à l'écoute de cette nouvelle, l'attitude et les mots qu'on aurait attendus d'eux !).

Le récit tient aussi bien sûr la chronique au quotidien de la vie dans ce camp militaire, évoquant les conditions matérielles difficiles (les baraquements en bois, les invasions intempestives de punaises, etc.), la souffrance due à l'éloignement des familles, à peine compensée par l'écriture et l'inlassable relecture de courriers transitant par la liaison régulière qu'effectue l'avion postal. Cette chronique rend ainsi compte du contexte de la guerre qui se joue à différents niveaux en ces derniers mois de conflit. Si le narrateur lui-même a été relativement épargné du plus dur des missions, il a cependant à maintes reprises pu ressentir dans sa chair le danger : lors d'éprouvantes gardes de nuit, de déplacements, de patrouilles dans le djebel à la poursuite de fellaghas. Il s'étonne avec naïveté au début que le train qui les convoie ait deux wagons vides avant la locomotive, on lui explique alors que c'est pour parer au danger de minage de la voie ferrée ; il apprend très vite ensuite, par l'expérience des « anciens » et les siennes propres qu'on risque sans cesse la mort – y compris dans les conditions les plus sordides : il saura ce qu'est le « sourire marocain » (égorgement d'une oreille à l'autre) qu'affichait le soldat l'ayant précédé dans le secteur d'affectation qu'il accepte. Il comprend aussi qu'avoir vécu ou vu des spectacles traumatisants, témoignant de la cruauté de l'ennemi, peut expliquer la cruauté exercée en retour. Sans avoir constaté directement d'actes de torture, il ne se fait guère d'illusions sur les méthodes utilisées par le DOP (détachement opérationnel de protection) pour faire parler les militants FLN arrêtés. Mais il s'indigne et souffre lorsque se révèlent des exactions (par exemple un racket de cigarettes à l'encontre de civils musulmans), ou la brutalité gratuite de ceux qui déshonorent l'armée française et la dégradent en soldatesque : ainsi lors de la fouille d'une mechta, s'ils ne violentent pas physiquement les hommes, des soldats vandalisent à plaisir tout ce qui fait l'intimité du foyer, humiliant et terrorisant femmes et enfants désarmés. La honte éprouvée alors (du fait de ces comportements indignes et de son propre mutisme contraint) ne semble pouvoir se dissiper qu'avec cet aveu tardif que le récit enfin libère (69) :

> « Jamais encore je n'avais raconté à quiconque cet épisode douloureux de ma vie à Aflou, tant restait profond le malaise que j'en avais ressenti. »

Par chance pour cet homme gardant conscience et morale, un commandant lui expose la double vocation de l'armée en Algérie chargée d'accomplir, en parallèle aux actions de répression de la « rébellion », une mission « pacificatrice ». Comme il est instituteur dans le civil, ce gradé lui propose de l'affecter au « Service d'action psychologique », renommé au fil des mois « Service des problèmes humains », en lui confiant la mission spécifique d'édifier et de faire fonctionner une école, destinée surtout à scolariser les petites filles indigènes des environs. S'ensuit alors le récit de la réalisation de cette tâche improbable, et pourtant menée à bien. Sur le versant matériel : préparation du terrain et construction, malgré les faibles moyens du bord, d'un vrai établissement scolaire. Sur le versant humain : grâce à l'aide d'un autre appelé, juif d'Algérie parlant arabe qui lui sert d'interprète, les familles se laissent convaincre d'inscrire leurs enfants. Une vingtaine de fillettes vont ainsi suivre un enseignement scolaire et ménager, selon un programme jugé adapté à leur situation et à leurs besoins (qui incluait donc en alternance français, calcul, géographie, etc., et tricot, couture, cours de cuisine et d'économie ménagère). Trois jeunes filles juives originaires d'Aflou, volontaires pour être de l'encadrement pédagogique, reçoivent alors une formation accélérée à Nantes. Ce que l'on constate en l'occurrence, c'est que ce type d'action ne saurait relever d'une initiative exceptionnelle, il entre vraiment dans une politique délibérée, qui entend même amplifier la prise en charge par l'État français de l'éducation de ces enfants. Jean-Claude Gueneau reçoit en effet plus tard l'ordre d'organiser pendant les vacances scolaires deux colonies (une pour les filles, l'autre pour les garçons) sur le littoral maritime, à la plage de Saint-Roch, tâches dont il s'acquitte avec dévouement et succès, malgré quelques péripéties et contrariétés (dues essentiellement à l'attitude bornée d'un sous-officier) – en ce dernier été d'administration française... On ne saurait douter de l'investissement affectif et intellectuel que met cet appelé à accomplir cette mission, en tout point conforme à sa personnalité et à ses compétences. On comprend qu'il se soit sincèrement attaché à ses élèves, petites filles rieuses et vives qui apprennent vite et bien. On le devine même utopiste lorsqu'il se rêve en médiateur et se réjouit de l'emplacement choisi pour l'installation de l'école (72) :

> « Et la situation, symbolique : le terrain formait un trait d'union entre l'agglomération européenne et l'agglomération arabe. »

Néanmoins on reste, comme lui d'ailleurs, étonnés de l'engouement des familles pour l'école et les activités éducatives, et surtout émus de la confiance que ces gens du « village nègre » lui manifestent en maintes occasions. C'est qu'il n'est plus perçu comme un soldat, mais comme un maître qui divulgue savoir et soins ; on se tourne vers lui en tant qu'autorité bienveillante et protectrice pour toutes sortes de problèmes, entre autres, la prise en charge de malades. Il est de ce fait un des rares soldats à entrer pacifiquement dans les foyers indigènes (par exemple invité à boire un thé par les femmes d'une famille à qui il a rendu service en transportant la grand-mère chez un médecin). Cette confiance est portée à son comble par les enfants, il en a chaque jour mille preuves.

Il a bien conscience d'être en cela privilégié, tout simple soldat qu'il soit. Même – ou surtout – les autorités supérieures, tel le sous-préfet, fort bien logé avec sa famille dans son bordj plus que confortable mais retranché du monde extérieur, n'auront eu l'occasion de vivre à Aflou une expérience aussi humainement enrichissante.

La proximité rare qu'il entretient avec élèves et familles n'oblitère pas cependant le fossé qui se creuse entre eux hors du périmètre de rayonnement de l'école. À tout moment peuvent resurgir les tensions, et même les explosions populaires. Lors d'une manifestation de villageois (marchant en procession avec drapeaux et slogans appelant l'indépendance) en réaction à la mort d'un enfant, tué par une sentinelle alors qu'il tentait de franchir la ligne barbelée encerclant la ville, le narrateur éprouve physiquement le rejet déterminé dont tous les soldats indistinctement font l'objet (106) :

> « Nous avons vu passer les manifestants jusqu'au dernier, et pas un seul ne nous a adressé un regard. »

Cette négation de l'autre a son pendant au sein du bataillon (108) :

> « Un adjudant hystérique excitait les hommes alignés et en armes, hurlant à l'égard des manifestants des invectives si injurieuses et excessives que je ne veux pas les transcrire ici. »

Cette conscience d'une infranchissable distance le séparant du monde algérien tient aussi tout simplement à ce qu'il ressent comme une irréductible différence de langues et de cultures. Lors même qu'il est assuré du bonheur et de l'épanouissement des élèves emmenés en colonie par exemple, il s'interroge au retour sur ce qui s'est vraiment transmis de lui à eux, puis à leur communauté (83) :

> « J'aurais aimé savoir ce que les enfants, filles et garçons, ont pu dire à leurs parents, comment ils ont vécu cette ouverture sur ce monde assurément nouveau pour eux. »

Les quelques exemples que j'ai sélectionnés dans ce récit court mais nourri de nombreuses informations historiques, sociologiques, psychologiques suffisent à montrer quelques-uns des paradoxes de la colonisation, que dans son honnêteté foncière, le narrateur met, délibérément ou non, au jour.

Au nombre de ceux-ci, les contradictions mêmes de l'administration française qui d'un côté réprime et humilie les populations indigènes sans entendre leurs revendications, et de l'autre entend gagner les cœurs en éduquant et soignant avec bienveillance leurs enfants. L'État français multiplie, en 1961-1962, l'engagement d'actions d'aménagement du territoire là où rien n'avait été fait en 130 ans, dans une politique qui aveugle ou masque la réalité (en particulier quant à l'avancée des pourparlers en vue de l'indépendance). Au point que ceux-là mêmes qui sont chargés de mettre en œuvre cette politique se laissent prendre à des illusions. Certes, en homme plein de bon sens, le jeune appelé qu'est Jean-Claude Gueneau, perçoit bien certaines de ces contradictions. En débarquant sur le port d'Oran en mars 1961, lui et nombre de ses compagnons ne peuvent que sursauter à ce qu'ils ressentent comme une incongruité (60) :

> « Sur le front des quais, peintes en gigantesques lettres rouges, des inscriptions : 'ICI LA FRANCE'. Une affirmation péremptoire qui nous laissa perplexes. »

Cette intuition première se transforme pour lui en certitude au fil du séjour dans le djebel Amour : il y fera l'épreuve de l'altérité de ce territoire algérien. Il n'empêche que, comme la plupart des enseignants, y compris ceux qui exercent sous les drapeaux comme lui, au cœur même de ces contradictions, il s'emploie avec ferveur et haute conscience professionnelle, à diffuser la langue et la culture françaises.

S'il ne peut mesurer pour sa part la trace qu'il aura laissée auprès de ses élèves, il sait celle qu'il garde en lui à jamais de cette expérience. Il aura été confronté, comme il n'aurait jamais pu l'être « au pays », à une grande diversité de populations au sein de cette colonie : dans la composante « européenne » elle-même (il découvre avec amusement et attendrissement par exemple des particularismes linguistiques des Pieds-noirs ; il approche la communauté juive par ce traducteur devenu un ami, ou les monitrices qui l'épaulent dans l'école, et sera attentif à leur singularité, à leurs peurs), *a fortiori* dans le contact avec la composante « indigène » à l'égard de laquelle le récit se montre toujours respectueux et quelquefois quasiment fraternel : ces hommes et ces femmes peuvent être découverts à la fois très différents de soi et très proches dans leur commune humanité. Dans ce contact colonial, qui plus est exacerbé par ce contexte de guerre, se produisent en tout état de cause des interactions qui ébranlent et font bouger sensibilités, identités et personnalités.

L'expérience initiatique qu'a été ce séjour justifie l'acuité, la vivacité dont le récit fait preuve, alors que la rétrospection se fait des décennies plus tard. Cette remontée dans le passé va même au-delà du strict empan de l'histoire vécue, car – ultime paradoxe – le respect de l'altérité dont la narration fait preuve n'empêche que jouent en même temps à la fois une tentation d'approche exotique qui se délecte de cette différence et le mouvement inverse de réduction de cette altérité, en une remontée fantasmatique vers ce qui pourrait ressembler à un point d'origine, sorte de paradis retrouvé l'espace de quelques mois au travers de la simple rusticité côtoyée, de la beauté du site réenchantant le rapport de l'homme à la nature.

# Libérer le paysage : jalons pour l'étude d'une utopie révolutionnaire

CATHERINE BRUN

En situation coloniale, les rapports de domination ne sont pas seulement d'un système sur des prétendus subalternes : ils investissent toutes les dimensions de l'existence et de l'être au monde. Les rapports au temps, au langage mais aussi bien à l'espace en sont informés. Car outre que l'homme est « empreint de paysages[1] », comme le signale Édouard Glissant, les dominés s'attachent d'autant plus résolument aux « monument[s] vivant[s] » que leur communauté souffre d'un « défaut de monuments[2] ». Alors, « libérer la relation au paysage par l'acte poétique, par le dire poétique », libérer les paysages eux-mêmes pourrait participer directement de l'« œuvre de libération[3] ».

C'est cette aspiration à des paysages désaliénés, à une Algérie recouvrée dans sa « splendide nudité »[4] que je voudrais examiner pour, à partir de fictions de Mohammed Dib ou de Yamina Mechakra, tenter de poser les jalons d'une utopie révolutionnaire. Car dans l'énigmatique et allégorique *Qui se souvient de la mer ?*[5], comme dans la plus explicite *Grotte éclatée*[6], la promesse d'une réconciliation *élémentaire* – promesse de la mer ou promesse de l'arbre – est subordonnée à un enfouissement préalable – ville du sous-sol, grotte ou espace même du récit.

---

1 Édouard Glissant, *Traité du Tout-Monde : Poétique IV*, Paris, Gallimard, 1997, p. 65.

2 *Ibidem*, p. 218.

3 Philippe Artières, «"Solitaire et solidaire", entretien avec Édouard Glissant », *Terrain*, 41, 2003, p. 3 [en ligne : http://www.terrain.revues.org/1599.]

4 Mouloud Mammeri, cité in Assia Djebar, *Le Blanc de l'Algérie*, Paris, Albin Michel, 1995, Le Livre de poche, 2002, p. 154.

5 Mohammed Dib, *Qui se souvient de la mer*, Paris, Seuil, 1962.

6 Yamina Mechakra, *La Grotte éclatée*, Alger, SNED, 1979.

## Historicités

Toujours, dans ces fictions, le paysage fait signe à autre chose que lui-même : le « lieu d'habitation » ne se distingue pas de « l'âme qui y trouve abri[7] ». Quand les « âme[s] révoltée[s] » finissent par ressembler à des « rives rocailleuses[8] », l'enfance est déjà marquée par les espaces qui l'accueillent. Mais que, pour reprendre les termes de Dib, l'être vienne « à la vie, puis à la conscience » dans « le cadre » d'un paysage qui tient lieu à la fois de « commencement », de « fin » et d'« entre-deux[9] » ne signifie pas que ce cadre soit originaire, primitif ou sans avant-commencements. Du paysage, on pourrait dire littéralement et dans tous les sens qu'il est *historique* : il a une histoire, c'est-à-dire à la fois une genèse et une fable qui l'éloignent de sa naturalité présumée. Le village natal, la « colline oubliée[10] », les « monts[11] » de l'Aurès ou ceux, « pauvres et pierreux », de la « Kabylie natale[12] » chez Mechakra, ne suffisent pas à occulter que cette « terre de rêve[13] » est d'emblée « une terre déracinée[14] ». En elle, la source se dérobe, comme « le lait de la nourrice à la narratrice orpheline[15] », comme l'Oasis mythique au vagabond et va-nu-pieds Kouider, « né dans un creux humide des murs de la vieille Tebessa[16] ».

Car les sources n'échappent pas à la déréliction : c'est dans le même mouvement que les Croisés d'hier et d'aujourd'hui semblent avoir forgé pour les enfants « le conte des mille camps de regroupement » et avoir « empoisonné [les] sources et [les] puits[17] ». Alors, il faut creuser le temps en arrière pour remonter jusqu'à une origine supposée. Colportée par un balayeur échappé de l'asile, inassignable, une « légende noire » relate ainsi comment, avant que des individus ne se proclament propriétaires, et s'assujettissent « d'abord les femmes,

---

7 Mohammed Dib, *Qui se souvient de la mer*, *op. cit.*, p. 128.

8 Yamina Mechakra, *La Grotte éclatée*, *op. cit.*, p. 17.

9 Mohammed Dib, et Philippe Bordas, *Tlemcen ou les lieux de l'écriture*, Paris, Éditions Revue noire, 1994, p. 43.

10 Yamina Mechakra, *La Grotte éclatée*, *op. cit.*, p. 12.

11 *Ibid.*, p. 17.

12 *Id.*, p. 21.

13 *Id.*, p. 23.

14 *Id.*, p. 24.

15 *Id.*, p. 71.

16 *Id.*, p. 29, 63, 65.

17 *Id.*, p. 147.

puis les enfants, puis les chevaux[18] », « il n'y avait ni possesseur ni possédé[19] ». Le mythe oppose un temps paisible et préservé à la rude « colère de la loi coloniale[20] », subie collectivement par les « anonymes[21] », « Algériens des villes et des campagnes[22] ».

Dans *Qui se souvient de la mer*, le trouble de l'origine, la chute dans l'opacité historique se manifestent par l'enfouissement de la ville sous des couches de basalte sédimentaires. Murs, couloirs, passages souterrains, boyaux informent l'espace urbain comme l'intérieur des crânes. La « vieille cité » ne peut plus être reconstituée que « par un effort d'imagination et de dépaysement[23] » insoutenable. Les existences, quand elles ne semblent pas « avalé[es] par le vagin de la terre[24] », sont désormais confinées à l'intérieur d'un « bitume géologique[25] », tandis qu'une ville inédite s'édifie au cœur de l'ancienne et tient lieu de « paysage nouveau[26] ». Le jour même fuit, contraint de se réfugier dans des grottes.

Le temps de cette colonisation qui ne dit pas son nom mais procède par croissance, multiplication, renforcement des édifices est un temps d'« effroi ». Les « constructions » s'imposent comme un principe actif, d'autant plus puissant qu'apparemment autonome, impitoyablement dévorant, impersonnel :

> « Dans leur progression, [les constructions] abattent des quartiers entiers qu'elles semblent ingurgiter l'un après l'autre, et si elles se retirent par la suite, comme cela leur arrive quelquefois, à la place, des aires nues s'étendent au soleil, asphaltées seulement d'un bitume rouge frais : tout ce qui reste des maisons et de ceux qui les remplissaient[27] ».

---

18 *Id.*, p. 109.
19 *Id.*
20 *Id.*, p. 147.
21 *Id.*, p. 35.
22 *Id.*
23 Mohammed Dib, *Qui se souvient de la mer, op. cit.*, p. 24.
24 *Ibid.*, p. 135.
25 *Id.*, p. 36.
26 *Id.*, p. 56.
27 *Id.*, p. 157.

Le paysage urbain est donc informé par la tragédie historique. Il en porte les stigmates. Dib le note dans *L'Enfant-jazz* : la guerre est « Encore du mal fait au paysage[28] ». Elle démantèle, absorbe, redistribue, creuse. Les procès qu'elle initie sont toujours déjà accomplis. En elle, la durée se précipite en irrémédiable : « La guerre creusait. / Ce qu'elle creusa : / Une galerie noire. / Dunes noires. / Sables noirs. / Lune noire. / Ce qu'il en resta. / Une pensée noire. / Et cela vint. / Une guerre noire[29] ».

**Enfouissements**

Il serait vain, dès lors, de la combattre frontalement et de prétendre en triompher par des actions de surface. Dans l'espace comme dans le texte, le temps est aux enfouissements. Le trouble cosmique qu'induit la domination coloniale clive nettement les éléments primordiaux. Quand « les puissances d'*en face* [...] gouvernent[30] », Dib le signifie, « les mécanismes du vide et les sources du soleil [...] frôlent[31] » : l'air et le feu ont épousé la cause ennemie. Dans *La Grotte éclatée*, les plaies coloniales laissent Sakiet carbonisée, les corps napalmisés : la fournaise « entret[ient] le mal des siècles[32] ». La grotte, au contraire, même s'il arrive à la narratrice de douter qu'elle n'accouche jamais de ses héros condamnés, tient de lieu de repli, de havre pour ceux qui se sont exposés et doivent se refaire à son « ombre[33] » : eux seuls ont « droit à la grotte[34] » avant de retourner au feu. Elle est *leur* grotte : leur retraite et leur mère entravée. Quand, en octobre 1958, de nouveaux bombardements ont lieu sur la frontière, l'asile précaire éclate[35]. Ciel, terre et feu prennent en étau ses prisonniers. De la grotte d'abord remplie de fumée ne reste « plus rien » : le napalm a eu « le dernier mot », il a eu raison des corps et des consciences. Seuls des arbustes offrent encore un semblant de protection. Kateb Yacine

28 Mohammed Dib, (1998), *L'Enfant-Jazz*, Paris, La Différence, 1998, p. 126.

29 *Ibid.*, p. 127.

30 Mohammed Dib, *Qui se souvient de la mer*, *op. cit.*, p. 121.

31 *Ibid.*

32 Yamina Mechakra, *La Grotte éclatée*, *op. cit.*, p. 119.

33 *Ibid.*, p. 32.

34 *Id.*, p. 22.

35 *La Grotte éclatée* devient alors le titre de l'ouvrage, à l'initiative de Marcel Bois, lecteur à la SNED en 1979, qui le substitue au titre original proposé par Yamina Mechakra, *Ma grotte et ma peine.*

le note dans sa préface à l'ouvrage : « En arabe populaire, "guirra", c'est à la fois un orage et la guerre de libération, un déchaînement de la nature[36] ».

Tout se passe alors comme si la guerre de libération devait être menée aussi avec la nature et en son cœur. Paradoxalement, alors, la résistance à l'enfouissement procède de son approfondissement. Car le sous-sol dont le sol même n'appartient pas aux puissances occupantes est un lieu de sédition possible. Dans *Qui se souvient de la mer*, une ville du sous-sol s'organise contre « la ville d'en-haut[37] ». C'est en elle qu'est fourbie la révolte. Et dans *La Grotte éclatée*, le combat authentiquement révolutionnaire est porté par le personnage d'Arris, un fellah analphabète qui, apprenant « la Révolution un soir de Novembre 1954 », ne jette « à terre son araire[38] » que pour prendre son fusil, inscrivant la conquête de la patrie dans le prolongement et la logique des cultures immédiatement nourricières.

Dib et Mechakra suivent un chemin similaire, choisissant de lutter contre « la sournoise reptation des murs[39] », l'imbrication de galeries funèbres et de dédales chez Dib, les chaînes de chair et de sang imposées aux cages de pierre et de bois chez Mechakra, moins par le dévidement de quelque fil qui faciliterait la sortie du labyrinthe colonial[40], que par une écriture elle-même cryptique et *cryptée*. La fable de *Qui se souvient de la mer* ne dit pas autre chose : avec le « vieux mutisme[41] » de la terre, une mer silenciée. Car la mer, anciennement prolixe, capable de « chang[er] toutes les rumeurs en fabuleuse chronique[42] » et de « parl[er] d'innocence[43] », « s'est tue : on ne perçoit plus que son bercement, son silence[44] », tout au plus « un brisement, un chant sourd[45] ». Sa voix « rest[e] enfermé[e] dans la pierre[46] ». Depuis

36 *Ibid*, p. 7.

37 Mohammed Dib, *Qui se souvient de la mer*, *op. cit.*, p. 185.

38 Yamina Mechakra, *La Grotte éclatée*, *op. cit.*, p. 67.

39 Mohammed Dib, *Qui se souvient de la mer*, *op. cit.*, p. 23.

40 Dans *Le Blanc de l'Algérie*, Assia Djebar évoque ainsi l'écriture de ses amis disparus comme son « fil dans le labyrinthe » (A. Djebar, 1995, p. 147).

41 Mohammed Dib, *Qui se souvient de la mer*, *op. cit.*, p. 32.

42 *Ibid.*, p. 115.

43 *Id.*

44 *Id.*, p. 53.

45 *Id.*, p. 187.

46 *Id.*, p. 64.

que la parole fait défaut, depuis qu'elle a déserté les habitants des villes investies, depuis leur « retour au langage des pierres, un approfondissement s'est accompli[47] ». Contempler la mer ne saurait suffire et pourrait relever du « leurre[48] » : « ce n'est pas par caprice que d'autres sont allés édifier une cité[49] » souterraine. Mais savoir

> « qu'il existe quelque part sous terre une ville sûre [...] ne suffit pas, il faut pouvoir y entrer »,
>
> « ne serait-ce que pour pouvoir échapper au réseau de complicités établi par [des] murs acharnés à persécuter[50] ».

C'est cette entrée que réalise l'écriture, c'est elle qu'elle ménage, en optant pour un « cadre terrible et légendaire » et une « écriture de pressentiment et de vision[51] ». Au procès-verbal tragiquement répétitif de l'horreur, Dib oppose, le terme apparaît dans sa « Postface », une écriture de « l'approfondissement » : une écriture de cryptes et de cavités, de palimpsestes et de stratifications, qui puisse résister à la puissance dévorante des nouvelles constructions expansionnistes, et oblige le lecteur à s'engager dans l'aventure du déploiement des significations.

Cryptée, l'écriture de *La Grotte éclatée* l'est également qui, plus qu'elle ne fait alterner récit et poèmes épars, incruste des séquences poétiques dans des parties narratives qui en sortent à la fois trouées, et informées. Car quand « Radio le Caire » parle « un arabe clair » – « Il faut se lever et marcher » –, les vers qui disent Arris, le paysan devenu combattant de Novembre, sont des vers qui littéralement le *comprennent* : des vers, bien entendu, qui permettent de saisir sa réponse à l'appel lazaréen, mais aussi de le tenir tout entier, dans la célébration litanique de ses noms et de ses fonctions :

> « Arris mon amour et ma résurrection
> Arris mon mari et mon cri.
> Arris mon fils et mon pain d'orge [...]
> Arris mon silence et ma douleur.

47 *Id.*, p. 110.
48 *Id.*, p. 176.
49 *Id.*
50 *Id.*, p. 176-177.
51 « Postface », *Id.*, p. 189.

Arris mon coin d'ombre et ma lumière.
Arris qui a su allumer un soir d'hiver au creux de mon âme
triste et froide un feu qui m'a illuminée et m'a tenu chaud[52] ».

Connaître et entonner le chant d'un homme ou d'un pays, un « hymne avenir d'hier et de demain[53] », c'est permettre à chacun de « réappren[dre] l'Algérie[54] », de regarder son horizon « avec les yeux de sa mémoire[55] ». Arris n'est pas seulement le nom d'un homme qui se lève et marche : c'est le nom de la petite ville, au pied de l'Aurès, où débute la fiction[56] ; c'est aussi le nom du fils qui ressuscite le héros mort dans les entrailles de sa mère. En Arris doivent alors s'entendre et le nom du père, et celui du fils, et celui du Saint-Esprit de la Révolution. Le nom vaut appel et célébration. Est-ce tout à fait un hasard si Arris est historiquement la ville d'origine de Mostefa Ben Boulaïd, militant du PPA, puis du MTLD, responsable de la zone de l'Aurès jusqu'à sa mort en mars 1956[57] ? Et faut-il regarder comme fortuit qu'ait été trouvée dans cette petite ville de l'Aurès, sur un monument érigé par Vartaia, une inscription copiée et analysée par le célèbre antiquisant Jérôme Carcopino, à la mémoire de Vasties, un inconnu qui, parce qu'il se serait opposé aux Vandales, aurait reçu le titre de *dux* de l'empereur romain Valentinien III en 449[58] ? Ne pourrait-on voir en Arris un nom noyau, un nom crypte, qui tiendrait ensemble l'origine et l'horizon, la perte et la promesse ? La narratrice berce ainsi son fils mort et déposé dans un cercueil d'acier de la perspective d'un départ pour ARRIS, « quand viendra l'indépendance[59] ». « Là-bas », elle projette d'édifier « un temple » aux « murs de topaze, d'émeraude, d'opale et de saphir, d'améthyste et de rubis[60] » –

52 Yamina Mechakra, *La Grotte éclatée*, *op. cit.*, p. 67-68.
53 *Ibid.*, p. 151.
54 *Id.*, p. 155.
55 *Id.*, p. 149.
56 Dans le roman, la ville est désignée en petites capitales (ARRIS), quand les personnages du père et du fils ne conservent de capitale qu'à l'initiale (Arris).
57 Notons que dans *La Grotte éclatée* le personnage d'Arris père meurt en septembre 1957.
58 Jérôme Carcopino, Louis Leschi, « Inscription d'Arris (Aurès) en faveur de Masties », *Comptes rendus des séances de l'Académie des Inscriptions et Belles-Lettres*, 88e année, n° 1, 1944, p. 13-14.
59 Yamina Mechakra, *La Grotte éclatée*, *op. cit.*, p. 137.
60 *Ibid.*, p. 171.

la crypte du fils, probablement aussi celle du père, réplique resplendissante et colorée de la grotte sépulcre éclatée dont le sol ne trahit plus l'existence.

**Promesses**

La vie et la survie de la narratrice de *La Grotte éclatée* sont en effet portées par « le désir de voir le plus tôt possible l'Algérie libre et indépendante[61] ». Pour elle qui dès l'enfance a rêvé

> « de partir un matin, nue, habillée de brume, à la recherche de la ligne où la terre et le ciel s'épous[ent] pour enfanter le jour[62] »,

l'indépendance du pays est « un espoir vivifié aux torrents de voix et de poings levés[63] », « la marche irréversible d'un peuple qui tir[e] la terre à lui pour lui infliger la forme[64] » de son corps.

Elle qui après le bombardement de la grotte a dû se réfugier en Tunisie, confond dans un même amour son pays et sa maison, sa grotte et sa peine. Près de quatre ans plus tard, c'est avec douceur qu'elle foule la terre brûlante de son pays retrouvé et dit, avec sa « foi en demain », son « pays et ses moissons[65] ».

Le paysage mobilise, il fait lever les cœurs et les corps. Les déshérités, en effet, ne réclament jamais que « leur part du ciel[66] ». Ils aspirent à des « horizons où il ne pleuv[e] que des gouttes de lumière ». À leurs yeux, l'arc-en-ciel est assez vaste pour être partagé en « tout petits morceaux[67] ». Mais ils savent qu'il n'est de ciel accessible qu'arrimé à la terre. La terre doit commencer par renaître, et « les chemins égarés couverts de cailloux et écrasés du soleil des Aurès[68] » se faire « chemins de verdure[69] ». Demain, la charogne aujourd'hui puante sera « terre riche en phosphore[70] », ou encore « vallée où

61 *Id.*, p. 25.
62 *Id.*, p. 34.
63 *Id.*, p. 134.
64 *Id.*
65 *Id.*, p. 172.
66 *Id.*, p. 24.
67 *Id.*, p. 54.
68 *Id.*, p. 140.
69 *Id.*, p. 101.
70 *Id.*, p. 142.

pousse[ra] le blé » et où des marguerites « sauvages et terriblement belles[71] », « règne[ro]nt sur le cœur des enfants[72] ».

L'horizon de l'indépendance informe le paysage comme la colonisation lui imposait ses stigmates. Dans *La Grotte éclatée*, il est annoncé par la présence d'un arbre vigile, campé au pied de l'Aurès, « sur une terre grasse à peine remuée[73] », scintillant « de résine renouvelée[74] ». Quand les temps sont sombres, ne s'offrent plus au regard et au dessin que les « branches déchiquetées[75] » d'un autre arbre « mort debout[76] », tordu et déraciné, « nu et déchiré[77] », « solitaire et nu[78] », gardien de la grotte tombeau : « un arbre qui blasphème à la face du ciel[79] », dont la version euphorique serait, près d'un puits, « un vieux peuplier à l'ombre légère[80] ». De même Dib, dans *Qui se souvient de la mer*, les arbres desséchés font office de comparants aux ruines laissées, après leur explosion, par les « nouvelles constructions[81] ». Et si se donne à lire, dans *L'Enfant-jazz*, « un rêve d'arbre », « debout sous le ciel », tout en éclatements bourgeonnants[82], c'est bien plutôt dans *Qui se souvient de la mer* la promesse des flots, « la sagesse de l'eau[83] », l'« influence salutaire[84] » des vagues, leur « bercement inépuisable[85] », le retour de « la voix caressante[86] » de la mer qui se manifestent. Alors, la « sensation » s'impose « que le commencement ou le renouveau est proche[87] ». Car la mer, comme l'arbre, procède des « profondeurs[88] ». D'elle, on

[71] *Id.*, p. 168.
[72] *Id.*, p. 142.
[73] *Id.*, p. 14.
[74] *Id.*, p. 15.
[75] *Id.*, p. 53.
[76] *Id.*, p. 138.
[77] *Id.*, p. 171.
[78] *Id.*, p. 138.
[79] *Id.*, p. 172.
[80] *Id.*, p. 144.
[81] Mohammed Dib, *Qui se souvient de la mer, op. cit.*, p. 187.
[82] Mohammed Dib, *L'Enfant-Jazz, op. cit.*, p. 138.
[83] Mohammed Dib, *Qui se souvient de la mer, op. cit.*, p. 117.
[84] *Ibid.*, p. 52.
[85] *Id.*, p. 187.
[86] *Id.*, p. 161.
[87] *Id.*, p. 161.
[88] *Id.*, p. 166.

pourrait presque dire, comme de la ville du sous-sol, qu'elle « plonge ses racines non pas dans le sol, au sens restreint du terme, mais d'une façon générale, dans le monde[89] ». La promesse du paysage n'est pas seulement promesse élémentaire et cosmique : elle porte un message politique.

Reste que l'horizon de ce paysage libéré semble aussitôt assombri et comme inquiété au cœur des récits mêmes. Quelle foi accorder aux projections de la narratrice de *La Grotte éclatée*, prompte à la fabulation merveilleuse et aux enchantements illusoires ? Comment adhérer tout à fait au rêve d'une orpheline coutumière de s'inventer « des hommes et un pays aussi libres[90] » qu'elle ? Comment conjuguer sans douter la foi en l'avenir et la mémoire vacillante des peines ? Comment s'assurer que demain ne ressemble pas désespérément à aujourd'hui ? Comment ne pas pressentir forcément douloureuse une « foi en demain, solidement clouée sur [la] poitrine[91] » ?

Dans *Qui se souvient de la mer*, le doute persiste de même longtemps sur la nature de la flamme guettée nuit après nuit au ras des vagues, aux portes de la cité : « est-elle étoile avide de sang ou [...] rose éclatante[92] » ? Et si pour finir le « vide absolu, opaque[93] » qu'elle laisse après avoir brillé « comme mille soleils » semble la clé de la ville du sous-sol, la menace spéculaire perdure. Le risque est explicite que les structures de la ville enterrée ne soient « que la réplique de celles de la ville d'en-haut, leur image renversée en quelque sorte et cachée dans les stratifications inférieures[94] ». Certes, il est aussitôt écarté : à la différence de la ville d'en-haut, celle du sous-sol « ne connaît pas de limites[95] » et c'est la ville du sous-sol qui porte véritablement « par ces fondements vivants et actifs » celle de la surface. Demeure toutefois l'inquiétude que porte inévitablement le souvenir de la mer. Cette mer en effet, dont le songe et le souvenir constituent les termes ultimes du roman de Dib, ne préexistait-elle pas à l'invasion ? Et de quelle

---

89 *Id.*, p. 185.

90 Yamina Mechakra, *La Grotte éclatée*, *op. cit.*, p. 34.

91 *Id.*, p. 140.

92 Mohammed Dib, *Qui se souvient de la mer*, *op. cit.*, p. 173.

93 *Id.*

94 *Id.*, p. 185.

95 *Id.*

efficace fut le « rempart » de son « eau fragile[96] » ? Quels bénéfices reconnaître à sa clémence ? Qu'espérer d'un souvenir ? Comment concevoir un monde qui ne doive rien à l'ancien ? Ni *La Grotte* éclatée, ni *Qui se souvient de la mer* ne permettent de le savoir, qui font signe à l'avenir plus qu'ils ne lui font place. La réconciliation élémentaire augurée n'a pas lieu. Car pour s'inventer contre le réalisme, ces fictions ne proposent pas de s'installer dans un monde alternatif. À l'épaisseur historique des aliénations coloniales constatées, elles opposent plutôt la résistance de récits grottes, de récits cavernes, de récits cryptes. En elles, le nouveau monde s'annonce : il ne se montre pas.

96 *Id.*, p. 35.

# Un regard algérien sur l'Orient
## Lecture de *Pleine lune sur Bagdad* d'Akram Belkaïd[1]

Christiane Chaulet-Achour

En souvenir de Ziama Mansouriah où s'enracina,
peut-être, un désir d'ailleurs « oriental »
Algérie… Égypte, 1979-1996[2]

La littérature algérienne n'est pas prolixe sur l'Orient. Peut-être parce qu'elle se pense à la fois incluse et hors de cet espace du monde. Peut-être aussi parce que son destin postcolonial, alourdi de son antériorité coloniale, l'a tournée vers le Nord ?

---

1 Édité à Paris, éd. ErickBonnier, mai 2017.
Akram Belkaïd est un journaliste et essayiste algérien. Né en 1964 à Alger (Algérie), il est diplômé de l'École Nationale d'Ingénieurs et de Techniciens d'Algérie (Enita). Après avoir travaillé en tant qu'ingénieur de maintenance dans une compagnie aérienne, il décide en 1991, après quelques collaborations ponctuelles avec des journaux et des revues (*L'Autre Journal*, *Alger-Républicain*, *Le Quotidien d'Algérie* et le *Jeudi d'Algérie)*, de se consacrer pleinement au journalisme. Il s'installe en France en 1995 et entre, la même année, au quotidien économique et financier *La Tribune Desfossés*. Il est aujourd'hui journaliste au *Monde diplomatique* et collabore régulièrement avec le *site Orient XXI*, les publications *Afrique Magazine* et *Afrique Méditerranée Business* (AMB). Il est aussi chroniqueur au *Quotidien d'Oran* où il publie deux chroniques par semaine. *La Chronique du blédard* (depuis avril 2005) et la *Chronique de l'économie* (depuis janvier 2008). Il est l'auteur de plusieurs ouvrages sur le Maghreb et l'Algérie. Un *Regard calme sur l'Algérie* (Seuil, Paris, 2005) est un essai personnel sur l'histoire récente de ce pays, notamment durant la 'décennie noire'. *Être arabe aujourd'hui* (carnetsnord, Paris, 2011) revient sur les révoltes populaires au Maghreb et au Machrek et leurs conséquences. *Retours en Algérie (*carnetsnord, Paris, 2013*)* est un récit de voyage où l'auteur a accompagné dans son pays natal une centaine de lecteurs de l'hebdomadaire catholique français *La Vie.*

2 On connaît la somme que Daniel Lançon a éditée chez Geuthner en 2007, *L'Égypte littéraire de 1776 à 1882. Destin des antiquités et aménité des rencontres.* Évidemment, ce n'est pas la même période que visitent les nouvelles d'Akram Belkaïd.

C'est d'abord le pèlerinage à La Mecque qui inscrit le monde arabe dans ses textes. On se souvient de *Nedjma* où la voix de la narration raconte le pèlerinage inachevé de Si Mokhtar, accompagné du jeune Rachid, avec une pointe d'humour savoureuse :

> « Si Mokhtar partait pour La Mecque, à soixante-quinze ans, chargé de tant de péchés que, quarante-huit heures avant de s'embarquer à destination de la Terre Sainte, il respira une fiole d'éther, "pour me purifier", dit-il à Rachid.[…]
>
> -Pour moi tout est réglé à l'avance : ceux qui me chargeaient de péchés se sont cotisés pour payer mon pécule, ravis de voir partir un gredin à leur place, se disant qu'après tout l'odyssée ne s'impose qu'à ceux dont le cas est assez grave pour devoir être plaidé d'aussi près […].
>
> [à l'arrivée à Djeddah] : « l'embarcation, après avoir franchi les brisants, les récifs de corail environnés d'épaves, toucha au poste de douane, et Rachid, en tournant la tête, découvrit des rangées de voiles chavirant au vent du soir, comme si un autre port, surgi d'un autre temps, s'était évanoui dans le soleil à bout d'espace, et Djeddah n'était plus qu'un désert trahi.[…] "C'était ici, en Arabie, qu'il fallait croire le Prophète, passer du cauchemar à la réalité"[3]».

Ce monde apparaît aussi avec la question palestinienne qui tourne les regards algériens vers le Proche-Orient. On peut citer le poète Nourredine Aba, le *Journal palestinien* de Rachid Boudjedra en 1972, Kateb Yacine, le dramaturge cette fois, et sa pièce, *Palestine trahie*[4] qui se présente comme un vibrant hommage à la cause palestinienne et propose une sorte de canevas de l'histoire du conflit. On peut encore évoquer le roman, *L'Amour loup*, d'Anouar Benmalek, *Le Palestinien* d'Habib Ayyoub ou *La Palestinienne*, pièce de théâtre d'Hawa Djabali. Yasmina Khadra a sollicité le même espace avec *L'Attentat*[5]. Notons qu'en 2011, un collectif d'écrivains, « Des auteurs algériens pour El-Qods » a rassemblé en recueil des poèmes dédiés aux Palestiniens, *Ton*

---

[3] Kateb Yacine, *Nedjma*, Paris, Seuil, 1956, réédition Seuil-Points, extraits p. 110-119 et *sq*.

[4] Kateb Yacine, *Boucherie de l'espérance*, Paris, Seuil, [1976], 1999, 665 p. trad. Zebeïda Chergui.

[5] Yasmina Khadra, *L'Attentat*, Paris, Julliard, 2005.

*nom est Palestine*, à d'Oum Siham et Hafeda Bessaoud[6]. Boualem Sansal, en recherche d'une entente avec la gauche israélienne[7], n'a pas écrit d'œuvre sur cette partie du monde mais a défrayé la chronique. La moisson littéraire n'est pas très abondante, les textes algériens étant plus nombreux du côté de l'essai ou d'articles de presse.

En ce début du XXIe siècle, à la faveur de reportages qu'effectuent des journalistes algériens, des nouvelles sont écrites dans la foulée qui ouvrent l'éventail des créations vers le Proche-Orient, dans plusieurs de ses pays. Déjà, en 1983, l'écrivain et journaliste Tahar Djaout faisait paraître une nouvelle, « Le Reporter » dans son recueil, *Les Rets de l'oiseleur*[8]. Sensiblement de la même génération qu'Akram Belkaïd, Salim Bachi travaille, dans plusieurs de ses œuvres, sur la place de l'islam et de ses dérives en Algérie et en France. Plus directement, Mustapha Benfodil, journaliste reporter qui était en Irak à l'époque choisie dans *Pleine lune sur Bagdad*, édite *Journal d'un voyage de guerre*[9].

On voit, grâce à ce bref rappel que ce recueil de nouvelles fait une entrée remarquée dans la littérature algérienne par l'originalité du traitement des espaces choisis. Akram Belkaïd est essentiellement journaliste. Pourtant la plume littéraire l'a démangé depuis quelques années et cette fois elle s'impose au terme de voyages dans chacun des pays où il entraîne son lecteur. Comme l'écrit Saïd Djaafar :

> « Les nouvelles-roman d'Akram Belkaïd par leur ampleur géographique et humaine nous révèlent que ce n'était pas seulement l'Irak qui était mis en souffrance. Il n'était que l'épicentre d'un nouveau jeu de guerre de l'Empire dont les répliques vont de "l'eau à l'eau", de l'Atlantique au Golfe.
>
> Dans l'Olympe des temps actuels, Arès, le dieu de la guerre, pourrait prendre les airs texans d'un Dick Cheney secondé par

---

6 Dans liberté algérie.com publié dans la rubrique À la une / Culture, *El Watan*, le 01/02/2011.

7 Il fut l'invité d'honneur en 2012 au Salon du livre de Jérusalem, ce qui déclencha une vive polémique en Algérie et dans d'autres pays arabes. En 2012 il a lancé avec le romancier israélien David Grosmman un appel au *Rassemblement mondial des écrivains pour la paix*, avec la demande de la création de deux États. Cf. *Libération*, 7 octobre 2012.

8 Tahar Djaout, *Les Rets de l'oiseleur*, Alger, SNED, 1983.

9 Salim Bachi est né en 1970. Mustapha Benfodil en 1968. Son « journal » est édité par Liberté-Casbah éditions à Alger en 2003.

quelques "princes de ténèbres" néo-conservateurs qui décident, sans nécessité vitale pour l'Empire, juste pour étaler sa force, d'aller détruire l'Irak[10]».

L'expression « nouvelles-roman » vient du choix par le nouvelliste, comme épine dorsale de ses récits, comme focalisation commune à ses quatorze nouvelles, de la date du 20 mars 2003

> « par une nuit de pleine lune, les États-Unis d'Amérique, et leurs alliés, déclenchent l'invasion de l'Irak pour renverser le président Saddam Hussein et son régime. Au même moment, de Bagdad à Casablanca, de Gaza, Tunis, Washington à Paris, des destins basculent, des drames se nouent à huis clos[11]».

Il est rare qu'un recueil de nouvelles relie ainsi aussi étroitement et significativement les textes qui le composent. Cette unité de temps explose dans différents lieux, dessinant une carte où pays et villes obligent le lecteur à plonger dans les réalités humaines d'une agression qui, balayant la spécificité de chaque nation concernée, les plonge dans une destinée commune. Ce fil rouge est toujours explicité à un moment ou l'autre de la nouvelle mais il l'est, dès le second paragraphe, dans la douzième nouvelle :

> « Ce soir, il n'est pourtant guère question de s'attarder sur la cataracte de lumière crue qui tourbillonne dans un fracas de nacre. En cette nuit du 20 mars 2003, Beyrouth, ville occupée, n'est rien d'autre que le cœur tourmenté d'un monde arabe bien mal en point. Comme ses sœurs de la région, elle se recroqueville. Ses amants se sont séparés, ses ermites se terrent, ses mendiants prophètes se taisent et ses poètes dorment d'un sommeil sans muses. Ici, mieux qu'ailleurs, on connaît le prix du malheur et de la folie des hommes. On sait qu'un temps splendide, qu'un panorama féérique, n'empêchent pas les horreurs[12]».

Ce sont des tranches de vie ou des instantanés qui sont saisies durant cette nuit qui plonge dans encore plus de violence et de

---

[10] Saïd Djaafer, Journaliste, « *Pleine Lune sur Bagdad* d'Akram Belkaïd : De l'Atlantique au Golfe, des femmes et des hommes dans la nuit de Hulagu-Bush », *HuffPost Algérie*, 22/06/2017.

[11] *Ibid.*

[12] « La règle de tous les malheurs possibles » in *Pleine lune sur Bagdad*, *op. cit.*, p. 212.

domination ce que l'Autre, personnifié par l'Amérique, présente comme un espoir de changement et une croisade pour la démocratie.

Les incipit, les seuils des récits sont sans ambiguïté dans la dysphorie. La première nouvelle commence ainsi :

> « Bagdad est blême. Ses toits et terrasses sont couverts par un linceul d'albâtre qui s'unit à la nuit. Dans les eaux lourdes du Tigre, les carpes remontent à la surface, attirées par les faisceaux lumineux qui trouent le ciel et par les reflets de la pleine lune qui s'émiettent tels des perles échappées d'un écrin de velours. Ce n'est pas encore l'aube mais la ville ne dort pas. Ou plutôt, elle ne dort plus[13]».

Ou cette entrée dans Gaza :

> « Gaza, de nuit. Immense prison à l'air libre. Cage étroite pour humains sans droits ni libertés. La honte du monde dit éclairé. Malédiction éternelle pour celles et ceux qui permettent et tolèrent cette infamie[14]».

On remarque que les descriptions du cadre, qu'il soit naturel ou construit par les hommes, sont nombreuses : elles sont nécessaires car le meilleur moyen qu'a trouvé la littérature pour faire image – car elle n'a pas les moyens des arts visuels, le cinéma en particulier – est de multiplier les notations descriptives pour que le lecteur apprenne à connaître ces pays et ces villes dont il est question et qu'il ne voit, de façon générale, qu'en ruines sous la force des explosions et des attentats. Dans le même ordre d'idées, rendre familier un cadre étranger, le lexique arabe est essaimé tout au long des textes et les toponymes sont précis.

> « Il est accroupi, seul dans la nuit froide, enveloppé dans le silence du désert et une clarté aiguë. Venu de l'est, le vent lui apporte en sifflant des odeurs de rocaille humide, de terre brûlée et des relents de charognes. De son poste de guet, il voit une rivière de chaux couler en nappes sur Ur et ses faubourgs. Il se dit qu'un lambeau arraché au ciel de midi a été abandonné sur les tumulus et les collines poissées. Tout autour, l'ombre des ruines prend des formes inquiétantes tels ces halos piquetés de petites auréoles sombres.

13 « Fruits secs, vers et vipères », in *Pleine lune sur Bagdad*, *op. cit.*, p. 11.

14 « Après le chemin… », in *Pleine lune sur Bagdad*, *op. cit.*, p. 34.

Son regard se promène sur les vieilles pierres. Ici, à Qamirnah, la lune est dans sa cité. Déesse, elle y prend ses aises car d'invisibles dévots célèbrent son culte[15] ».

« Un bouillon de lumière crue se déverse en couches épaisses sur Damas et le Qayssoun, mont chauve et gardien ancestral de la ville ouverte à tous les Arabes. Soirée d'hiver finissant, nuit calme et ville tranquille. Que le lecteur veuille bien nous pardonner car ces qualificatifs ne sont pas appropriés. Nouvelle proposition : nuit froide et ville résignée, contrainte par une attente insondable. Une espérance diffuse en un mieux. Un petit mieux ou, en tous les cas, un moindre mal. Nuit froide et ville résignée. Voilà donc ce qui convient en ces lieux où l'espérance née au début du nouveau siècle n'a guère duré[16] ».

On trouve aussi dans plusieurs nouvelles, une évocation actualisée du désert. Renforçant cette mise en « pays », les nouvelles égrènent des portraits prenants : les personnages restent présents à l'esprit, une fois le livre refermé. Personnages ambivalents et peu recommandables dont on découvre les motivations en cours de nouvelle, comme dans le texte, « Deux hommes dans le Najd » ; personnage répugnant et adipeux « dans le quartier huppé de Salwa à Koweït-City » dans « Par cette perle ». Des couples se détachent dans leur singularité comme ce couple d'Irakiens dans la première nouvelle qui se disputent dans cette nuit autour du lait à acheter pour le bébé ; ou le couple de Koweitiens qui se méprise et se déteste et où le regard chargé de haine de l'épouse rappelle, dans une mise en abyme, l'invasion du pays par les Irakiens, l'été 1990.

Des espaces médicaux sont le lieu d'affrontement, d'humiliation et d'exactions, à Beyrouth, dans une clinique haut de gamme ou à Alger, aux alentours d'un hôpital où un médecin sera livré aux intégristes. Ces derniers sont souvent présents même s'ils ne sont pas toujours nommés et décrits comme dans la nouvelle qui se passe à Casablanca et qui a pour titre, « L'Émir ».

La place des femmes est conséquente, qu'elles soient réelles ou inventées par la fiction, qu'elles soient présentes ou absentes. Femmes

---

15 « Telle une bête qui se ramasse et bondit », in *Pleine lune sur Bagdad*, *op. cit.*, p. 44.

16 « La lune est aux Arabes ! », in *Pleine lune sur Bagdad*, *op. cit.*, p. 74.

intellectuelles comme Gamra dans la première nouvelle, étudiante en littérature ayant épousé son enseignant ou la traductrice de la dernière nouvelle, réfugiée à Paris et qui, cette nuit de mars, à partir du titre de la grande poétesse irakienne, Nâzik al-Malâïka[17], « le chemin du retour amer », prend la décision de rentrer au pays. En clôture du recueil, cet ultime paragraphe revêt bien entendu un message symbolique pour ces Arabes de différents pays, acculés à l'exil :

> « Oui, je vais bel et bien prendre *le chemin du retour amer.* J'irai sur les rives de l'Euphrate, courir sur les berges et m'attarder devant les barques qui reviennent de la pêche aux carpes. Je vais me laisser glisser et rejoindre mon pays, mon seul et unique pays. Si l'Irak, ce piège, doit mourir, je mourrai avec lui. Et s'il vient à renaître, je renaîtrai avec lui. Que Dieu, s'il existe, me donne la force d'accomplir ce retour et qu'il maudisse Bush et son caniche. Que cette aube qui s'annonce dans le ciel parisien en soit le témoin : je jure et j'annonce qu'il est temps pour moi de revenir à Bagdad[18]».

Badra, la plongeuse de perle, réduite à l'enfermement par son mariage et traumatisée à jamais par ce qu'elle a subi des Irakiens lors de l'invasion de 1990, alors que son mari était absent et qu'il s'est bien gardé de rentrer au pays ; elle a utilisé le chèque reçu pour « réparations de guerre » pour l'achat d'une petite barque à moteur qui lui permet de retourner plonger comme lorsqu'elle était jeune fille. La force qu'elle retrouve se concentre dans une grande violence à la fin de la nouvelle.

L'intérêt aussi qu'éveillent toutes ses femmes fait écho à d'autres lectures : la Gamra d'Hawa Djabali dans son roman *Agave* ; l'archéologue irakienne, Mariam, de Laurent Gaudé dans *Écoutez nos défaites* ; les femmes et les jeunes filles qui s'engagent à jouer *Antigone* dans *Le Quatrième mur* de Sorj Chalandon. C'est bien le privilège de la littérature de constituer une bibliothèque nouvelle, de fiction en fiction.

---

[17] Nâzik al-Malâïka est une des plus grandes poétesses irakiennes du XX<sup>e</sup> siècle. Elle apparaît dans quatre nouvelles du recueil en un hommage appuyé. Née à Badgad en 1922, elle quitte l'Irak en 1970 avec l'arrivée au pouvoir du parti Baas. Elle s'établit au Koweït qu'elle est obligée de quitter au moment de l'invasion irakienne du pays. Elle vit alors au Caire où elle meurt en 2007 à 84 ans. Cf. l'article de Gilles Ladkany la concernant dans l'*Encyclopaedia Universalis.*

[18] « IQTF », in *Pleine lune sur Bagdad*, *op. cit.*, p. 254-255.

Mais ce qui fait le ciment de ces quatorze nouvelles, outre la date choisie ainsi que l'événement historique qu'elle représente, ce sont deux éléments constants : la poésie et la lune, son symbole récurrent. Une note finale, « Références et indications bibliographiques », donne quelques clefs pour aller, à notre tour, découvrir d'autres poèmes. Dans la nouvelle sur Gaza, le poète non nommé est Mahmoud Darwich, tellement emblématique de la voix poétique de la Palestine. Les jeunes Syriens qui veillent sur une terrasse du vieux Damas, maudissent et admirent tout à la fois cet astre dans la poésie :

> « Elle est la survivante des fiertés arabes. Il n'y a qu'elle que nous pouvons célébrer sans jérémiades nostalgiques. Et d'ailleurs, qui d'autre pourrions-nous chanter ?[19] »

Dans l'anthologie réunie par Abdellatif Laâbi, sous le titre, *La poésie palestinienne contemporaine*[20], l'astre est malmené par des poètes palestiniens. L'objectif est de sortir l'expression poétique traditionnelle de ses clichés habituels pour dire la nouvelle Histoire en train de s'écrire. Ainsi Mahmoud Darwich écrit :

> « Ô poètes de notre glorieuse nation
> Je suis l'assassin de la lune
> Dont vous étiez esclaves »

Et Mourid al-Barghouti :

> « Ô lune niaise, maladroite
> Tu nous as trahis
> L'ennemi t'a vue, est parti à notre rencontre
> Il nous a rejoints alors que nous tenions à la main
> Une lune éclatante »

Bien d'autres caractéristiques de ces nouvelles pourraient être analysées et signalées. Au lecteur d'en faire la découverte, de les savourer et de lire des poèmes méconnus ; d'installer aussi ces pays vaincus et dominés dans leur soif de culture et d'existence.

Un dernier point mérite d'être noté pour conclure : la collision entre le journalisme et la littérature en Algérie. Le lien étroit du genre de la nouvelle avec l'écriture journalistique et l'essor de la presse est

---

[19] « La lune est aux Arabes ! », in *Pleine lune sur Bagdad*, *op. cit.*, p. 79.

[20] Éditions le temps des cerises, La maison de la poésie Rhône-Alpes, 2002.

bien connu. Avec l'éclosion d'une presse algérienne depuis l'indépendance, de nombreux Algériens ont eu des espaces éditoriaux où ils pouvaient opter pour la brièveté narrative pour raconter un épisode, un fait, une émotion.

La narration algérienne du XX^e^ siècle, ici du XXI^e^ siècle, a toujours aimé la nouvelle. Ce récit court, tirant d'une anecdote, d'un portrait ou d'une fable les fils d'une société et d'un temps, les méandres des relations humaines, les arrière-plans politiques ou autres, a pris assez naturellement le relais du genre contique, si prégnant dans l'univers traditionnel. Les bons nouvellistes sont justement ceux qui ne se laissent pas prendre au piège du dénouement clos du conte, de sa morale consensuelle pour le groupe ; ce sont ceux qui savent laisser suspense et surprise, inattendu et insolite, surgir des lignes qu'ils donnent à lire. Plus d'une nouvelle de ce recueil produit cet effet.

Dans un pays enfin qui vit, pratiquement depuis deux siècles, bouleversements et ruptures, émeutes et révoltes, la nouvelle, comme le court essai ou le poème, permet à celui que démange le désir d'écrire de se livrer à cette activité artistique dans une certaine urgence et une immédiateté que le roman ne permet pas. Il est certain que la littérature algérienne a rarement eu le temps de vivre en toute sérénité ses temps de création et a été le plus souvent acculée à réagir rapidement, à dire et à écrire dans l'instant et dans l'émotion. La nouvelle se prête à cette pression de l'Histoire. Compagne d'actualité, initiatrice d'écriture, elle ne peut qu'être un genre de choix qu'emprunte avec bonheur Akram Belkaïd en ouvrant la littérature algérienne à l'espace du monde arabe, au-delà de ses frontières mais dans la violence de l'Histoire et de ses diktats qui lui est, malheureusement, familière. À une question posée sur cette double pratique d'écriture, celle du journalisme et celle de la fiction, Akram Belkaïd répondait en juillet 2017 que sans les reportages, ces nouvelles n'auraient sans doute pas été écrites :

> « Plusieurs d'entre elles sont inspirées par le vécu sur le terrain. Il s'agit parfois de simples détails mais cela donne plus de chair au récit. C'est le cas, par exemple, du voyage de nuit, et par la route, entre Amman et Bagdad. À Dubaï, j'ai aussi rencontré, par hasard, le représentant d'une grande marque de spiritueux qui m'a raconté dans le détail comment s'organisait la contrebande d'alcool en Arabie saoudite. La littérature permet de s'affranchir des règles du

journalisme. Pour évoquer tel ou tel sujet, je n'ai pas besoin de citer des noms, de mettre en danger des informateurs. Je décris une réalité mais je peux la mettre au service d'une fiction. La littérature me semble être le moyen idéal pour rendre compte de la complexité d'une situation ou d'une personnalité. Le journalisme va à l'essentiel et s'interdit de dérouter ou surprendre le lecteur. Il est limité et toujours imparfait. Il manque toujours quelque chose dans un reportage. Une information, une confirmation, un point de vue supplémentaire. La littérature offre une liberté totale à commencer par celle d'inventer et d'imaginer des situations. Le journalisme, lui, reste corseté par le strict et absolu respect des faits[21]».

[21] « Nouvelles du monde arabe – Entretien avec Akram Belkaïd », par Christiane Chaulet Achour, *Diacritik*, revue culturelle en ligne, juillet 2017.

# L'orientalisme en fiction dans *La Nuit des origines* de Nourredine Saadi

RIDHA BOULAÂBI

Publié en 2005, *La Nuit des origines* de l'écrivain algérien Nourredine Saadi[1] se donne d'emblée à lire comme un enchâssement de récits à la manière des *Mille et une nuits.* Le roman repose sur un véritable tissage d'histoires et de parcours de personnages de tous bords échoués aux puces de Saint-Ouen tels des objets arrachés à leurs lieux d'origine et contraints à s'acclimater tant bien que mal à leur nouvelle vie. Dans l'histoire-cadre, le narrateur retrace le parcours d'une femme en détresse nommée Abla, issue d'une famille de lettrés constantinois. Fuyant la guerre civile en Algérie, elle s'installe à Paris provisoirement dans « le palais de la Femme, le foyer de l'Armée du Salut »[2], un pensionnat réservé aux demandeurs d'asile.[3] Tout le

[1] Dans son hommage rendu sur le magazine culturel numérique *Diacritik*, Christiane Chaulet-Achour présente l'auteur comme suit : « Nourredine Saadi est né en 1944 à Constantine et y a grandi. Après l'indépendance, il a vécu à Alger où il enseignait le Droit à l'université jusqu'en 1994. Puis il a vécu entre Douai (enseignement du Droit public) et Paris où il réside actuellement. Outre de nombreux textes dans des revues et collectifs, il a édité à ce jour : en 1996, *Dieu-le-fit*, (prix Kateb Yacine), *La Maison de lumière*, en 2000, les deux chez Albin Michel ; en 2005, *La Nuit des origines* (l'Aube, France et Barzakh, Algérie, prix Beur FM en 2006). En 2017, *Boulevard de l'abîme* est son 4e roman (Barzakh, Alger). Il a édité, en 2008, des nouvelles, *Il n'y a pas d'os dans la langue* et un « Journal anachronique » dans le collectif, *Journal intime et politique. Algérie, 40 ans après* (L'aube, 2003). Il est mort, hier, jeudi 14 décembre 2017. »
https://diacritik.com/2017/12/15/cette-maudite-guerre-dalgerie-boulevard-de-labime-de-nourredine-saadi/#more-28641

[2] Nourredine Saadi, *La Nuit des origines*, *op. cit.*, p. 25. Les références à ce roman seront données dans le corps du texte.

[3] Comme pratiquement tous les espaces décrits dans ce roman, « le palais de la Femme » est doté d'une charge symbolique très forte, constamment en lien avec l'histoire coloniale en Algérie, délocalisée ici au cœur même de l'ancien empire, à Paris. En effet, situé rue de Charonne, à proximité de l'arrêt du bus « Charonne-Chaligny » que prend régulièrement Abla, cet établissement, rappelle, par sa localisation géographique, les événements meurtriers du 8 février 1962, où neuf

monde croit qu'elle a échappé à cette guerre civile mais les références aux massacres terroristes se font rares dans le roman. L'héroïne semble être rongée par un autre traumatisme lié à un manuscrit précieux datant du XVII^e^ siècle qui retrace la généalogie de ses ancêtres. Il s'agit d'un parchemin composé des prières de Moulay Abdessalem Ibn Maschich[4] connues sous le nom de la Maschichiya et remontant au VI^e^ siècle de l'Hégire musulman. Ces versets mystiques transmis au départ par la mémoire ont été magnifiquement calligraphiés dans ce parchemin qui contient l'épigraphe de l'aïeul d'Abla, Sidi Kebir Belhamlaoui. Choisie comme seule héritière de cette mémoire ancestrale, Abla se sent oppressée par un legs encombrant devenu son seul bagage à main pendant son exil.

Si on met de côté les péripéties de cet exil en France et les détails autour de la demande d'asile, toute l'histoire tourne, autour de ce parchemin rare dont l'héroïne veut à tout prix se débarrasser. Se déclenche alors dans le roman, une série de rencontres avec des experts parisiens spécialistes des manuscrits arabes qui, fascinés par la finesse de l'objet, mettent en place une rhétorique bien rôdée pour acquérir cette pièce originale. Toutefois, les entrevues d'Abla essentiellement avec la conservatrice de la BNF et le commissaire-priseur de L'hôtel Drouot tournent peu à peu à l'affrontement et à l'incompréhension. Les tractations dépassant largement le cadre des expertises se transforment en une confrontation plus générale entre la tradition orientaliste avec toutes ses composantes exotique, savante et marchande et la tradition orientale incarnée par ce livre ancien, objet de toutes les convoitises.

### Au commencement un *Kitab*

Pour restituer les tenants et les aboutissants de cette confrontation, il est nécessaire de partir du mot arabe *Kitab* dont les différentes acceptions renvoient, me semble-t-il, aux deux traditions orientales et orientalistes en débat dans notre roman. En effet, *kitab* en arabe possède essentiellement deux significations. La première renvoie à la racine trilitère *kataba* désignant l'action d'écrire, de produire un docu-

manifestants ont trouvé la mort lors d'une manifestation violemment réprimée contre la guerre d'Algérie.

4 Parmi les rares ouvrages disponibles consacrés à Abdessalem Ibn Maschich (1163 ?-1225 ?), nous citons l'étude de Claude Durix, *Le Maroc et le saint 'Abd as-Salâm, le serviteur de la paix*, les Éd. Du Cerf, Paris, 2000.

ment manuscrit destiné à la lecture. Ce premier sens, profane si l'on peut dire, est commun à toutes les autres cultures. La deuxième signification convoque la forme passive de la même racine trilitère qui donne le substantif *maktoub,* littéralement, ce qui est écrit d'avance, au préalable. Ce nom possède une très forte résonnance religieuse puisque le *maktoub* est fixé par Dieu. Il s'agit donc d'un sens religieux désignant une forme de fatalité, une destinée à laquelle personne ne peut échapper. Rappelons ici que cette destinée s'incarne dans le Coran, le livre révélé, considéré comme le miracle linguistique par excellence dans la culture musulmane.

Si l'on suit le sens du mot *Kitab* en tant que destinée divine, nous pouvons reconstituer la trajectoire de cette prière mystique ancestrale composée de versets finement calligraphiés, invoquant Allah et sa révélation sacrée, le Coran. En effet, initiée dès le jeune âge au rituel soufi par son grand-père, Abla détient le *sîr,* le secret caché derrière ces versets qui se révèle sous forme d'épiphanies lors de chaque récitation.[5] Choisie donc par le destin pour transmettre la tradition, Abla ne peut en aucun cas se débarrasser du livre des ancêtres puisque on n'échappe pas à son destin. Toutes les fois qu'elle ouvre le livre et

---

[5]Les théologiens musulmans distinguent deux formes de présence du texte sacré. En effet, « d'un point de vue ésotérique, le Coran matériel n'est que la représentation physique, une sorte de réplique d'un Coran supérieur, occulté aux yeux du profane. [...] Dans le chiisme, et notamment dans le courant mystique, le Coran dispose d'un nombre élevé de sens ésotériques (sept) réservés aux seuls initiés »., Malek Chebel, *Dictionnaire des symboles musulmans,* Albin Michel, Paris, [1995], 2001 p. 114. Plus loin, Chebel précise qu'« autour des lettres de l'alphabet, les mystiques ont développé un occultisme très dense que les auteurs appellent « science des lettres » *(simiya, abdjed)*, équivalent de la *gematria* kabbalistique et dont l'étymologie serait d'après René Guenon (1886-1951), d'origine grecque (*sêmeia,* « signes »). Selon cette discipline, initiée par Djabîr Ibn Hayyan (mort en 804), et mise au point par l'Imâm Djaafâr as-Saddiq (699-765), chaque lettre reçoit donc une contre-marque chiffrée et fixe » (p. 379). En somme, la structuration d'une intrigue ayant pour objet romanesque un livre de prières emprunte beaucoup à cette vision mystique qui repose sur une consubstantialité entre le livre et le monde. Le Coran comme miracle linguistique se définit comme l'incarnation du monde et vice versa. Si Saadi recourt au mysticisme musulman pour caractériser cet acte particulier de lecture, la métaphore du monde comme un livre ouvert constitue encore une fois un point de croisement entre Orient et Occident. Le livre de prières agit comme un oracle sur Abla de la même manière que la Dive Bouteille sur Panurge et Pantagruel chez Rabelais.

récite la prière, elle entre en transe au sens mystique du terme et devient incontrôlable. Les lettres calligraphiées agissent sur elle et prennent possession de son corps. Incapable dans ces états de prendre la moindre décision, elle finit par se suicider et sera inhumé dans la terre des ancêtres, à Constantine avec le parchemin.

D'un autre côté, si l'on suit le sens premier du mot *kitab*, c'est-à-dire un objet de lecture (ici un beau manuscrit ancien), nous pouvons reconstituer là aussi la trajectoire de la tradition orientaliste littéraire, savante et marchande, romancée par Saâdi à travers des personnages haut en couleur, des conservateurs spécialistes du Maghreb, des vendeurs d'antiquité orientales ou encore à travers des références explicites à des écrivains français ayant résidé en Orient comme Nerval. En filigrane de cette histoire tragique, se donne à lire une autre histoire, celle de l'orientalisme français, devenu un objet de débats et de controverses depuis la publication de *L'Orientalisme* d'Edward Said en 1978. L'auteur restitue à merveille ces polémiques à travers un tissage romanesque ingénieux entre les deux traditions orientales et orientalistes qui dialoguent aussi bien par allusion que par résonnance. Parfaitement imbriqués dans le roman, Orient et Occident sont comparés par l'auteur à deux

> « lobes [d'un même] cerveau partagé entre l'école Voltaire et les parchemins des aïeux». (p. 204)

Le terme « partagé » peut signifier l'héritage en commun comme il peut renvoyer au déchirement et à la séparation.

### Le livre-objet, miroir de l'orientalisme français

La vente du parchemin rare des ancêtres met Abla en contact avec plusieurs personnages dont la fonction ou le caractère rappellent respectivement une des composantes de l'orientalisme français. En effet, pour une première expertise proposée par la BNF, Abla fait la connaissance avec Mme Quesdon la conservatrice adjointe des manuscrits orientaux, spécialiste du Maghreb. La rencontre est décrite comme suit :

> « Derrière son immense bureau encombré de vieux livres et de catalogues, la conservatrice adjointe des manuscrits orientaux, spécialiste du Maghreb, ainsi qu'elle se présenta à eux, les fit asseoir en les toisant, scrutant l'un puis l'autre comme pour leur en imposer ou exprimer son irritation à les recevoir : Mme Vernet-

Ayach m'a demandé de voir votre manuscrit sur recommandation de M. Barreyre en qui nous avons confiance. Et bien ! le Joyau ? Persifla-t-elle pour marquer son incrédulité. Abla lui tendit le volume dans sa house de velours et, avant même de l'ôter, la conservatrice fait étalage de son savoir : Un format oblong, nul doute qu'il est maghrébin, c'est la caractéristique. Elle retira le manuscrit, parcourant du doigt la reliure de cuir, et ouvrit délicatement le rabat, en mettant ses gants blancs. Elle demeura un long moment à examiner – on aurait dit qu'elle auscultait – les figures damasquinées de la reliure, effleurant avec précaution les arabesques dorées élimées : C'est du chevreau et les dessins ont été estompés à froid, oh oui ! il est très ancien, le chant, cette tranche extérieure, vous voyez là, a perdu son teint, c'est d'ailleurs plus beau ce vieil or passé. Du plat de la main elle caressa le papier de soie et soudain s'exclama, ravie : Oh ! c'est du parchemin ! Rare, très rare. Au Maghreb – qu'elle prononçait en accentuant sur le *r* – il est réservé aux originaux ou aux copies de luxe et regardez ce filigrane, une merveille, vous savez que vous là une merveille, Madame. Abla ne savait quoi dire et Mme Quesdon, le regard maintenant plus avenant, lui sourit : mais vous devez le savoir, on s'habitue très vite à la beauté des choses, n'est-ce-pas ? » (p. 38).

Dans ce passage, le regard se focalise essentiellement sur l'aspect matériel d'un livre ausculté dans les moindres détails. Dans les yeux émerveillés de Mme Quesdon, le parchemin représente d'abord un objet exotique extrêmement précieux, témoin du luxe et du raffinement oriental en matière de reliure. Le vocabulaire spécialisé employé par la conservatrice adjointe n'aborde pas pour le moment le contenu. Le mot « chant » par exemple utilisé par Mme Quesdon désigne ici non pas la récitation mélodieuse des versets mystiques mais la bande extérieure qui entoure le livre. Cette entrevue, débutée dans un climat glacial et soupçonneux, s'achève après ces moments d'émerveillement visuel sur un ton d'une familiarité un peu truculente où le mot « pittoresque » trouve parfaitement sa place :

> « Pour l'acquisition ce sera un peu compliqué, il faut tout un dossier administratif, vous comprenez ? Nous aurions eu besoin d'une attestation du dernier vendeur mais dans votre cas, évidemment… et comme pour prendre congé. Mme Quesdon se hasarda à une familiarité de circonstance : Vous êtes de Tlemcen, je

suppose ? Non de Constantine. Ah ! cette pittoresque ville perchée !! » (p. 39).

Quelques semaines après ce premier rendez-vous, Abla reçoit le résultat de l'expertise sous forme d'une lettre rédigée par les soins de la conservatrice en chef Mme Vernet-Ayach, reconstituée par le narrateur en ces termes :

> « La conservatrice rappelait l'importance du fonds des manuscrits arabes de la BNF, constitué – écrit-elle – *depuis que Colbert organisait des missions d'achat en Orient et enrichi déjà par les premiers parchemins ramenés par les Croisés. Elle souhaitait vivement que le manuscrit du saint sidi Kebir Belhamlaoui Ben Ali sur la prière d'Ibn Maschich prenne place auprès des 7240 pièces de la collection.* Elle joignait en accompagnement une très belle brochure en papier glacé sur les catalogues et Inventaires du Livre arabe qu'elle avait-même rédigée pour une ancienne exposition. Sur un carton d'invitation glissée comme un signet elle lui rappelait que le duc d'Aumale, qui avait longtemps résidé au palais de Salah Bey, dans sa ville natale, avait rapporté de Constantine de très belles pièces pour sa collection du domaine de Chantilly, intégrées depuis au Fonds de la BN… Ainsi votre manuscrit sera chez lui en quelque sorte plutôt qu'isolé chez un collectionneur privé ». (p. 146).

Entre temps, Abla fait également la connaissance d'un certain Gonzagues Trakian, que tout le monde des salles de ventes et des antiquaires appelle familièrement Louis-Philippe. Commissaire-priseur à l'hôtel Drouot, Trakian est d'origine arménienne « arrivé enfant d'Istanbul, échappé au génocide et fut recueilli par un oncle fripier à Marseille ». (p. 184) La famille s'est installée dans une brocante à Paris, rue du Caire. Le père a fait fortune grâce au savoir-faire des ébénistes d'Alexandrie qui lui recopiaient du meuble français ancien comme le Louis-Philippe pour des américains passionnés[6]. Fasciné à son tour par le manuscrit d'Abla, il se voit déjà en train d'organiser

[6] « Il a fait fortune en exportant massivement commodes, guéridons, buffets, tables et salons contrefaits, fabriqués dans les souks alexandrins et vieillis puis estampillés dans les ateliers du Faubourg Saint-Antoine. Les Antiquaires de Philadelphie, de Boston ou de Greenwich Village prisaient beaucoup à l'époque le meuble ancien français, surtout Le Louis-Philippe, et il leur en donnait. C'est donc le plus spontanément qu'il étendit ce prénom royal à son premier fils… » (p. 185).

> « une si belle vente d'une pièce unique, avec un superbe catalogue à la Delacroix, rédigé par un ami écrivain (...) qui nous aurait rendu l'Orient de Flaubert » (p. 193).

Toutefois, craignant que Mme Vernet-Ayach use son droit de préemption pour bloquer la vente du siècle, il se propose d'acheter lui-même le manuscrit pour le vendre ensuite à un prince arabe. De cette façon, le manuscrit

> « reste en terre d'islam (...) dans un coffret de cristal, comme une couronne sur un fond de satin vert ». (p. 193)[7]

De prime abord, aucun lien apparent ne réunit ces différentes formes de tractations. Leur apparition dans le roman repose essentiellement sur le contraste et la rivalité. Toutefois, un réseau souterrain d'échos, d'allusions, renforcé par un jeu subtil sur l'onomastique nous conforte dans l'idée que Mme Vernet-Ayach et Gonzagues Trakian alias Louis-Philippe travaillent, chacun avec ses moyens propres, pour le même propriétaire, si l'on peut dire. En effet, dans le roman, la BNF et l'hôtel Drouot se présentent comme les deux institutions à travers lesquelles le Centre exerce symboliquement son hégémonie sur la périphérie. La périphérie est incarnée ici par ce livre-territoire qui renvoie sans cesse à Constantine et par extension à l'Algérie. La conservatrice de la BNF fait étalage de l'héritage savant et met en avant le fonds des manuscrits arabes constitué depuis les missions de Colbert[8] et enrichi par la bibliothèque du duc d'Aumale. Servir du duc

---

[7] « Trakian fait mine de parcourir la lettre et la chassa d'un revers de main : Je sais combien est redoutable la mère Ayach. Elle se croit encore redevable au duc d'Aumale. Vous avez bien compris, Jacques, je crains en effet que la BN use de ce fichu droit de préemption. Je ne peux pas risquer un manuscrit si exceptionnel, chère madame, en salle de ventes publiques. (...) Assurément, j'aurais bien aimé organiser une si belle vente d'une pièce unique, avec un superbe catalogue à la Delacroix, rédigé par un ami écrivain – vous voyez Laurence ? – qui nous aurait rendu l'Orient de Flaubert, mais je crois qu'il est sage de choisir une opération de gré à gré. Je l'acquerrai moi-même et le mettrai en vente plus tard : j'ai quelques clients importants, des princes arabes et, n'est-ce pas, chère madame, vous auriez la consolation que votre manuscrit reste en terre d'Islam ; je l'imagine déjà dans un coffret de cristal, comme une couronne sur un fond de satin vert. » (p. 193)

[8] Sur la page de la visite virtuelle du site Richelieu de la BNF, nous lisons ceci : « François Ier avait déjà quelques manuscrits en arabe et en hébreu dans sa "Librairie", mais c'est avec le règne de Louis XIV et grâce à la vigoureuse

d'Aumale comme argument pour acquérir le manuscrit d'Abla est loin d'être anodin. Faut-il rappeler ici que c'est par la prise de la smala d'Abdelkader en 1843 par le duc d'Aumale que débute symboliquement la véritable conquête coloniale de l'Algérie ? La référence est encore plus amusante, je dirais, quand on sait que le même duc d'Aumale, devenu commandant de la province de Constantine n'est autre que l'avant-dernier fils de Louis-Philippe, le roi de France qui donna le feu vert à l'expédition de Constantine dès 1837 par le duc de Nemours. Ces événements historiquement lourds ont été immortalisés en 1843 et en 1939 par Horace Vernet, peintre français spécialiste de la peinture militaire qui nous a légué des toiles impressionnantes sur ces différentes batailles[9]. Mais Vernet ne se donne pas à voir uniquement dans le musée de l'histoire de France entre autres, il se cache dans le nom très fortement symbolique de la conservatrice de la BN Mme Vernet-Ayach. En effet, *ayach* en arabe, signifie celui ou celle qui fait vivre quelque chose, qui veille et qui perpétue une tradition. Dans le dialectal algérien ou tunisien, le qualificatif *ayach* désigne une personne qui essaie de survivre par les moyens du

---

politique d'acquisition inspirée par Colbert, que s'est vraiment constituée une collection orientale, selon deux axes majeurs : l'acquisition en France de bibliothèques d'érudits et d'amateurs éclairés, et l'envoi de missions en Orient. La Bibliothèque du roi s'enrichit alors de plusieurs collections : celle de 588 manuscrits en hébreu, en arabe, en persan et en turc, appartenant à Gilbert Gaulmin est achetée en 1667 ; l'année suivante, un échange avec la bibliothèque du Collège des Quatre-Nations, héritière des collections de Mazarin, procure au roi plus de 2 000 manuscrits (dont les premiers livres chinois entrés à la Bibliothèque). Dans le même temps, le père Vansleb, envoyé par Colbert au Levant, fait parvenir à la Bibliothèque près de 600 manuscrits en arabe, persan, turc, hébreu, syriaque, copte ou éthiopien, achetés entre 1671 et 1675 à Chypre, Alep, Le Caire et Constantinople. »
http://multimedia.bnf.fr/visiterichelieu/histoire/mor_hp.htm

9 Horace Vernet (1789-1863) compte parmi les peintres officiels de Louis-Philippe. En effet, « à partir de 1837, il reçoit commande de la décoration de « salle d'Afrique », aménagées dans une toile du château de Versailles, en vue de célébrer les compagnes lancées par la monarchie de juillet, en premier lieu celle d'Algérie. Après les salles de Constantine (quatorze toiles dont trois immenses évocations de la prise de la ville), c'est tout naturellement qu'il lui est demandé de célébrer la *Prise de la Smalah d'Abdelkader par le duc d'Aumale à Taguin, en mai 1843*. Vernet n'a pas assisté à la bataille et il travaille à partir de témoignages et d'une importante documentation qui accompagnent en brochure la présentation au Salon de 1845. », *Dictionnaire des Orientalistes en langue française, op. cit.*, p. 957.

bord. Autrement dit, notre histoire peut aussi se raconter à l'envers, de droite à gauche, à l'arabe pour ainsi dire : Mme Ayach perpétue l'hégémonie du Centre en faisant vivre par les moyens dont elle dispose l'héritage immortalisé par le peintre Vernet, héritage militaire mais aussi savant du duc d'Aumale, commandant de Constantine et avant-dernier fils de Louis-Philippe. Ce même roi a également lancé des styles et des modes qui ont contribué à la richesse frauduleuse du père de Gonzagues Trakian, le commissaire-priseur de Drouot surnommé Louis-Philippe. On peut même s'amuser à filer la métaphore jusqu'en dehors du roman : Trakian officie à L'hôtel Drouot dans Paris, qui est à deux pas de la bibliothèque Richelieu. Le siège des manuscrits et le lieu de vente aux enchères ne sont pas séparés sur la carte puisque la station du métro « Richelieu-Drouot » assure cette discrète continuité ! Enfin, ce déchirement entre la dimension marchande et un savoir *a priori* désintéressé pourrait se faire entendre dans le nom même de Mme Quesdon que l'on peut lire comme un mot-valise formé de « caisse » et « don ».

C'est donc à travers ce dialogue secret et discret que les deux composantes savante et marchande de l'orientalisme continuent à pérenniser le pouvoir du Centre parisien. En quelque sorte, sous nos yeux se déroule de nouveau le siège de Constantine des temps modernes, une Constantine incarnée par une femme en fuite et un manuscrit rare traqué de toute part. Loin des grandeurs immortalisées par Horace Vernet, ce nouvel assaut sur un corps malade est donc peu franc. De plus, les deux intéressés ne reculent devant rien : d'un côté, le cynisme exprimé par MmeVernet-Ayach (« *Ainsi votre manuscrit sera chez lui en quelque sorte plutôt qu'isolé chez un collectionneur privé* ») rend la scène encore plus pathétique. D'un autre côté, l'envie de Trakian de restituer l'Orient de Flaubert et celui de Delacroix uniquement pour honorer cette vente aux enchères transforme l'héritage orientaliste en une parodie et réduit le savoir en arguments publicitaires de mauvais goût.

## Le livre-*mektoub*, épiphanie de la tradition orientale

Le livre des ancêtres ne constitue pas seulement un bel objet d'expertise et de convoitise. Hormis sa beauté matérielle qui éblouit tous ceux qui le touchent, le parchemin concentre entre ses lignes toute une tradition mystique transmise « comme un conte » (p. 85) de génération en génération. Choisie comme la dernière héritière de la geste familiale, Abla connaît par cœur les arcanes du parchemin et se plaît à jouer tantôt le rôle de l'exégète expliquant le sens ésotérique des lettres sacrées, tantôt le rôle de Shéhérazade relatant l'histoire de ses ancêtres ou encore le rôle d'un orant soufi quand elle psalmodie la prière et atteint l'extase mystique. Dans le roman, cette relation consubstantielle entre la femme et le livre est rendue visible à travers tout un travail sur la typographie. L'auteur joue beaucoup avec la graphie en faisant appel à l'italique, en jouant avec les espaces blancs, en modulant la taille des versets cités, créant ainsi l'illusion d'un rythme et d'une écriture autre habitant le texte en français. Récités par Abla, les lettres se réveillent, prennent vie et deviennent une sorte de remède qui apaise ses souffrances :

> « Elle poursuivit un long moment les enluminures, et se mit à lire – plutôt à psalmodier - les yeux fixant la double page, regard plongé, perdu entre les lignes, les caractères en rouge, vert, turquoise, ou les lettres déposées à la marge, isolées, mystérieuses ; à réciter ces mots appris par cœur, par le corps et la mémoire, et qui semblaient poursuivre ses cils :
>
> *Allahouma Ô mon Dieu, bénis la parenté*
>
> *Juge-moi selon Ton jugement*
>
> *Et fais-moi connaître par une connaissance*
>
> *Qui me préserve de l'ignorance et qui m'abreuve*
>
> *Des eaux de Ta grâce*
>
> *Allahouma Ô mon Dieu... [...]*
>
> *Allahouma Ô mon Dieu... noie-moi... »* (p. 23).

Il est parfois difficile dans le roman de distinguer la femme de son parchemin :

> « Elle lui récitait *Allahouma Ô mon Dieu,* lui traduisant un verset en détachant les vers, en donnant à chaque syllabe une sonorité particulière, lui désignant sur le parchemin les voyelles par les couleurs et il se laissait bercer la rythmique des mots, leur pouvoir magique, envoûtant, poursuivant le mouvement de ses lèvres s'il les baisait » (p. 89).

Mais, au fur et à mesure des rencontres avec les experts, le livre de la destinée se rebelle et agit contre Abla. Les rendez-vous évoqués tout à l'heure s'achèvent régulièrement par une récitation de la prière ancestrale qui s'empare brutalement de l'héroïne et lui rappelle son statut d'héritière universelle. Les discours d'émerveillement tenus par les experts la plongent paradoxalement dans la détresse et attise sa culpabilité envers un passé glorieux qu'elle est sur le point de trahir :

> « Les bras enroulant ses fines chevilles, elle demeura un long moment les yeux perdus sur les enluminures du livre, psalmodiant, comme on répète un texte afin (de) ne pas oublier :
>
> *Allahouma Ô mon dieu, bénis la parenté*
>
> *Juge-moi selon ton jugement*
>
> *Et fais-moi connaître par une connaissance*
>
> *Qui me préserve de l'ignorance et qui m'abreuve*
>
> *Des eaux de Ta grâce*
>
> *Allahouma.*
>
> Et peu à peu, ses yeux, s'embuèrent d'indolentes couleurs, des gouttes rondes à la naissance et qui s'étiraient sur son visage en coulées de pluie » (p. 66).

Le suicide d'Abla signe la fin des tractations et le triomphe de la destinée. Ainsi peut-on déchiffrer désormais une expression proverbiale un peu curieuse contenant le mot « destinée » qui ouvre et clôt le roman :

> « C'EST ARRIVÉ CHEZ UN ANTIQUAIRE DES PUCES– on aurait écrit : comme par un complot de la destinée[10] » (p. 9).

---

10 On ne peut pas s'empêcher de faire un parallèle ici avec la visite de Raphaël pour la première chez l'Antiquaire dans *La Peau de Chagrin de Balzac* et le début du roman de Saadi qui commence par une visite chez un antiquaire des Puces de Saint-Ouen. Depuis lors, les deux récits ne cessent de se faire échos. En effet, chez Balzac, « tous les pays de la terre semblaient avoir apporté là un débris de leurs sciences, un échantillon de leurs arts. [...] Les plus coûteux caprices des dissipateurs morts sous mansardes après avoir possédé plusieurs millions, étaient là !... C'était le bazar des folies humaines. » *La Peau de Chagrin,* C. Gosselin éditeur, Paris, 1831, p. 73-87. Chez Saadi : « *là, sur quelques centaines de hectares, c'est le marché aux Puces de Saint-Ouen, la Mecque de la brocante, où vient s'échouer trois fois par semaine l'écume des civilisations* » (p. 14). Plus loin, quand Balzac fait le lien entre objets et poésie dans : « cet océan de meubles, d'inventions, de modes, d'œuvres et de ruines, lui composait un poème sans fin. Formes, couleurs, pensées, tout revivait là ; tout revivait là ; mais rien de complet ne s'offrait à l'âme. Le poète devait achever les croquis du grand peintre qui avait fait cette immense palette,

> « Il (Alain) s'imagina sa ville de naissance telle qu'elle apparaîtra : jamais je ne pensais que j'y retournerais. Un complot de la destinée » (p. 205).

En somme, notre roman en tant que livre peut se lire comme une mise en abyme d'un destin écrit d'avance dès le commencement et parfaitement accompli à la fin à travers un certain nombre de complots bien ficelés. Toutefois, il serait réducteur à mon avis de lire cette fin tragique comme l'acceptation ou la légitimation de ces complots imposés par Dieu ou fomentés par quelques unes de ses créatures. Derrière ces histoires de machinations secrètes toutes tracées, qu'elles soient pour ou contre la vente du parchemin ancestral, un autre son de cloche se fait entendre dans le roman et déjoue l'idée du complot. Encore une fois, pour y voir plus clair, c'est par une autre histoire de l'orientalisme qu'il faut passer.

### L'orientalisme en débat

On se souvient tous que la seule filiation d'Abla traitée jusqu'à maintenant est celle des ancêtres mystiques qui remonte jusqu'au fondateur de la zaouïa de Sidi Abdessalem Ibn Maschich. Toutefois, une autre généalogie plus discrète se donne également à lire dans ce roman. En effet, à propos du grand-père d'Abla, Khelil Belhamlaoui décédé le 25 février 1989 », on apprend ceci :

> « C'est à la faculté des lettres d'Alger qu'il avait commencé à s'intéresser, lors de ses cours d'islamologie et d'orientalisme, aux proverbes populaires qu'enseignait le maître Ben Sedira, dont il fera plus tard un ouvrage en collaboration avec le professeur René Basset. Khelil Belhamlaoui, comme l'indique le dictionnaire des orientalistes, fut en effet le continuateur d'une longue lignée de lettrés arabes. Son propre grand-père, Sidi Bachir, avait déjà

---

où les innombrables accidents de la vie humaine étaient jetés à profusion, avec dédain » (p. 79), Saadi opte plutôt pour le roman dans : « Aux Puces, chaque objet est une histoire, chaque pièce un sujet de roman » (p. 129). Enfin, Si Balzac se contente d'introduire dans son récit un Orient fantasmé conformément au goût de son époque, Saadi reprend d'une certaine manière le même topos en confrontant le fantasme aux vérités historiques, allant de l'expédition coloniale en Algérie jusqu'aux véritables rencontres entre Orientaux et Orientalistes. Au monde oriental fantastique et lointain dépeint par Balzac, Saadi oppose un monde oriental périphérique proche qui exerce son pourvoir d'hybridation sur un Occident pur complètement fantasmé.

fréquenté la Zitouna de Tunis avant d'enseigner à la Kettanya de Constantine[11]. Son père, oukil judiciaire, correspondant de Georges Marçais et d'Émile Dermenghen à la société de l'École des chartes, était considéré par ses écrits sur l'imam Malek et Sidi Khelil comme l'un des plus grands juristes, de droit musulman. C'est donc tout naturellement qu'il consacra ses recherches à l'ancêtre Sidi Kebir, dont il prouva l'authenticité de la filiation avec Abou Abdessalem Ibn Maschich, le fondateur » (p. 85-86).

Ce passage mêlant réalité et fiction nous plonge bien évidemment dans la période très sombre de la colonisation. Paradoxalement, ce qui est mis en avant ici n'est pas la domination et le pillage mais essentiellement l'ampleur du dialogue intellectuel et savant entre Orient et Occident. Dans cet extrait rédigé comme une véritable notice scientifique d'un dictionnaire orientaliste, le narrateur fait état des travaux de collaboration entre un certain nombre d'orientalistes français renommés, historiquement attestés au même et des intellectuels orientaux d'Algérie. Le narrateur rappelle les domaines de recherches du philologue et dialectologue René Basset[12] qu'il partage avec son homologue algérien Belkassem Ben Sedira. Il évoque également la correspondance entre des savants algériens et des orientalistes comme Georges Marçais[13] et Émile Dermenghen[14]. Tous ces

---

11 Dans le volume II de son *Manuel d'Art musulman,* Georges Marçais évoque la médersa de la Kettanya sous le nom de : « *La médersa de Sîdi 'l-Kettanî, à Constantine* » qu'il présente en ces termes : « L'Alger turc, qui ne brillait guère par la culture des sciences, ne posséda pas, à ma connaissance, de médersa digne de ce nom. Constantine, en doit deux au plus éclairé de ses gouverneurs, Çâlah Bey : la médersa de Sîdî el-Khdar, terminée en 1193/1779, et la médersa de Sîdî el-Kettanî, bâtie en 1189/1775. Celle-ci, quoique fort modeste au regard des médersas mérinides, mérite cependant une brève description. Elle représente un genre fort différent de ceux que nous avons étudiés jusqu'ici ; l'influence maghrébine s'y fait moins sentir que l'influence égyptienne et tunisienne… », Paris, Éditions Auguste Picard, 1927, p. 798.

12 Orientaliste, spécialiste de langues berbère et arabe, René Basset a exercé la fonction de professeur et puis de doyen de l'École supérieure de lettres d'Alger. On lui doit, entre autres, les *Mille et un contes, récits et légendes arabes* (1924). Il a collaboré sur plusieurs ouvrages avec son collègue Belkassem Ben Sedira, professeur à l'École supérieure des lettres et à l'École Normale primaire d'Alger. Ce dernier a été fait Chevalier de la Légion d'honneur en juillet 1893.

13 Orientaliste arabisant, directeur du Musée des Antiquités algériennes et d'art musulman, directeur de l'Institut d'études orientales d'Alger, Georges Marçais a

intellectuels cités sont connus par leur bienveillance à l'égard des indigènes et leur souci de renouer le dialogue avec les musulmans dans une période coloniale d'une extrême complexité.

L'intégration de ces échanges de haut niveau dans l'histoire romanesque inscrit le parcours d'Abla dans une autre généalogie qui repose sur l'aménité des savoirs. De ce point de vue, l'héroïne peut être considérée symboliquement comme l'héritière et le témoin vivant de ces collaborations intellectuelles. Architecte de formation, spécialiste de l'art musulman, Abla aurait probablement lu les travaux de Georges Marçais sur *L'Architecture musulmane d'Occident* sur les conseils de son grand-père qui était son correspondant. Sur le plan de la langue, Abla s'exprime souvent en proverbes hérités de son grand-père qui était professeur de rhétorique arabe à la médersa de Constantine et puis son directeur en 1939. Ces mêmes proverbes enseignés jadis par Belkassem Ben Sedira et René Basset au grand-père font encore partie de l'univers culturel d'Abla.

Toutefois, si le passé colonial et impérial a favorisé malgré tout des terrains d'entente, la période contemporaine semble ignorer voire déconsidérer cette double filiation.

En effet, envoyée pour sa demande d'asile

> « au bureau des Algériens, rue des Morillons. (...) dans le même immeuble que l'administration des objets trouvés » (p. 60),

Abla doit prouver la singularité de son dossier par rapport aux autres milliers de demandes d'asile en attente. Pour cela, un seul papier fera la différence :

---

également dispensé des cours à la médersa de Constantine. On lui doit plusieurs ouvrages sur l'architecture arabe. Il a collaboré notamment avec Mohammed Racim sur un ouvrage sur *La Vie musulmane d'hier*, publié en 1960.

[14] Diplômé de l'École des Chartes, Émile Dermenghem entretient une relation particulière avec le Maghreb et sa culture qu'il découvre lors de la guerre du Rif dès 1925. « Séduit par la civilisation islamique qu'il découvre à Fès, il se fait dès lors l'écho des problèmes politiques et sociaux du Maroc, mais aussi de la culture traditionnelle. En 1926, il publie chez Rieder, en collaboration avec Mohamed al-Fassi, les *Contes fassis*. En 1926, sa *Vie de Mahomet*, est bien reçue par les lettrés musulmans. En 1930, son ami René Guénon édite sa traduction commentée de *L'Éloge du vin* d'Ibn al-Faridh. », François Pouillon (dir.), *Dictionnaire des Orientalistes en langue française*, *op. cit.*, p. 289.

« Le général de l'Armée du Salut a également évoqué La légion d'honneur de votre grand-père. Il faut retrouver l'attestation. » (p. 60).

Dans cette attestation, on apprend que le grand-père alors président de l'Association des médersas d'Algérie, a eu la légion d'honneur en 1939 en hommage à ses travaux et ses recherches menées en collaboration avec les orientalistes français cités. L'échange culturel honorée autrefois par l'institution se voit réduit aujourd'hui à un justificatif administratif, à une attestation de bonne conduite délivrée à qui de droit, soumise aux aléas d'une juridiction de plus en plus absurde dans ses demandes.

Par ailleurs, en arrivant en France, Abla n'a pas rencontré seulement des experts voraces qui veulent s'emparer de son héritage. Lors de ses déambulations dans les puces de Saint-Ouen, l'héroïne fait la connaissance d'Alain, un enfant de la DDASS, de père inconnu et d'une mère musulmane enterrée au cimetière du Thiais. Alain s'appelait au départ Ali Habel. Le « H » a été omis de son nom maternel et il est devenu avec le temps Alain Abel. Mais, sa rencontre avec Abla déclenche un retour au passé, à Constantine, la ville natale de sa mère. Deux mouvements inverses structurent donc cette histoire d'amour tourmentée. En effet, quand Abla passe son temps à fuir son passé, Alain multiplie maladroitement les références à ce même passé et se redécouvre constantinois. De plus, quand Abla se voit affublée par les Audoniens qu'elle fréquente d'un nouveau nom Alba, Alain vit une expérience inverse. Son nom subit au cours de cette relation amoureuse un dédoublement et se transforme en un nom composé d'abord sous la forme Alain-Ali et à la fin du roman sous la forme de Ali-Alain. Ce dédoublement identitaire témoigne donc d'une résurrection progressive qui dépasse l'échec d'Abla et le transcende. L'amour de cette femme et le contact avec son livre et son histoire éveille irréversiblement chez Alain la part d'altérité enfouie en lui et le replonge de nouveau dans ses origines algériennes longtemps gommées de son nom. Là encore, cette renaissance se réalise symboliquement et d'une manière très positive tout au long du roman à travers une autre composante de l'orientalisme français et pas la moindre, celle de la littérature, incarnée par la figure emblématique de Gérard de Nerval.

En effet, dès sa sortie de la DDASS, Alain apprend à encadrer des photos. Son premier ouvrage représente la

> « copie d'une photographie de Nadar, un portrait de Gérard de Nerval, signé à la plume « c'est l'autre [qu'il présente] aux visiteurs comme son père défunt » (p. 45).

Le même portrait apparaît de nouveau à la fin de l'épilogue mais pour d'autres raisons :

> « Il garda longtemps sa photo d'identité (celle de Abla) dans la paume, la regardant fixement comme on lit les lignes de la main : je l'accrocherai face au portrait de Nerval *C'est l'autre*... je signerai simplement à la plume Abla-Alba, d'ailleurs comme je l'ai appelée pour la première fois » (p. 205).

Si dans la première occurrence, la figure de Nerval remplace symboliquement et d'une manière fantasmée le père inconnu, dans la deuxième citation, la même figure acquiert une valeur affective et devient le miroir reflétant l'image de la bien-aimée perdue à jamais. Placé face à face, l'Orient et Occident communiquent à travers l'expression « c'est l'autre ». Les deux photographies se mirent l'une dans l'autre révèle la part cachée de soi dans le visage de l'autre. Qu'elle soit celle de Nerval ou d'Abla, la photographie dépasse donc la réalité, sort du champ du visible pour embrasser un invisible ouvrant les portes sur un nouvel espace de dialogue et de filiation.[15]

---

[15] Dans son article consacré à « Nerval et Baudelaire devant Nadar », Nicolas Illouz fait remarquer qu'il s'agit plutôt de l'expression de Nerval « Je suis l'autre », qui accompagne non pas la photo réalisée par Nadar mais la gravure d'Eugène Gervais pour illustrer la biographie de Nerval par Eugène de Mirecourt publiée en 1854 ; pour cette gravure, c'est la photo d'Adolphe Legros prise, comme le précise Nicolas Illouz entre la fin de l'année 1853 et le début de l'année 1854, qui a servi de modèle au graveur. Pour plus d'informations, voir *Baudelaire et Nerval, Poétiques comparées,* Patrick Labarthe et Dagmar Wieser (dir.), Honoré Champion, Paris, 2015, p. 181-208. À propos de cette même expression devenue presque un proverbe, l'écrivain français contemporain Gérard Macé, lui consacre tout un ouvrage que l'auteur présente ainsi : « Sous l'un de ses portraits, Nerval a écrit de sa main « Je suis l'autre. » Cette formule, qui n'est pas moins troublante que celle de Rimbaud « Je est un autre », est sans doute plus dangereuse pour son auteur, dont l'identité vacillante est un trait constant de son génie poétique, mais l'entraîne dans la folie », *Je suis l'autre,* Gallimard, coll. « Le cabinet des lettrés », Paris, 2007.

De plus, ce qui est donné à voir ici est incontestablement l'absence. Les deux photos convoquent la mort (la photographie de Nerval, prise quelques semaines avant sa disparition, montre un homme rongé par la maladie, celle d'Abla a été prise avant son suicide, les deux personnages mettent fin à leur vie par un suicide). Mais ces deux destinées tragiques ouvrent sur une résurrection, une renaissance. Abla en arabe désigne perfection physique et morale chez une femme et renvoie surtout à l'amour chevaleresque (Abla est la bien-aimée du valeureux Antar) mais Alba, annonce l'aube, le retour à la vie. Ainsi, l'épilogue se clôt sur une citation de Nerval à lire comme une belle épitaphe annonçant la nuit des origines, le commencement :

> « D'ailleurs, elle m'appartenait bien plus dans sa mort que dans sa vie. » (p. 205)

Les deux lobes oriental et occidental reprennent le dialogue dans un seul et même cerveau, celui d'Alain-Ali.[16] C'est donc à ce personnage issu de la marge, les puces de Saint-Ouen, de cultiver la mémoire de sa double généalogie et nous proposer un autre regard sur les deux photographies orientale et occidentale.

Que faut-il retenir, en conclusion, de cette relecture de l'histoire de l'orientalisme proposée par Nourredine Saadi ? Autrement dit, comment et de quelle manière peut-on aborder l'histoire de l'orientalisme après Edward Said ? Certains ont appuyé, illustré, étayé sa thèse, d'autres l'ont nuancée, critiquée dépassée. Nous pouvons dire aussi, en prenant comme exemple *La Nuit des origines* que certains écrivains francophones ont savamment mis en fiction la théorie d'Edward Said. Le récit, nous l'avons vu, est tissé des rapports entre le pouvoir et le savoir qui se traduit par et dans le discours des personnages. À travers les rencontres et les tractations, le narrateur revisite les *topoï* de la culture coloniale et révèle subtilement la complexité des rapports entre l'Orient et l'Occident qui peuvent

---

16 Nous retrouvons pratiquement la même image quand il s'agit de décrire ce qui se passe dans le cerveau d'Abla, toujours à partir d'un télescopage entre avec les espaces algériens et français qui la taraudent : « [...] elle pensa inévitablement à sa ville dont elle avait comparé sa division en deux parties, la médina et l'européenne, aux deux lobes de son cerveau. C'est pareil ici : Saint-Ouen faite de pierre et de fer, avec ses immeubles, ses usines, ses écoles, et l'étendue des Puces, nomade, vagabonde, éphémère, surpeuplée le jour et vidée de son sang la nuit. » (p. 131).

mener jusqu'au suicide faute d'une relation équilibrée et apaisée. Il faut dire tout de même ici que ce projet de fictionnalisation de l'orientalisme ne constitue pas vraiment un élément novateur si on lit par exemple cette œuvre francophone à l'aune de la littérature arabe contemporaine traitant des mêmes sujets. Je pense essentiellement à *Saison de l'émigration vers le nord*, un magnifique roman en arabe de l'écrivain soudanais Tayeb Salih paru en 1969[17], cité plusieurs fois par Said dans *Culture et Impérialisme*.[18] Mais, si dans ce roman, le suicide du personnage principal Mustapha Said renvoie à une fin tragique sans aucun dépassement possible, *La Nuit des origines* propose un dépassement de la théorie d'Edward Said en puisant dans des thématiques débattues dans le cadre des études postcoloniales. Saadi met en scène le dynamisme de la marge à la quête d'une légitimité, située à la périphérie de Paris, à Saint-Ouen, une ville faite non seulement d'objets hétéroclites mais aussi de langues hybrides, de diversité politique, de lutte pour « l'intégration dans la République ». Cette même marge sociale complètement hétérogène convoque une autre marge plutôt intellectuelle qui attend son intégration dans un récit global. Il s'agit de tous ces Orientaux qui ont su poser les jalons, au-delà de la violence coloniale, d'une véritable « aménité des

---

[17] En 1966, Tayeb Salih publie au Liban, dans le magazine حـوار, [*Dialogue*], N°5-6 plusieurs chapitres de موسم الهجرة إلى الشمال. Le roman sort la même année chez Dar Al-'Awdah. En 1972, Fadi Noun publie une première traduction du roman chez Sindbad sous le titre *Le Migrateur* avec une préface de Jacques Berque. Jugée problématique à tous points de vue, Cette première version sera complètement retravaillée par Abdelwahab Meddeb qui propose un texte plus proche du texte arabe, sous le titre de *Saison de l'émigration vers le Nord*, publié en 1983 chez Sindbad. Pour plus d'informations sur les rapports entre traduction et orientalisme, je vous renvoie à mon étude « De Tayeb Salih à Abdelwahab Meddeb *Saison de l'émigration vers le Nord* ou vers l'orientalisme ? », dans *Entre deux langues : l'écrivain-traducteur et le bilinguisme aux XX^e et XXI^e siècles,* Aline Marchand et Pascale Roux (dir.), dans *Recherches & Travaux*, n° 95, Grenoble, 2019.

[18] « Dans d'autres cas, des romanciers comme le Kenyan Ngugi et le Soudanais Tayeb Salih s'approprient dans leur œuvre de fiction de grands *topoi* de la culture coloniale comme la quête et le voyage dans l'inconnu : ils les revendiquent au service de leurs propres projets postcoloniaux. Le héros de Salih dans *Saison de la migration vers le Nord* fait (et est) le contraire de ce que fait (et est) Kurtz. L'homme noir voyage vers le Nord et s'enfonce en territoire blanc. », Edward Said, *Culture et impérialisme,* Paul Chemla trad., Fayard, Le Monde diplomatique, p. 2000, p. 71.

rencontres »[19] avec leurs homologues Occidentaux. C'est donc par tout un travail de « négociation » – pour reprendre l'expression d'Homi Bhabha[20] – que l'on doit réécrire une histoire hybride de l'orientalisme, afin de sortir définitivement d'un rapport manichéen opposant les méchants les gentils, les bourreaux et les victimes, les dominants et les subalternes. En passant par la fiction, Nourredine Saadi nous propose une des versions possibles de cette nouvelle histoire qui reste à construire.

---

19 J'emprunte l'expression à Daniel Lançon dans *L'Égypte littéraire, destin des antiquités et aménités des rencontres*, Geuthner, 2007.

20 Homi K. Bhabha, *Les Lieux de la culture. Une théorie postcoloniale*, Françoise Bouillot (trad.), Payot, Paris, 2007.

# Revisiter le mythe du canal de Suez. Écrivains et voyageurs français en Égypte autour de 1869

Sarga Moussa

En 1933, le comparatiste Jean-Marie Carré concluait sa grande étude sur les *Écrivains et voyageurs français en Égypte*, dont la troisième et dernière partie concernait le percement de l'isthme de Suez, en rappelant le « bref télégramme envoyé par Lesseps à Napoléon III pour lui mander l'arrivée de l'*Aigle* », à savoir le navire sur lequel se trouvait l'impératrice Eugénie. Il ajoutait :

> « À la nouvelle si impatiemment attendue, la France tressaillit de fierté. C'est qu'elle se sentait récompensée de sa confiance. Comment ne pas s'enorgueillir d'avoir soutenu, souvent seule, l'homme providentiel qui venait d'améliorer la création et d'accomplir, dans l'intérêt du monde, ce gigantesque ouvrage de paix et de concorde ?[1] »

Une soixantaine d'années après l'ouverture du canal de Suez, nous sommes visiblement toujours dans une représentation totalement idéalisée de l'événement. Le grand architecte de cette entreprise, Ferdinand de Lesseps, est considéré comme un héros moderne, incarnant la France et son idéal civilisateur hérité des Lumières. Cet « homme providentiel » qui « améliore la création » est un instrument de Dieu : nul doute sur la légitimité de son action, donnée implicitement comme la réalisation sur terre d'un plan divin. Que le khédive Ismaïl ait été le pendant oriental de Lesseps, c'est-à-dire celui qui fit des fêtes données à cette occasion un événement planétaire (des milliers de personnes y furent invitées, d'Occident comme d'Orient), semble oublié dans cette conclusion de Carré, qui ne retient de Suez que le « prestige » dont la France s'accrut à cette occasion :

[1] Jean-Marie Carré, *Voyageurs et écrivains français en Égypte*, Le Caire, Institut Français d'Archéologie Orientale, 1932-1933, t. II, p. 353.

« Cette glorieuse entreprise suscita, aux bords du Nil, un renouveau d'intérêt pour les créations de son génie [...] et l'histoire des écrivains français en Égypte finit par se fondre dans l'histoire générale de la civilisation française au Levant[2]».

Que le commerce international ait grandement profité de l'ouverture du canal de Suez est un fait incontestable, puisque celui-ci permit aux navires de raccourcir considérablement le trajet habituel qu'ils faisaient en contournant l'Afrique pour aller d'Europe en Asie, ou vice-versa. Relier la mer Méditerranée à la mer Rouge, c'était certainement, de ce point de vue, « dans l'intérêt du monde » – mais l'Égypte était-elle vraiment incluse dans ce nouveau *monde* ? C'est tout le paradoxe de la chose : apparemment dans une position centrale, en tout cas géographiquement parlant, puisqu'il constituait le point de contact entre Orient et Occident, le canal de Suez préfigura en même temps la perte de l'indépendance égyptienne.

Cela, Carré le savait parfaitement, mais il l'élude : sa vision idéalisante est caractéristique de ce que j'appelle le mythe de Suez, mythe moderne célébrant le triomphe du progrès industriel, traversé par un discours nationaliste à la gloire de la France, puissance impériale à vrai dire fragilisée, en 1869 (la guerre franco-prussienne était toute proche), mais qui n'en continuera pas moins sa politique de colonisation sous la IIIe République. Lorsque les biographes de Lesseps célèbrent[3] l'habilité avec laquelle « le grand Français » sut convaincre de son projet tout à la fois Saïd Pacha (dont il obtint la concession du canal de Suez), puis son successeur Ismaïl (qui contribua à financer les travaux et fournit au départ une main d'œuvre quasi gratuite en réquisitionnant des milliers de paysans), il ne faut pas oublier que le contexte historique de l'époque était bel et bien celui d'une lutte d'influence pour le contrôle de la Méditerranée : la France dut donc faire face tout à la fois à l'hostilité de l'Angleterre, qui voulait conserver seule le contrôle de la route des Indes, et à la réticence de l'empire ottoman, dont l'Égypte restait nominalement une province.

De ce point de vue-là, Edward Said avait parfaitement raison d'écrire :

---

2 *Ibid.* p. 354.

3 Voir en particulier Ghislain de Diesbach, *Ferdinand de Lesseps*, Paris, Perrin, 1999.

> « Dans l'idée du canal de Suez, nous voyons la conclusion logique de la pensée orientaliste[4] ».

Et il concluait les pages consacrées à ce sujet de la façon suivante :

> « Ferdinand de Lesseps avait fait fondre l'identité géographique de l'Orient en entraînant (presque littéralement) l'Orient dans l'Occident, et finalement en dissipant la menace de l'islam[5] ».

Certes, il y avait à l'époque de Suez tout un discours, qui fait écho à la phraséologie saint-simonienne des années 1830, sur l'« association » ou l'« union[6] » de l'Orient et de l'Occident, comme chez l'historien de l'art Charles Blanc célébrant à Suez le « mariage des deux mers[7] » – mais précisément, ce couple était, dans les faits, profondément déséquilibré, exactement comme l'était le mariage réel, dans la France du XIXe siècle. L'Occident, toujours pensé comme la partie « mâle », comme la tête pensante, comme la source de tout progrès (face à un Orient féminisé associé au corps et à l'immobilité), était en réalité en position de supériorité. De la même façon, lorsque Said fait remarquer que le nom même de la « Compagnie universelle du canal de Suez », fondée par Lesseps en 1858, reflète les « plans grandioses[8] » de celui-ci, il met le doigt sur un point capital, à savoir celui du sens qu'il convient d'attribuer à la notion d'*universalité*, celle-ci pouvant en

---

4 Edward W. Said, *Orientalism* (1978), trad. fr. par Catherine Malamoud, Paris, Le Seuil, 1980, p. 110.

5 *Ibid.*, p. 111. Daniel Lançon, plus récemment, a rappelé lui aussi le contexte impérialiste dans lequel le canal de Suez est né, le discours de « neutralité » internationale de la Compagnie universelle tentant de camoufler la naissance d'un nouvel espace géo-politique où s'affronteront les grandes puissances (« De l'isthme au canal de Suez. Discours littéraires en tension », dans Florence Quentin [dir.], *Le Livre des Égypte*, Paris, Laffont, « Bouquins », 2014, p. 807).

6 Le thème de l'union de l'Orient et de l'Occident est un leitmotiv chez Émile Barrault, un saint-simonien de la première heure qui séjourna plusieurs années en Égypte et qui publia à son retour *Occident et Orient* (1835). Voir Philippe Régnier, *Les Saint-Simoniens en Égypte*, Le Caire, Banque de l'Union Européenne / Amin F. Abdelnour, 1989.

7 Charles Blanc, *Voyage dans la Haute Égypte*, Paris, Renouard, 1876, p. 332. Le saint-simonien Michel Chevalier reste connu pour avoir fait de la Méditerranée le futur « lit nuptial de l'Orient et de l'Occident » (*Système de la Méditerranée*, 1832, reproduit dans Pierre Musso, *Le Saint-Simonisme, l'Europe et la Méditerranée*, Houilles, Manucius, 2008, p. 117).

8 Edward W. Said, *L'Orientalisme*, *op. cit.*, p. 108.

effet renvoyer à un discours eurocentrique qui ne dit pas son nom et qui, prenant son ancrage dans les idéaux hérités des Lumières, s'est parfois traduit par la volonté d'imposer au reste du monde sa propre conception de l'universel, en fonction de critères et d'intérêts qui étaient en réalité ceux d'une Europe soucieuse de justifier sa propre politique expansionniste.

Cela dit, tous les récits des voyageurs français invités aux fêtes du canal de Suez ne véhiculent pas le même eurocentrisme. On verra que l'événement de 1869 symbolisa aussi, pour certains d'entre eux, un véritable rêve cosmopolite, peut-être différent du discours fusionnel sur l'Orient et l'Occident, en en tout cas soucieux de prendre en compte la diversité réelle du monde, sans établir de hiérarchie *a priori* entre les différentes ethnies, langues, religions, qui coexistèrent, fût-ce de manière éphémère, en particulier à Ismaïlia. Enfin, on se demandera, en prenant l'exemple du *Fellah* (1869), un roman d'Edmond About basé sur un séjour en Égypte de l'auteur, dans quelle mesure Suez put apparaître comme une utopie réconciliatrice.

### Le discours enchanté sur l'« union » des deux mers

Les fêtes organisées par le khédive Ismaïl en novembre 1869 ont été décrites dans la presse de l'époque, par exemple dans *L'Isthme de Suez. Journal de l'union des deux mers*, fondé par Ernest Desplaces en 1860, et qui paraissait tous les 15 jours, avec pour ambition clairement avouée de soutenir le projet de Lesseps, lequel faisait l'objet de critiques, notamment de la part de l'Angleterre, ce qui pouvait avoir pour conséquences de faire baisser le cours des actions de la Compagnie en Bourse, donc de compromettre les chances de succès du chantier de Suez. Au-delà de ce journal, directement lié au projet de Lesseps, et dont la teneur est clairement propagandiste, de nombreux autres périodiques rendirent compte de l'événement de 1869, à travers la plume d'écrivains et de journalistes qui figuraient parmi le millier d'invités européens, tels Théophile Gautier pour le *Journal Officiel*, ou Louise Colet pour *Le Siècle*. Jean-Marie Carré en a donné la liste, du moins pour la France[9]. Il y eut aussi des poèmes de circonstance. Certains sont même antérieurs au chantier, comme *L'Égypte et le Canal de Suez*, d'Emmanuel Bonnet, qui compose en 1857, sous forme

[9] Jean-Marie Carré, *Voyageurs et écrivains français en Égypte*, *op. cit.*, t. II, p. 360 et suiv.

versifiée, un appel aux banquiers pour financer le percement de l'isthme. On peut également citer le poème *Inauguration du Canal maritime de Suez*, publié en 1869 par Élisa Morin et dédié « À Monsieur Ferdinand de Lesseps », où est célébrée la nouvelle « Route des Deux-Mondes » destinée à protéger rien de moins que « L'Humanité, la Foi, le commerce et les arts[10] ». Bien d'autres sources littéraires pourraient être explorées. On se concentrera ici sur des récits de voyage de personnalités françaises, ainsi que sur quelques textes appartenant à d'autres genres, publiés autour de 1869 et portant spécifiquement sur Suez.

Antoinette Symon de Latreiche, qui signe sous son nom d'épouse de comtesse Drohojowska, auteure d'une abondante production d'ouvrages à caractère historique, biographique et pédagogique[11], publie en 1870 *L'Égypte et le canal de Suez*. Dans la troisième partie de son ouvrage, intitulée « Jonction des deux mers », elle cite un « témoin oculaire », en l'occurrence Olivier Ritt, auteur lui-même d'une *Histoire de l'isthme de Suez* (1869), qui raconte l'entrée des eaux de la Méditerranée dans le lac Timsah, l'une des étapes dans le creusement de l'isthme. Pour célébrer ce moment historique, des représentants des religions chrétienne et musulmane appellent conjointement

> « la bénédiction du Ciel sur l'œuvre dont un des premiers succès allait s'affirmer solennellement[12] ».

Toute une scénographie est liée à ces différentes cérémonies, jusqu'à l'ouverture proprement dite du canal, de façon à instiller dans les esprits l'idée que cette entreprise répond à un plan divin, ce qui, bien entendu, contribue à la légitimer. Le rituel de la bénédiction

---

[10] Élisa Morin, *Inauguration du Canal maritime de Suez*, Paris, Dentu, 1869, p. 7. Ce type de corpus, qui n'est certes pas de la grande littérature, mais qui n'en contribue pas moins à la fabrication du *mythe de Suez*, a été bien mis en évidence dans la thèse récente d'Hélène Braeuner en histoire de l'art, « Les représentations du canal de Suez (XVe-XXe siècles) : Esthétiques et politiques d'une vision », sous la dir. de Christine Peltre, Université de Strasbourg, septembre 2015. Daniel Lançon a également commenté un certain nombre de ces dithyrambes à la gloire du progrès dans *L'Égypte littéraire de 1776 à 1822. Destin des antiquités et aménité des rencontres*, Paris, Geuthner, 2007, p. 335 et suiv.

[11] Voir l'article en ligne d'Isabelle Ernot dans *Genre et Histoire*, n°4, printemps 2009, 6e paragraphe.

[12] Comtesse Drohojowska, *L'Égypte et le canal de Suez*, Paris, Laporte, 1870, p. 170.

inscrit de la sorte Suez dans une cosmogonie moderne, régie par un Dieu du progrès industriel et universel. Même lorsque le canal n'apparaît pas comme la traduction terrestre d'un projet voulu de toute éternité par Dieu, celui-ci a en quelque sorte son correspondant (ou son rival !) sur terre en la personne du grand artisan de cette entreprise, dont Charles Blanc n'hésite pas à dire qu'il avait su

> « retoucher l'œuvre de la création, donner des ordres à l'Océan pour s'en faire obéir[13] ».

Nous sommes ici dans une mythologie de substitution, qui fait de la figure de l'ingénieur Lesseps un nouveau Messie annonçant le triomphe du Progrès technologique mis au service d'une humanité réconciliée. L'image du canal reliant deux mers, comme celle d'un pont permettant la communication entre deux rives, est particulièrement efficace pour nourrir un imaginaire idéalisant et globalisant. À la jonction de l'Orient et de l'Occident (nous dirions aujourd'hui : du Sud et du Nord), « Suez » est bien plus qu'un simple lieu géographique, fût-il en position stratégique : c'est aussi, dans le cadre de l'événement de 1869, une autocélébration de l'Homme (c'est-à-dire de l'Européen) comme grand Architecte, dans un monde où le commerce est pensé comme source d'enrichissement mutuel et de paix durable.

Par ailleurs, le canal de Suez a beau reposer sur des bases scientifiques, comme l'étude de la topographie (bien qu'on ait longtemps cru que la mer Rouge n'était pas au même niveau que la Méditerranée), le discours qui accompagne le percement de l'isthme comporte aussi une dimension irrationnelle. Le registre lexical de l'« enchantement », du « merveilleux », de la « magie », est d'ailleurs omniprésent sous la plume des voyageurs, faisant de Suez un conte de fée en acte. Florian Pharaon, ancien interprète de l'armée française en Algérie, et correspondant du journal *La France*[14], écrit à propos d'Ismaïlia, ville située à mi-chemin entre Port-Saïd et Suez, fondée en 1863 pour servir de quartier général à la Compagnie universelle du canal maritime de Suez :

---

13 Charles Blanc, *Voyage dans la Haute Égypte*, *op. cit.*, p. 351.

14 Quotidien financier fondé en 1863 et fidèle à Napoléon III ; il fut racheté par Émile de Girardin en 1874.

> « Née d'hier, éclose au milieu des sables mouvants, cette petite ville s'est élevée en quelques années, et s'est entourée d'une fraîche oasis, créée comme par enchantement par le génie humain[15]. »

Même isotopie lorsqu'il est question des fêtes qui y sont offertes aux visiteurs, autour du 17 novembre 1869, date officielle de « l'ouverture de Suez » :

> « La nuit est venue. Ismaïliah s'illumine, non-seulement dans sa partie construite, mais encore dans ses faubourgs mobiles ; le canal reflète les girandoles de feu, et les vaisseaux brillamment illuminés se mirent dans le lac. Le spectacle est magique[16]. »

Chez Charles Taglioni, attaché à la légation de Prusse à Paris, on est également dans un conte de fée. Arrivé à Ismaïlia à 4 heures du matin, il admire le lever du soleil, « spectacle merveilleux de ce port unique en son genre[17] » – à quoi répond, au coucher du soleil, le reflet des lumières dans le canal produisant « un effet vraiment féerique[18] ». La ville d'Ismaïlia est « merveilleuse[19] », la foule assistant aux fêtes est « émerveillée[20] », et le canal lui-même est qualifié de « merveille sans seconde dans le pays des merveilles[21] ». Charles Blanc parle lui aussi du « merveilleux canal[22] », et il célèbre, dans le chapitre qu'il consacre à l'isthme de Suez,

> « cette pacifique croisade qui devait aboutir à un rapprochement merveilleux entre l'Orient et l'Occident[23] ».

On peut entendre ici un écho de la rhétorique des saint-simoniens, dont on sait que le premier projet, lorsqu'ils arrivèrent en Égypte en 1833, était précisément de percer l'isthme de Suez – le vice-roi Méhémet-Ali n'y ayant pas donné suite, ils s'attelèrent pendant un

---

15 Florian Pharaon, *Le Caire et la Haute Égypte*, Paris, Dentu, 1872, p. 45.

16 *Ibid.*, p. 47.

17 Charles Taglioni, *Deux mois en Égypte. Journal d'un invité du khédive*, Paris, Amyot, 1870, p. 260.

18 *Ibid.*

19 *Ibid.*, p. 267.

20 *Ibid.*, p. 266.

21 *Ibid.*, p. 257. Rappelons à ce sujet que deux des Sept merveilles du monde, la pyramide de Chéops et le Phare d'Alexandrie, se trouvent en Égypte.

22 Charles Blanc, *Voyage dans la Haute Égypte*, *op. cit.*, p. 6.

23 *Ibid.*, p. 339.

temps au chantier d'un barrage sur le Nil, situé dans le Delta. Émile Barrault évoque ce dernier épisode, qui fut finalement interrompu par une épidémie de peste, en 1835, mais dont il fait entendre le caractère euphorique des débuts :

> « De toutes parts cette campagne pacifique se prépare avec un ordre, une prévoyance auxquels peut-être les populations musulmanes n'ont pas été jusqu'à présent habituées. [...]. Sur ce terrain qui présente l'image d'un camp, flottent les pavillons du croissant et s'élèvent les tentes des ingénieurs.[24] »

Le lexique militaire est omniprésent dans cet épisode. Barrault parle un peu plus loin de milliers d'ouvriers

> « affectés au barrage pour être enrégimentés, casernés, commandés par des ingénieurs, avec uniforme et solde.[25] »

Certes, il s'agit d'une campagne *pacifique*, et, en ce sens, les saint-simoniens tentent de se dégager du grand modèle historique qui les hante, à savoir celui de l'expédition de Bonaparte, lequel avait d'ailleurs lui-même envisagé le percement de Suez en confiant une étude à l'ingénieur Le Père. Mais en même temps, on voit bien que dans cette supposée « communion de l'Orient et de l'Occident » dont Napoléon serait le précurseur, selon Barrault[26], la relation est totalement asymétrique : à des « populations musulmanes » considérées comme désordonnées et imprévoyantes (on reconnaît, en creux, le cliché d'un islam qui vivrait hors de l'Histoire), les ingénieurs français viendront apporter rigueur et vision d'avenir. Or cette relation hiérarchique se retrouve une trentaine d'années plus tard, dans le rapport qu'entretient Lesseps avec les *fellahs*, les paysans égyptiens qui constituent la main d'œuvre initiale du chantier de Suez. Le discours de l'« union » des deux mers est bien un mythe, dans tous les sens du terme, c'est-à-dire qu'il s'agit tout à la fois d'un récit de fondation cherchant à repenser la modernité sous une forme « universelle »,

---

24 Émile Barrault, *Occident et Orient*, 2e partie, « La fête de Napoléon aux bords du Nil », Paris, Desessart et Pougin, 1835, p. 443-444.

25 *Ibid.*, p. 445 ; Barrault parle également d'une « armée industrielle » (*ibid.*).

26 « Comme plus tard il prépara la fusion des populations européennes, alors Napoléon prépara la communion de l'Orient et de l'Occident. C'est pourquoi ici [en Égypte], le peuple a conservé avec une admiration sans rancune le souvenir de ses éclatantes victoires, et les hommes élevés la mémoire de ses exemples et de ses pensées » (*ibid.*, p. 449-450).

mais aussi d'un discours qui comporte une part idéologique cachée : dans ce nouveau monde en gestation, l'Orient risque bel et bien de se diluer dans l'Occident, comme l'avait bien vu Said.

## Le rêve cosmopolite

À cette forme de globalisation qui repose sur un universalisme à vocation expansionniste, l'historien anglais Hopkins oppose la notion de *cosmopolitisme*, plus appropriée, selon lui, à traduire une volonté de « respecter la diversité[27] ». Nous verrons dans quelle mesure cette notion est opérante concernant Suez, et si elle permet ou non d'échapper aux préjugés eurocentriques et ethnocentriques qui parasitent le discours orientaliste.

Suez véhicule en tout cas ce que l'on pourrait appeler un rêve cosmopolite. Les fêtes de 1869 se veulent la concrétisation de cette vision d'un monde multiculturel coexistant de manière pacifique et heureuse. Jean-Marie Carré rappelle d'ailleurs que

> « le khédive Ismaïl avait invité un millier de personnes en Europe.[28] »

Parmi ces Européens, il y avait bien sûr de nombreux Français – écrivains, peintres, journalistes mais aussi des hommes de sciences ou issus de différents milieux (magistrature, armée, sport…), sans parler des invités personnels de Ferdinand de Lesseps, ou encore de la suite nombreuse de l'impératrice Eugénie[29]. Carré rappelle aussi que, outre la présence de souverains étrangers, comme l'empereur d'Autriche et le prince de Prusse, il y avait parmi les invités des personnalités venant d'Allemagne (par exemple l'égyptologue Lepsius), de Norvège (l'écrivain Ibsen), ou encore d'Espagne (le dramaturge Blasco). Il signale aussi la présence de l'émir Abd-el-Kader[30], le célèbre résistant à la colonisation de l'Algérie, qui s'était finalement rendu en 1847 à la France et qui, après quelques années d'emprisonnement, vivait en exil

---

27 Antony Gerald Hopkins (dir.), *Global History. Interactions Between the Universal and the Local*, Houndmills, etc., Palgrave Macmillan, 2006, p. 8 (« a willingness to respect diversity »). Cité par Valeska Huber, *Chanelling Mobilities. Migration and Globalisation in the Suez Canal Region and Beyond, 1869-1914*, Cambridge / New York, Cambridge University Press, 2013, p. 7.

28 Jean-Marie Carré, *Voyageurs et écrivains français en Égypte*, *op. cit.*, t. II, p. 307.

29 Jean-Marie Carré en donne la liste, *ibid.*, p. 361-362.

30 *Ibid.*, p. 305.

à Damas – il semble qu'il ait joué un rôle non négligeable pour convaincre les autorités religieuses de l'Arabie concernant le rôle positif que le canal de Suez pourrait jouer dans la région[31]. Au-delà de la figure d'Abd-el-Kader, seul représentant oriental siégeant dans la tribune officielle aux côtés de Lesseps et d'Ismaïl, on sait que des milliers d'invités[32] venus d'Asie, d'Afrique et d'Amérique participèrent aux fêtes de Suez. Combien furent-ils exactement ? Ont-ils laissé des traces écrites ? Bref, existe-t-il un pendant oriental au corpus déjà considérable de textes européens concernant l'ouverture du canal de Suez ? C'est l'un des enjeux de la recherche que je mène actuellement, dans les années à venir, en collaboration avec des collègues égyptiens de l'Université du Caire.

Au milieu de cette « fête universelle[33] », comme dit le sultan de Zanzibar dans une lettre où il annonce sa probable venue en Égypte, il y avait donc des invités orientaux, qui participèrent à ce que l'on pourrait appeler une *scénographie cosmopolite*, renforcée encore par le caractère profondément divers de l'Orient lui-même. Ainsi Charles Blanc rappelle-t-il que le khédive Ismaïl avait convié à cet événement

> « tous les grands personnages de l'Islam, tous les princes musulmans de l'Asie et de l'Afrique » :
>
> « Il en était venu de l'Inde, du [*sic*] Kaboul, de la Perse, du Turkestan, de l'Arménie, de la Caramanie, de l'Asie Mineure, de l'État de Tripoli, de la régence de Tunis, de la Nubie, de l'Abyssinie. Il en était venu de toutes les villes fameuses, de Delhi, de Lahore, de Bagdad, d'Erzeroum, de Trébizonde ; il en était venu de Tanger, de Méquinez, d'Alger, de Bengazi, de Senaar, de toutes les contrées où l'on fabrique des bijoux, des chibouques, des armes, où l'on dit des prières sur les tapis[34]. »

---

31 Voir Bruno Étienne, *Abdelkader*, Paris, Livre de poche, « Pluriel », 2012.

32 Le peintre Fromentin, qui assista aux fêtes de Suez, parle dans son journal de « sept ou huit mille personnes à nourrir [...] en plein désert » (*Carnets du voyage en Égypte*, dans Eugène Fromentin, *Œuvres complètes*, éd. Guy Sagnes, Paris, Gallimard, « Bibliothèque de la Pléiade », 1984, p. 1092).

33 Expression figurant dans une lettre datée du 29 juin 1869, adressée à Ferdinand de Lesseps et traduite de l'arabe par Alphonse Bertrand, drogman du consulat de France ; lettre reproduite dans *L'Isthme de Suez. Journal de l'union des deux mers*, n° 316 (15-17 septembre 1869), p. 325.

34 Charles Blanc, *Voyage dans la Haute Égypte*, *op. cit.*, p. 341.

Cette énumération, destinée à donner le tourniquet, vire au catalogue exotique. Au-delà de la localisation de chacune de ces régions ou de ces villes énumérées, il y a là une véritable jouissance linguistique à faire résonner toutes ces consonances étrangères, qui finissent par plonger le lecteur dans un univers proche des *Mille et une Nuits* ou de Marco Polo. La fin de ce passage est d'ailleurs très claire : nous sommes dans un Orient du faste et de la séduction. Mais nous sommes aussi dans un Orient profondément religieux, où l'islam s'est largement répandu. Or, l'Égypte elle-même fait partie de ce monde islamisé, tout en accueillant sur son sol des milliers de visiteurs chrétiens. Comment, donc, ces différentes religions, et en particulier le christianisme et l'islam, deux religions monothéistes ayant chacune la prétention de détenir la Vérité, coexistèrent-elles pendant les fêtes du canal de Suez ?

Nombre de voyageurs insistent sur le mélange harmonieux des religions auquel donna lieu cette rencontre qui se voulut planétaire. Florian Pharaon note :

> « Tandis que Mgr. Bauer [représentant religieux de la France] officie, le Cheikh-el-Islam [le chef de la mosquée d'Al-Azhar] appelle la bénédiction d'Allah sur l'œuvre internationale[35]. »

Autrement dit, christianisme et islam se répondent et se complètent pour donner une caution religieuse à l'entreprise économico-politique du canal de Suez. Le discours de Monseigneur Bauer, l'un des grands prédicateurs du Second Empire, et qui était par ailleurs le confesseur de l'impératrice Eugénie, est reproduit dans le journal *L'Isthme de Suez* pour y saluer

> « cette grande fête du genre humain, cette assistance auguste et cosmopolite, […], la croix debout et respectée de tous en face du croissant[36] ».

Et le prêtre d'ajouter, en termes lyriques :

> « Les deux extrémités du globe se rapprochent ; en se rapprochant, elles se reconnaissent ; en se reconnaissant, tous les hommes, enfants, d'un seul et même Dieu, éprouvent le tressaillement

35 Florian Pharaon, *Le Caire et la Haute Égypte*, *op. cit.*, p. 45.

36 *L'Isthme de Suez. Journal des deux mers*, n ° 332 (15-18 décembre 1869), p. 440.

joyeux de leur mutuelle fraternité ! Ô Occident ! Ô Orient ! rapprochez, regardez, reconnaissez, saluez, étreignez-vous ![37] »

Même si le discours de M^gr^ Bauer n'est pas dénué d'ambiguïté, on peut reconnaître derrière ce Dieu unique celui d'Abraham. L'heure est à la célébration de la concorde religieuse, et il semble d'ailleurs que celle-ci ait été, dès le départ, un élément de stratégie destiné à concourir à la réussite du projet – la comtesse Drohojowska écrit ainsi, dans une note de son ouvrage sur *L'Égypte et le canal de Suez* :

« Reconnaissant la nécessité d'avoir sur place des prêtres des trois cultes représentés sur les chantiers, M. de Lesseps a toujours eu soin que les grands campements aient une chapelle catholique, une chapelle grecque et une mosquée, construites par la Compagnie et desservies à ses frais[38]. »

Il y avait en effet, parmi les ouvriers travaillant au creusement du canal, des *fellahs* (les paysans égyptiens), majoritairement musulmans, et qui avaient d'ailleurs été contraints, au début du chantier, d'effectuer leurs tâches dans des conditions très difficiles, ce qui causa une mortalité importante, difficile à chiffrer précisément, mais qui se compte en tout cas en milliers d'hommes. Or le khédive Ismaïl ayant retiré, à partir de 1863, une partie de cette main d'œuvre quasi gratuite, des travailleurs européens participèrent à ce chantier, notamment des Corses, des Italiens et surtout des Grecs – d'où la mention d'une chapelle pour les ouvriers de confession orthodoxe[39]. En bon gestionnaire soucieux d'efficacité, Lesseps avait compris l'importance du facteur identitaire que pouvait constituer la religion, et, loin de chercher à la banaliser, il la prenait explicitement en compte de façon à ce que chacun puisse retrouver ses rites et sa liturgie.

La dimension cosmopolite de Suez ne se manifeste bien sûr pas que du point de vue religieux. Charles Blanc, par exemple, célèbre la diversité ethnique qu'on pouvait observer dans la nouvelle ville d'Ismaïlia en fête :

---

37 *Ibid.*

38 Comtesse Drohojowska, *L'Égypte et le canal de Suez*, *op. cit.*, p. 168, n. 1.

39 Voir Caroline Piquet, *Histoire du canal de Suez*, Paris, Perrin, 2009, p. 52-56.

> « C'était une macédoine de populations jaunes, noires, cuivrées, une cohue de chameaux, d'ânes, de cavaliers et de voitures, une foire de Saint-Cloud multipliées par trente mille Arabes et transportée sous le ciel d'Égypte[40]. »

Les « races » humaines, comme on disait à l'époque, loin d'apparaître comme radicalement séparées les unes des autres, ou d'être prises dans une hiérarchisation au profit des Blancs, font ici l'objet d'une énumération joyeuse, qu'on retrouve lors du gigantesque bal offert par le khédive à ses invités :

> « On y entendait parler toutes les langues [...], on y voyait des personnages de tous les pays et des costumes de toutes les nations[41]. »

Suez s'est voulu, comme le dit Florian Pharaon, une « tour de Babel[42] »

– mais sans la dimension négative associée à l'épisode biblique, à savoir celui de la confusion des langues : c'est aussi en cela que cette extraordinaire mise en scène véhicule un imaginaire proprement mythologique.

Ajoutons, pour terminer cette partie consacrée au rêve cosmopolite, que celui-ci était en germe dès avant le chantier de Suez, alors que celui-ci n'était encore qu'en projet, et qu'il fallait songer à son mode de financement. Le docteur Emmanuel Bonnet, dans un poème publié en 1857, *L'Égypte et le canal de Suez*, imagine ainsi, réunis autour d'un banquier arménien, au Caire, toute une société multiethnique et multi-religieuse, jouant par avance le scénario euphorique d'un monde kaléidoscopique vivant en harmonie et où chacun, bien que différent, contribuerait à sa façon au même but : « Le Cophte était assis près du Juif d'Amsterdam, / L'Assyrien près du Chrétien d'Occident ; / On distinguait le Perse à son long bonnet conique, / Le Turc et le Français, l'Anglais, l'Américain / Étaient placés auprès de l'Arabe africain[43]. » L'imaginaire d'une finance internationale philanthropique préparait ainsi « Suez » comme la mise en scène d'un cosmopolitisme heureux.

---

40 Charles Blanc, *Voyage dans la Haute Égypte*, *op. cit.*, p. 349.

41 *Ibid.* p. 351.

42 Florian Pharaon, *Le Caire et la Haute Égypte*, *op. cit.*, p. 46.

43 Emmanuel Bonnet, *L'Égypte et le canal de Suez*, Avignon, Bonnet fils, 1857, p. 9.

## *Le Fellah* d'Edmond About : du « sable maudit » à l'utopie réconciliatrice

Cette vision d'un monde à la fois profondément divers et momentanément uni, on la retrouve dans un roman d'Edmond About (1828-1885), *Le Fellah* (1869), qui repose sur un voyage réellement effectué par l'auteur en Égypte, entre fin 1867 et début 1868, avec les librettistes Camille du Locle et Émile de Narjac. About fut lui-même dramaturge, romancier, critique d'art et journaliste. Les circonstances de ce voyage ont été retracées par Jean-Marie Carré, qui montre que *Le Fellah*, d'abord publié dans la *Revue des Deux Mondes*, fut rémunéré d'avance par le khédive Ismaïl, qui espérait sans doute s'appuyer sur son auteur pour justifier sa propre politique modernisatrice, et notamment sa réforme judiciaire en faveur de l'instauration des tribunaux mixtes[44]. Quoi qu'il en soit de cette possible instrumentalisation, voyons l'histoire de ce roman.

Le narrateur rencontre en France un fellah, Ahmed, à l'occasion d'une soirée chez un industriel. Le jeune Égyptien est séduisant, mais encore naïf et plein de doutes sur ses propres capacités, au point d'avoir intériorisé les préjugés raciaux de son temps :

> « Croyez-vous que je puisse, avec le temps et du travail, devenir l'égal de vous autres ? Ou bien la conformation de mon crâne et la couleur de ma peau me condamnent-elles à végéter, ma vie durant, dans une humanité inférieure ?[45] »

Comme la suite du roman le fera comprendre, le narrateur n'est pas raciste, au sens strict du terme, ce qui ne veut pas dire qu'il échappe complètement aux clichés « orientalistes ». Mais toute l'histoire d'Ahmed est celle du triomphe progressif de l'amour sur les préjugés. En effet, à la suite d'un duel dans lequel il défendait l'honneur du vice-roi, Ahmed rentre en Égypte, où il est récompensé de sa bravoure par Saïd Pacha, qui en fait un notable, en l'occurrence un riche propriétaire terrien.

À ce stade, le héros réunit théoriquement toutes les qualités pour séduire une jeune Anglaise, Miss Grace, qui voyage avec ses parents

---

[44] Jean-Marie Carré, *Voyageurs et écrivains français en Égypte*, *op. cit.*, t. II, p. 265-297, p. 271 sur les conditions du paiement du roman d'About par le khédive Ismaïl.

[45] Edmond About, *Le Fellah. Souvenirs d'Égypte* [1869], 7e édition, Paris, Hachette, 1901, p. 30.

adoptifs, rencontrés sur le bateau par le narrateur et ses compagnons de voyage français : il n'appartient plus à son milieu pauvre d'origine, et, à la suite de son séjour en France, il est devenu un défenseur de la modernisation de son pays. Mais, de part et d'autre, il reste des obstacles à franchir : la jeune fille chrétienne manifeste à de nombreuses reprises ses préjugés à l'égard d'un musulman dont elle n'imagine pas pouvoir partager la vie, tandis qu'Ahmed, de son côté, met du temps à surmonter un traumatisme initial, celui de la mort de son père :

> « Les hommes du pacha l'avaient pris avec beaucoup d'autres pour la corvée française, c'est-à-dire pour les travaux de cet isthme maudit[46]. »

Cette dernière expression revient, avec des variantes, dans le cours du texte, mais elle prend dès lors un sens différent. En effet, une fois rentré en Égypte, Ahmed considère que si son père est mort à la tâche en participant au chantier de Suez, c'est non pas à cause de Lesseps, donc de la France, mais à cause d'un système de gouvernement despotique, en l'occurrence celui d'une Égypte habituée à considérer sa propre population paysanne comme une main d'œuvre corvéable à merci. Il loue donc l'actuel khédive, Ismaïl-Pacha, pour avoir rendu les fellahs à leur terre et pour avoir ouvert le chantier, dès 1864, à des Européens, ce qui permit de changer les conditions de travail de l'ensemble des ouvriers :

> « Lorsque Son Altesse abolit la corvée dans l'isthme de Suez, vos ingénieurs n'ont eu qu'à faire un signe, et quinze mille ouvriers grecs, dalmates, monténégrins, maltais, italiens, allemands, français même, accoururent sur les chantiers ; ils vivent en santé, presque en joie, sur ce sable maudit où mon père a trouvé la mort[47]. »

Enfin, les choses sont redites par Ahmed à la fin du roman, qui opère un renversement axiologique complet, l'abolition de la corvée apparaissant au fond comme une conséquence de la politique modernisatrice du khédive et le chantier de Suez comme l'annonce d'une transformation de l'Égypte sur le modèle français :

> « Ce n'est pas l'isthme qui a tué le pauvre Ibrahim, c'est la corvée. Il n'y a plus de corvée ici depuis l'avènement d'Ismaïl-Pacha ; il n'y

46 *Ibid.*, p. 79.
47 *Ibid.*, p. 169.

en aura bientôt plus dans les autres provinces, si Dieu conseille Son Altesse, et si l'Europe nous donne des juges[48]. »

Et il n'y a pas qu'Ahmed qui ait changé d'opinion sur le canal de Suez. Alors que l'Angleterre, comme on sait, y fut longtemps hostile, le personnage de M. Longman, le tuteur de Miss Grace dans le roman d'About, avoue lui-même que Lesseps est « un homme historique[49]. » De son côté, le narrateur, auquel on peut manifestement superposer l'auteur, donne une vision euphorique de l'environnement du canal, un désert transformé en terre habitée (« Ismaïlia n'est qu'un parc semé de chalets[50] »), où chrétiens et musulmans coexistent en bonne harmonie :

> « Tout au sommet de la dune, les travailleurs se sont bâtis un village demi-arabe, demi-européen, avec église et mosquée[51]».

Quant à Ahmed, après être allé sur le tombeau de son père pour consulter ses mânes, il met toutes ses forces dans la bataille pour faire rester sa bien-aimée en Égypte – et il y parvient : alors que le yacht de Miss Grace largue les amarres pour continuer son voyage, le fellah se jette à l'eau pour l'y rejoindre : son corps « noir et luisant[52] » réapparaît sur le pont du *Butterfly*, qui est déjà en mer, mais qui revient finalement vers Port-Saïd : le fellah a triomphé, « au moins pour quelques années[53]».

À travers l'histoire de ce couple mixte, qui trouve finalement le bonheur sur le chantier du canal de Suez, c'est aussi une réflexion sur les préjugés racistes qui nous est proposée. En effet, Ahmed n'est pas seulement un Égyptien, donc un Oriental (alors que Grace est une Anglaise, donc une Occidentale), mais il est aussi de couleur noire. La chose n'est pas mise en évidence dans le roman, mais elle est dite à plusieurs reprises, d'abord de manière implicite lors de la première rencontre d'Ahmed avec le narrateur, en France (« la conformation de mon crâne et la couleur de ma peau me condamnent-elles à végéter, ma vie durant, dans une humanité inférieure ?[54] »), puis de manière

48 *Ibid.*, p. 307.
49 *Ibid.*, p. 302.
50 *Ibid.*, p. 311.
51 *Ibid.*, p. 312.
52 *Ibid.*, p. 326.
53 *Ibid.* p. 527. Pour une interprétation différente de cette fin, voir D. Lançon, *L'Égypte littéraire*, *op. cit.*, p. 528.
54 Edmond, About, *Le Fellah*, *op. cit.*, p. 30.

explicite, au début du séjour en Égypte, lors d'une conversation avec Miss Grace, laquelle se montre violemment négrophobe (« Nous ne pouvons pourtant pas monter en wagon avec ce sale esclave noir[55] », dit-elle à propos d'Ahmed), et surtout, comme on l'a vu, à la toute fin du roman, dans la dernière vision du corps « noir et luisant » du héros réapparaissant triomphalement aux côtés de sa bien-aimée. La victoire n'était pas acquise d'avance, tant la jeune Anglaise, qui pourtant est amoureuse d'Ahmed, témoigne de son propre préjugé de race. Ainsi, lorsqu'elle parle avec le narrateur, elle lui explique qu'elle ne peut imaginer avoir des enfants qui auraient la couleur de leur père :

> « Je me vois dans une *nursery* fermée de grilles et plus sombre, plus effrayante que les cachots de la tour de Londres. Autour de moi grouille une multitude de petits êtres noirs, crépus et grimaçants, pareils à des singes, qui m'appellent tous à la fois dans une langue inconnue[56]. »

Cette comparaison est hélas courante au XIX^e^ siècle. Elle était légitimée par des travaux d'anthropologie comme ceux du médecin Virey, qui expliquait à propos des Noirs que les singes étaient « leurs compatriotes[57] ». On la trouve même chez l'un des auteurs *a priori* les moins suspects de racisme comme Nerval[58], dont About a très certainement lu le *Voyage en Orient*. Le narrateur du *Fellah* n'est d'ailleurs pas indemne de ce type de préjugés. Alors même qu'il tente de convaincre Miss Grace de surmonter les siens (« il est démontré que les Grecs, les Germains et les Anglais eux-mêmes descendent d'une race hindoue qui

---

55 *Ibid.*, p. 91.

56 *Ibid.*, p. 245.

57 Julien-Joseph Virey, *Histoire naturelle du genre humain* [1820], nouvelle édition, Paris, Crochard, 1824, p. 43.

58 Nerval, dans l'épisode du marché aux esclaves de son *Voyage en Orient* (1851), conclut ainsi sa description d'un groupe d'Éthiopiennes : « À voir ces formes malheureuses, qu'il faut bien s'avouer humaines, on se reproche philanthropiquement d'avoir pu quelquefois manquer d'égards pour le singe, ce parent méconnu que notre orgueil de race s'obstine à repousser. Les gestes et les attitudes ajoutaient encore à ce rapprochement, et je remarquai même que leur pied allongé et développé sans doute par habitude de monter aux arbres, se rattachait sensiblement à la famille des quadrumanes » (Gérard de Nerval, *Œuvres complètes*, éd. Jean Guillaume et Claude Pichois, Paris, Gallimard, « Bibliothèque de la Pléiade », t. II, 1984, p. 325).

est restée noire dans son propre pays[59] »), il ne peut s'empêcher de stigmatiser l'attitude prétendument simiesque d'un groupe de chanteurs nubiens – autrement dit une population noire venue du sud de l'Égypte[60].

Ce petit excursus « raciologique » était nécessaire pour faire comprendre que derrière l'utopie réconciliatrice de Suez, il y avait, au XIX^e^ siècle, le sentiment qu'il fallait surmonter une profonde différence entre Orient et Occident, entre Blancs et Noirs, entre islam et chrétienté. Mais si Miss Grace doit « simplement » surmonter sa propre aversion pour les Noirs et l'islam, son amoureux, lui, est amené à mettre en cause sa culture même. D'où, chez Ahmed, toutes sortes de considérations critiques sur son propre pays, sur la polygamie, sur des formes de religiosité assimilées à de la superstition, etc. Le héros du *Fellah* est au fond un homme de la *Nahda*, le courant réformateur arabe issu de Tahtawi, qui lui-même fit un séjour de plusieurs années à Paris, entre 1826 et 1831, et qui, de retour en Égypte, s'engagea au service d'une modernisation de son pays[61]. C'est en s'ouvrant à l'Europe, pense Ahmed, que l'Égypte entrera pleinement dans le concert des nations – d'où son changement d'attitude à l'égard du canal de Suez, alors même que son père y laissa la vie. Métaphore de cette ouverture de son pays à la modernité européenne, l'amour du fellah, devenu riche propriétaire terrien, pour Miss Grace, la voyageuse pétrie de préjugés raciaux, est censé illustrer un monde réconcilié et rendu meilleur.

On n'oubliera pas que, dans les faits, le chantier de Suez affaiblit l'Égypte pour longtemps[62]. Des fastes de 1869, on passa en quelques

59 Edmond About, *Le Fellah*, *op. cit.*, p. 246-247.

60 « Ils se mirent à chanter comme des sourds en se trémoussant comme des fous, ployant les jambes, battant des mains, montrant les dents, et prouvant, n'en déplaise aux disciples de Gratiolet, que l'homme est proche parent du singe » (*ibid.*, p. 151). Louis Pierre Gratiolet (1815-1865) est un anthropologue et zoologiste qui s'est intéressé aux comparaisons entre le cerveau de l'homme et celui des primates. Malgré les points communs qu'il leur trouvait, il s'est opposé, à la fin de sa vie, à Paul Broca, qui soutenait que l'intelligence était liée au poids du cerveau : ce qui comptait, pour Gratiolet, c'étaient les circonvolutions – qui justement étaient différentes entre les espèces.

61 Sur cette expérience française, voir le récit de voyage de Rifa'at Tahtawi, *L'Or de Paris*, trad. fr. par Anouar Louca, Arles, Actes Sud, 1988.

62 Sur cette question, voir David S. Landes, *Banquiers et pachas. Finance internationale et impérialisme économique en Égypte*, trad. fr. par Jean-François Sené, Paris,

années à des difficultés financières, qui conduisirent le khédive à vendre les parts de la Compagnie Universelle du canal maritime de Suez que l'État égyptien possédait, puis à une situation d'endettement inquiétante. En 1876, ce fut la banqueroute : deux contrôleurs généraux des finances, l'un français, l'autre anglais, furent nommés dans le gouvernement égyptien. En 1882, la France et l'Angleterre obtinrent du khédive Tewfik la démission du nationaliste Orabi – ce qui n'empêche pas les troupes anglaises de débarquer l'année même à Alexandrie, après avoir bombardé la ville : le pays sera occupé pour plusieurs décennies, et l'Égypte perdra pour longtemps le contrôle du canal de Suez.

À peine créé par About, le couple anglo-égyptien mis en scène dans *Le Fellah* aura vécu. Suez fut bel et bien un mythe, en l'occurrence le récit de fondation d'une nouvelle mondialité en même temps qu'une représentation idéalisante de celle-ci – une idéalisation qui dénonçait elle-même son propre caractère irréel par un lexique empruntant fréquemment au registre du merveilleux. Héritant d'une rhétorique saint-simonienne sur l'« union » de l'Orient et de l'Occident – un discours qui légitimait en réalité une profonde asymétrie entre les deux partenaires de ce couple –, le mythe de Suez, autour de l'année 1869, est celui du progrès industriel destiné à apporter le bonheur universel en développant le commerce entre les peuples.

Exprimée avec sincérité par certains voyageurs, la dimension cosmopolite de ce mythe fait voir quelque chose comme le rêve d'un espace partagé. Suez, dans cette perspective, serait non pas une frontière séparant deux mondes, mais au contraire une *zone de contact* permettant la coexistence harmonieuse des différences. Il n'en reste pas moins que le chantier du canal a contribué à embarquer l'Égypte, avec l'accord de ses propres souverains, dans une modernité dont le prix à payer fut considérable, en termes aussi bien financiers qu'humains et politiques. C'est pourquoi il n'est plus possible de se situer du seul point de vue européen. Il faut prendre au sérieux la proposition de Romain Bertrand d'écrire une histoire « à parts égales[63]. »

---

Albin Michel, 1993. Voir par ailleurs Sarga Moussa et Randa Sabry (dir.), « Les imaginaires du canal de Suez. représentations littéraires et culturelles », dans *Sociétés et représentations*, n° 48, octobre 2019, Introduction.

[63] Voir Romain Bertrand, *L'Histoire à parts égales*, Paris, Le Seuil, 2009.

# Élégie stambouliote
## Pierre Loti, la Turquie et *Les Désenchantées*

DOMINIQUE COMBE

*D'Aziyadé* (1879) aux essais et pamphlets politiques *Turquie agonisante* (1913) et *La Mort de notre chère France en Orient* (1920), jusqu'aux fragments de journal intime publiés sous le titre *Suprêmes visions d'Orient* (1921) s'élabore le *cycle turc, plus précisément stambouliote,* véritable matrice pour l'ensemble de l'œuvre de Pierre Loti. Par le nombre et l'importance des textes que Loti lui a consacrés, la Turquie constitue le point focal, le lieu central de l'œuvre, par rapport auquel la Polynésie du *Mariage de Loti,* le Japon de *Madame Chrysanthème,* le pays basque de *Ramuntcho,* le Sénégal du *Roman d'un spahi* ne paraissent que des excursions, voire des digressions. Loti ne cesse de revenir à Istanbul comme à un port d'attache avec lequel il lui est impossible de rompre, non seulement par l'esprit, mais surtout par la plume, comme l'indique encore, la publication du reportage *Constantinople 1890* et, surtout, du roman *Les Désenchantées,* en 1904.[1] Le cycle stambouliote relate l'histoire de ces arrachements successifs, dans la douleur, suivis de retours très vite ternis par la perspective du départ prochain :

> « Toute ma vie s'est passée à cela : souffrir de partir, et cependant l'avoir voulu...[2] »

Dans la mesure où l'œuvre s'ouvre sur *Aziyadé* et se clôt sur *Suprêmes visions d'Orient,* il n'est pas excessif d'affirmer que le cycle stambouliote, « romans », essais et journaux de voyage (encore que cette distinction générique ne soit guère pertinente), concentre à lui seul la signification de l'œuvre tout entière.

---

[1] *Les Désenchantées, roman des harems turcs contemporains (1904),* Calmann-Lévy, 1923. Les références renvoient à cette édition.

[2] *Suprêmes visions d'Orient,* in *Voyages* (1872-1913), Laffont, « Bouquins », 1991, p. 1384.

## « La vieille Turquie immobile...[3] »

Qu'Istanbul enserre les tribulations du navigateur comme les méandres de l'écriture dans le cercle de ses remparts, n'est pas le seul fait de Pierre Loti. Celui-ci prolonge le rêve des voyageurs romantiques de trouver en Orient le « centre », c'est-à-dire l'origine perdue par la civilisation occidentale. Comme le dit encore André Breton en 1924, un an après la mort de Loti[4],

> « la civilisation latine a fait son temps et je demande, pour ma part, qu'on renonce en bloc à la sauver. [...] Orient, Orient vainqueur, toi qui n'as qu'une valeur de symbole, dispose de moi, Orient de colère et de perles ! Toi qui es l'image rayonnante de ma dépossession, Orient, bel oiseau de proie et d'innocence, je t'implore du fond du royaume des ombres ! Inspire-moi, que je sois celui qui n'a plus d'ombre[5]».

Le point central, Nerval l'a trouvé en Arabie, après l'Égypte, qu'il a également beaucoup aimée, sur les traces de la Reine de Saba et du roi Salomon. La génération suivante, marquée par l'esprit « fin-de-siècle [6] », tourne son imaginaire vers les « cités à la dérive[7] » : Venise, Alexandrie, Istanbul. Pierre Loti est l'un des premiers et des rares écrivains français à avoir fait de la Turquie son « vrai lieu » spirituel et poétique.

Ainsi, Loti « possède maintenant deux patries, la sienne propre et sa patrie d'Orient » (p. 8). Dans ses reportages et récits de voyages, Loti n'hésite pas à parler de « patrie turque », ou même de « patrie perdue[8] », adoptant ouvertement le point de vue des Turcs, auxquels il s'assimile, en se travestissant comme dans *Aziyadé,* et en se projetant spirituellement dans la figure mythique de « l'Oriental ». Cette projection, dont témoigne le kitsch des photographies de Loti dans sa

---

[3] *Suprêmes visions d'Orient*, p. 1397.

[4] Qu'il qualifie pourtant d'« idiot » et associe à Barrès et à Anatole France dans une même détestation : « Loti, Barrès, France, marquons tout de même d'un beau signe blanc l'année qui coucha ces trois sinistres bonshommes : l'idiot, le traître et le policier », « Refus d'inhumer » (1924), in *Point du jour, o.c. II,* Gallimard, Pléiade, 1988, p. 281.

[5] « Introduction au discours sur le peu de réalité », in *Point du jour, op. cit.*, p. 280.

[6] *Cf.* Keith G. Millward, *L'Œuvre de Pierre Loti et l'esprit « fin-de-siècle »,* Nizet, 1955.

[7] Dans le roman *Cités à la dérive* (1960-65) de Stratis Tsirkas, écrivain grec d'Alexandrie, l'action se déroule pendant la Seconde Guerre mondiale entre les trois "cités à la dérive" Istanbul, Alexandrie et Jérusalem.

maison de Rochefort, dépasse la simple pose littéraire ou théâtrale. Le jeu de rôles repose sur le sentiment profond de l'appartenance à l'Orient, auquel l'écrivain s'identifie corps et âme.

> « Du reste, cette ville de Stamboul, profilée là-bas, est tellement sienne, presque sa ville à lui depuis plus d'un quart de siècle » (p. 417).

Il convient, certes, d'inscrire la turcophilie de Loti dans le contexte orientaliste qui, au tournant du siècle, marque encore le symbolisme et la « modernité ». Après la vogue des contes orientaux plus ou moins apocryphes du XVIII^e siècle, inspirés de la traduction Galland, le D^r Mardrus, un Arménien d'Égypte, procure une nouvelle adaptation des *Mille-et-une nuits* au début du siècle, avec le succès qu'on connaît. Mallarmé préface la réédition de *Vathek* de Beckford. Mais le rapport de Loti à la Turquie va bien au-delà des clichés orientalistes et exotismes auxquels on l'a si souvent réduit. Il ne s'agit pas ici - c'est le travail de l'historien Alain Quella-Villéger dans sa thèse *La Politique méditerranéenne de la France – un témoin privilégié Pierre Loti (1850-1923)*[8]- d'évaluer le degré de la connaissance réelle de la Turquie par Loti, au plan de l'histoire et de la politique. À l'instar de Nerval en Égypte, et plus tard de Barrès au Liban, Loti ne s'est pas contenté de parcourir la Turquie (à vrai dire surtout Istanbul) pour recueillir de simples « impressions » : sa turcophilie repose sur une empathie profonde et des affinités électives, étayées sur des recherches approfondies. Rares sont en effet les écrivains européens, depuis Jean Chardin, qui sont allés jusqu'à apprendre la langue turque (même s'il reste difficile d'évaluer les compétences linguistiques effectives de Loti en la matière). Par la volonté de s'informer, de se documenter, Loti remplit pleinement son rôle de journaliste, de chroniqueur, dans la filiation des écrivains-voyageurs de l'Europe cosmopolite (Chardin, Tavernier, Volney, Potocki...). Mais un intérêt qu'on pourrait qualifier d'ethnographique avant la lettre nourrit également ses « fictions ». Par là, Loti paraît en définitive plus proche de Segalen - qui le critique pourtant

---

[8] Alain Quella-Villéger, *La Politique méditerranéenne de la France – un témoin privilégié Pierre Loti (1850-1923)*, L'Harmattan, 1992.

violemment pour l'« exotisme » facile[9] que son œuvre est censée illustrer –, que de Chateaubriand ou de Lamartine.

## « L'indicible mystère de l'Islam... »

Un exemple remarquable de l'attitude originale de Loti à l'égard de la Turquie (mais aussi de l'Égypte, de la Palestine ou du Maroc) dans les années 1880, serait celui de l'islam. Selon la vogue orientaliste qui traverse l'Europe, les religions privilégiées sont principalement l'hindouisme et le bouddhisme, notamment en raison de l'influence de la philosophie de Schopenhauer, qui appelle à la suspension de la volonté par la pratique de l'ascèse et de la compassion, qui sont les vertus cardinales du Sage. Loti, détestant par-dessus tout la « course au déséquilibrement et à la souffrance que les naïfs, et surtout les exploiteurs appellent le progrès[10] » dans l'Europe moderne, invoque lui aussi la nécessité de se ressourcer dans une religion « primitive » ; mais il choisit l'islam, alors plutôt méconnu et souvent violemment critiqué par les voyageurs. Si Loti, attaché à ses racines protestantes, ne va pas jusqu'à se convertir, il se montre en définitive fidèle à l'esprit de l'islam, qui exclut le renégat. Au centre d'*Aziyadé* et, surtout, des *Désenchantées,* il y a la religion, à laquelle Loti assimile l'Empire ottoman, soulignant par exemple à plusieurs reprises l'écrasante responsabilité du khalife pour l'ensemble de la communauté des Croyants. Même s'il soutient le mouvement des Jeunes Turcs et, à la fin de sa vie, défend la République nouvellement créée contre les manœuvres européennes, il reste essentiellement attaché à la « Turquie éternelle », c'est-à-dire à l'Empire ottoman, et à son fondement théocratique. L'islam n'est donc pas seulement un élément du « décor » orientaliste, mais bien un thème central des journaux intimes de *Suprêmes visions d'Orient,* ou encore de *Constantinople 1890,* qui interrogent l'« indicible mystère de l'Islam ». Outre les innombrables et riches descriptions de mosquées (d'Eyoub en particulier, qui bénéficie d'un traitement privilégié), Loti offre au lecteur la description anthropologique ou sociologique des rites ou des institutions liés à l'islam : l'appel à la prière, le jeune de Ramadan et les fêtes nocturnes qui suivent l'*iftar,* les cérémonies des derviches, les funérailles et les cimetières, sans parler du mariage, de la vie des

---

9 « Des 'impressions de voyages', alors ? Non pas ! Loti en donne, à revendre. [...] Donc, ni Loti, ni Saint-Pol-Roux, ni Claudel. Autre chose ! autre que ceux-là ! » (*Essai sur l'exotisme, Œuvres complètes* I, Robert Laffont, 1995, p. 746.

10 *Constantinople fin de siècle,* Bruxelles, Editions Complexe, 1991, p. 43, p. 47.

femmes dans le harem et du port du voile, qui constituent la matière documentaire des *Désenchantées*. Seuls les écrivains francophones du Maghreb, dans les années cinquante, pousseront aussi loin le réalisme dans la représentation des us et coutumes du monde musulman, alors même que Loti, hostile au Naturalisme, critique Zola dans son discours de réception à l'Académie. Mais au-delà du souci documentaire, c'est principalement la portée mystique qui le retient, à travers la tradition soufie, alors qu'il se présente lui-même, au début du roman éponyme, comme un « désenchanté ». Ainsi de sa fascination pour l'invocation du nom de Dieu :

> « Ce Dieu d'ici, il domine toutes les rêveries et tous les silences. Jour et nuit, on entend passer, au-dessus de Stamboul, son nom chanté paraphrasé, prolongé en vocalises éperdues et tremblantes par des centaines de voix claires. Dans les enroulements innombrables des arabesques, sur le marbre des stèles, sur les murailles en précieuses faïences, c'est son nom encore qui revient partout, multiplié à l'infini, obsédant, éternel, tantôt visible ou tantôt dissimulé parmi les rosaces compliquées et les hiératiques fleurs[11]».

Cette représentation, si précise et juste soit-elle, relève d'une vision esthétisante qui l'apparente l'islam à l'hindouisme et au bouddhisme dans la vaste constellation des « religions orientales » à la mode dans la seconde moitié du XIX^e siècle. L'« orientalisme » de Loti n'échappe donc évidemment pas à la critique radicale menée par Edward W. Said dans son essai fameux. Loti oppose à la frénésie occidentale (il ne parle guère du christianisme, mais plutôt du matérialisme moderne) l'apaisement, la sérénité apportés par la foi, surtout devant la mort. Ainsi à l'agonie de Mélek, à la fin des *Désenchantées* : « l'Islam, le vieil Islam divinement berceur des agonies, enveloppait de plus en plus l'enfant révoltée, qui cédait par degrés à son influence, et s'endormait sans terreur ». Telle une sainte, la jeune fille prononce la Fatiha, traduite en français, avec la translittération de l'arabe en note : « Il n'y a de Dieu que Dieu seul, et Mahomet est son élu... », avant de mourir, apaisée par la « douceur rythmée, le bercement de ces prières d'Islam » (p. 387 et 390). Dans la confrontation de l'Orient et de l'Occident que chaque description d'Istanbul ne manque pas de susciter, l'Islam comme civilisation l'emporte sur l'Occident moderne par la sérénité contemplative : « C'est l'un des refuges de cette vie contemplative et

---

[11] *Suprêmes visions d'Orient*, p. 1389.

débonnaire que l'Europe ne saurait plus longtemps tolérer et qui ne se retrouvera bientôt plus nulle part »[12]. Or Loti, qui méprise le rythme effréné des « touristes », passe le plus clair de son temps à contempler le Bosphore, à méditer dans les cimetières, à écouter voix et chants s'élever des mosquées, à observer le cours des choses de la terrasse d'un café, à la manière du sage ou de l'artiste. Cette attitude contemplative, qui suppose une distance par rapport aux êtres et aux choses, et une passivité assumée, n'est pas sans évoquer, là encore, le renoncement schopenhauerien au vouloir-vivre et au « principe d'individuation ». De là, également, cette langueur morbide, qui a pu discréditer Loti auprès des chantres de l'« énergie nationale » et contribuer à sa désaffection dans le roman contemporain[13]. L'Égypte dans *La Mort de Philae* (1904), la Perse dans *Vers Ispahan* (1900), le Maroc dans *Au Maroc* (1889), développent de manière toute musicale des thèmes similaires, en harmonie avec l'esprit « fin-de-siècle » : hostilité au progrès, à la technique, au matérialisme, nostalgie régressive, sentiment de la décadence de la civilisation européenne, obsession de la mort... À l'activité dominatrice de l'Européen, Loti oppose le cliché de la disponibilité et l'indolence, voire de la léthargie orientales, propices au rêve et à l'essor de l'imaginaire. L'« impressionnisme » des innombrables descriptions, à travers par exemple les miroitements du Bosphore, dans *Les Désenchantées* comme dans les journaux de voyage, se fonde sur un mythe de la religion telle que Loti se la représente, de manière toute esthétique. À l'instar du « génie du christianisme » pour Chateaubriand, l'islam apparaît comme la religion des poètes et des artistes, en accord avec le monde.

Dans le roman *Les Désenchantées* (1904), l'écrivain André Lhéry noue à Istanbul une impossible et platonique relation avec trois jeunes femmes – Djénane, personnage principal, Mélek et Zeyneb – qui ont reçu une éducation européenne, mais sont voilées et enfermées dans le harem. De cette situation, qualifiée par Loti d'« en porte-à-faux », entre la soumission au code ancestral de la famille et l'esprit critique tiré de la fréquentation des écrivains et des philosophes, français notamment, découle le malheur de ces femmes. De même que les

12 *Suprêmes visions*, p. 1382.

13 « Le préjugé d'avoir affaire à un roman vieillot, fade et rose », dont parle Barthes dans sa préface (« Pierre Loti : *Aziyadé* », *Le degré zéro de l'écriture* suivi *de Nouveaux essais critiques*, Points/Seuil, 1972, p. 164.)

intellectuels « déracinés » de Barrès, que la philosophie des Lumières a coupés de la « terre » qui les a vu naître, ces femmes sont « désenchantées » et « déséquilibrées », ou encore « désorientées »[14] parce que déchirées entre deux mondes, et donc vouées à vivre une existence de « fantômes ». La relation qui s'établit, par voie épistolaire tout d'abord, puis par d'audacieuses rencontres où, sans aucun contact physique autre que la voix ou, exceptionnellement, un échange de regards à la faveur d'un voile fugitivement levé, est vouée à la mort puisque « l'amour d'une musulmane pour un étranger n'a d'autre issue que la fuite ou la mort » (p. 339). Après la mort de Mélek, frappée d'une commotion cérébrale à la suite de son mariage forcé, André Lhéry, qui finira par quitter Stamboul, apprendra que Djénane, sa bien-aimée, s'est suicidée pour échapper à l'époux qui lui a été imposé, et dont elle avait tenté de s'affranchir. Avec un vif sentiment de culpabilité à l'égard des traditions de la « Turquie éternelle » qui l'a accueilli, André Lhéry s'acquitte néanmoins de la promesse qu'il a faite de dénoncer, par un roman mis en abyme par *Les Désenchantées*, la condition faite à ces « inexistantes » que sont les femmes dans la société musulmane traditionnelle. Ce roman « à thèse », dans lequel l'élément poétique s'accompagne d'une violente critique sociale, propose une réflexion féministe avant la lettre sur les rapports entre la religion et la société, qui ne va pas du tout dans le sens d'une critique radicale de l'islam, mais appelle plutôt à une interprétation libérale, réformiste de la coutume. L'avant-propos témoigne ainsi de la volonté de réconcilier l'Islam avec les « lumières » occidentales et la liberté :

> « Le merveilleux prophète de l'Islam, qui fut avant tout un être de lumière et de charité, ne peut vouloir que des régies édictées par lui jadis, deviennent, avec l'inévitable évolution du temps, des motifs de souffrir ».

Le seul argument contre la tradition et en faveur de l'« occidentalisation », qui est d'ailleurs souvent raillée au fil de l'intrigue, est donc bien, contre toute idéologie, celui de la souffrance. Derrière la critique de la société patriarcale, le message semble éminemment ambigu puisque, à plusieurs reprises, l'Occident est accusé d'avoir indirectement provoqué la souffrance et la mort en faisant de ces femmes

---

14 Il n'est pas impossible que le titre d'Amin Maalouf *Les Désorientés*, paru en 2012, fasse discrètement allusion au roman de Loti.

des « désenchantées » (des « déracinées », comme aurait pu l'écrire Maurice Barrès à la même époque). À la fin du roman, l'une des trois femmes, Zeyneb, seule survivante, écrit à Andre Lhéry :

> « Et elle aurait vécu, si elle était restée la petite barbare, la petite princesse des plaines d'Asie ! Elle n'aurait rien su du néant des choses... C'est de trop penser et de trop savoir, qui l'a empoisonnée chaque jour un peu... C'est l'Occident qui l'a tuée, André » (p. 338).

Cette « désorientation », qui devait constituer la matière de nombreux romans francophones du Maghreb et d'Afrique noire, par la confrontation dramatique entre les valeurs ancestrales et la civilisation occidentale, s'inscrit parfaitement dans la thématique « fin-de-siècle » du « déclin de l'Occident » et de la lassitude à l'égard de « l'Europe aux anciens parapets ». Le « désenchantement », variante exotique du spleen, de l'« ennui » ou de la « névrose » qui affecte Des Esseintes, ne frappe pas seulement les « fantômes » turcs, mais bien l'écrivain occidental lui-même. Andre Lhéry, dans son malaise, est bien un anti-héros décadent. Son « désenchantement » tient au sentiment profond du « déclin de la vie », à « l'immense lassitude d'avoir tant vécu, tant aimé et tant de fois dit adieu » (p. 414) - à l'obsession de la mort.

## Le « fantôme » de Stamboul

*Aziyadé* et plus encore *Les Désenchantées* sont ainsi orchestrés comme un vaste opéra funèbre, dans le plus pur style décadent. En effet, comme la critique l'a souvent souligné – et en particulier Alain Buisine dans *Tombeau de Loti*[15] –, et pas seulement pour le cycle consacré à la Turquie, la présence obsédante et fascinante de la mort est au cœur de l'œuvre tout entière. Cette omniprésence de la mort est inscrite dans le décor stambouliote, dans lequel les cimetières occupent une place centrale

> « car dans ce pays les cimetières sont partout, sans doute pour maintenir plus présente la pensée de la mort » (p. 379).

Le cycle turc est scandé par des scènes dans les cimetières, en particulier à Eyoub, où le chroniqueur ne manque pas de rendre visite à la tombe d'Hakidjé-Aziyadé, à chacun de ses passages. Éludé dans *Constantinople 1890*, dans une parenthèse hautement significative :

---

[15] Alain Buisine, *Tombeau de Loti,* Aux Amateurs de livres, 1988.

> « (Qu'on me le pardonne, j'ai passé ma journée en pèlerinages aux cimetières, en visites de souvenir à des recoins quelconques n'ayant d'intérêt que pour moi-même.) »,

le rituel funèbre est longuement relaté dans *Suprêmes visions,* dans les pages du journal consacrées à l'année 1910 :

> « Je conduis mon fils à la tombe de la petite amie de ma jeunesse [...] Enfin nous sortons par la "porte d'Andrinople", la vieille porte croulante, et nous voici dans la solitude infinie des cimetières. C'est encore par la brèche que je fais entrer mon fils dans celui des enclos à l'abandon où ma petite amie s'est décomposée depuis si longtemps, parmi les racines de cyprès. Quel ciel étrange et sinistre, obscur presque, avec cette chaleur accablante qui tombe sur le sol desséché ![16] »

Mais, lors du séjour suivant, en 1913, la mémoire trompant Loti, la tombe semble introuvable :

> « L'angoisse m'étreint, j'entends battre mes tempes. C'est fini, la tombe a disparu... Et d'ailleurs c'est comme dans les cauchemars, je ne m'y reconnais plus bien ».

Ce moment cauchemardesque, fantasme de la perte absolue que représentent les « morts sans sépulture », est vite suivi d'une délivrance :

> « Grâce à un vieil imam laveur de morts, la tombe a été enfin retrouvée, je me réveille d'un cauchemar[17] ».

L'épisode fantasmatique montre combien les morts constituent le centre de gravité de la vie : « Il me semble que tout dans ma vie a repris son équilibre », déclare Loti après avoir retrouvé la tombe.

Le même rite funéraire est décrit dans *Les Désenchantées* : André Lhéry s'occupe de faire réparer et d'entretenir la tombe de Nedjibé, aimée jadis. Les stèles de Nedjibé tissent un lien entre les vivants et les morts, puisque le narrateur leur rend visite en compagnie des trois femmes voilées, perpétuellement en deuil. Cette scène essentielle – outre qu'elle renvoie, à l'intérieur de l'œuvre, à *Aziyadé* et aux souvenirs liés à Hakidjé – remplit une fonction centrale dans l'économie

[16] *Suprêmes visions*, p. 1404.

[17] *Suprêmes visions*, p. 1439-40.

narrative du roman, dans la mesure où, simultanément, elle répète la promenade autrefois effectuée par l'écrivain en compagnie de Nedjibé, dans ce même cimetière d'Eyoub, en même temps qu'elle annonce, proleptiquement, la mort de Mélek et de Djénane. Et c'est précisément aux trois femmes en deuil qu'est confiée la garde tutélaire de la tombe. Tout le roman se construit sur l'idée d'une répétition inéluctable de la destinée tragique de Nedjibé : Djénane que, au fil des rencontres, l'écrivain finit par aimer sans se l'avouer, est explicitement présentée comme un double de Nedjibé. Circassiennes d'origine toutes deux, elles ont la même voix et, surtout, la même chevelure et les mêmes yeux verts, autour desquels se cristallisent tous les fantasmes érotiques, à travers le voile qui, fugitivement et exceptionnellement, est levé :

> « En vous regardant je suis charmé et presque épouvanté par une ressemblance. L'autre jour déjà, quand vous avez levé votre voile pour la première fois, ne m'avez-vous pas vu reculer devant vous ? Je retrouvais le même ovale du visage, le même regard, les mêmes sourcils, qu'elle avait coutume de rejoindre par une ligne de henneh. Et encore, cette fois-là, je ne connaissais pas vos cheveux, pareils aux siens, que vous me montrez aujourd'hui, nattés comme elle avait coutume de faire... »

Ressemblance troublante parfaitement assumée, revendiquée même, par Djénane :

> « Si je vous disais, André, que depuis cinq ou six ans c'était mon rêve le plus cher.. ». (p. 295).

Le thème du double dans le cadre oriental n'est pas sans rappeler l'obsession qui traverse *Les Filles du feu, Les Chimères* et le *Voyage en Orient*, à la référence isiaque près. En décrivant dès le début du roman les trois femmes voilées, en noir et donc en deuil – telles les Parques, ou encore les Ombres élyséennes[25] – comme des « fantômes », Loti prépare leur destin. La destinée tragique est d'ailleurs inscrite, à maintes reprises, dans l'évocation en abyme de la fin du roman qu'André Lhéry accepte de consacrer aux femmes d'Islam : « que voulez-vous qu'elle fasse ? *Elle meurt* », annonce Djénane (p. 246). Lorsque, lors de leur dernière rencontre, le voile retombe sur le visage de Djénane, la fin est déjà, par avance, consommée :

« Le voile est retombé, et cette fois André a senti que c'était quelque chose de définitif et d'éternel, comme lorsqu'on vous cache une figure aimée sous le couvercle d'un cercueil... » (p. 418).

À la fin du roman, la boucle est bouclée : juste avant de mourir, le jour des morts, Djénane est allée visiter la tombe de Nedjibé. Désormais, elle peut se suicider, en laissant une lettre d'amour à André.

*D'Aziyadé* aux *Désenchantées,* à trente années de distance, l'épure narrative reste inchangée, à quelques variantes près :

« Un homme aime une femme [...] ; il doit la quitter ; ils en meurent tous les deux »[18].

Cette trame, qui constitue ce qu'on pourrait appeler le « mythe personnel » de Loti, est également développée par les récits autobiographiques et les reportages consacrés à Istanbul, comme si la ville, par une saisissante contagion métonymique, se confondait avec Aziyadé-Nedjibé-Djénane alias Hakidjé. Loti, soudain effrayé à l'idée que la tombe de la bien-aimée ait pu disparaître, donne la clé du cycle stambouliote dans une page de son journal, datée du 3 septembre 1913, et publiée dans *Suprêmes visions d'Orient* :

« Le secret de mon amour pour l'Orient, c'était ces deux stèles et la cendre qui dormait dessous » (p. 441).

*A contrario*, l'image fantasmatique, un moment entrevue, de la tombe profanée suscite « un immense dégoût pour cette Turquie qu'[il] avait tant aimée » : à cette perspective insupportable, heureusement écartée, il

« maudit ce pays, auquel rien ne [l']attache plus, ou rien ne [l']attache plus, ou rien ne [l'intéresse plus[19] ».

La critique a nuancé, et avec raison, l'importance de cette déclaration, susceptible de remettre en question, sinon la turcophilie réelle de Loti, du moins sa signification. Même si son attachement à Istanbul, à l'origine, procède d'une expérience amoureuse dans laquelle Éros et Thanatos sont indissolublement liés, il n'en est pas moins par la suite justifié en raison, au plan politique, en particulier. Toujours est-il que, conformément à un imaginaire « fin-de-siècle », comme dans *Bruges-*

---

18 Roland Barthes, *op. cit.,* p. 166.

19 *Suprêmes visions*, p. 1439-40.

*la-Morte* ou *Albertine disparue,* la ville, d'abord associée à une femme aimée, finit par être identifiée à celle-ci et se trouve parée de charmes féminins :

> « Quelque chose l'y attachait désespérément, il ne définissait pas bien quoi, quelque chose qui flottait dans l'air au-dessus de la ville immense et diverse, sans doute une émanation d'âmes féminines, – car dans le fond c'est presque toujours cela qui nous attache aux lieux ou aux objets, – des âmes féminines qu'il avait aimées et qui se confondaient ; était-ce de Nedjibé, ou de Djénane, ou d'elles deux, il ne savait trop... » (p. 407).

Méditant sur le nom de Stamboul – « Stamboul ! Dans ce seul mot, quel sortilège évocateur ! » – comme sur le nom d'Aziyadé, source infinie de variations musicales brillamment commentées par Barthes, la ville devient une femme, d'autant plus désirable qu'elle est, comme le dit Baudelaire de la « passante », « en grand deuil », et qu'elle se meurt. Métonymique du deuil d'Aziyadé, le voile noir de Djénane renvoie en définitive à la figure de la mort elle-même, à travers un réseau complexe et serré de métaphores fantasmatiques. Comme dans *Bruges-la morte*, la ville de Stamboul n'est pas seulement la ville de la morte, *elle est la morte elle-même.* Ce glissement métonymique passe par l'image du « fantôme » et de la « revenante ». Lorsque le paquebot s'éloigne du quai, pour le départ définitif d'André,

> « Stamboul lui-même commence de s'estomper sous le brouillard et le crépuscule ; toute cette Turquie s'efface, avec une sorte de majesté funèbre, dans le lointain, – mais bientôt dans le passé » (p. 419).

Visitant le « Vieux Sérail », soudain, « le passé mort [...] prend à lui et [...] enveloppe dans son suaire » le voyageur de 1890, tandis que dans *Suprêmes visions d'Orient,* la ville d'Istanbul tout entière devient « ville-momie », traversée par les apparitions fugitives de « fantômes de soie », des « âmes », sur des caïques, dans un vaste ballet funèbre. Ce n'est pas seulement pour des raisons sociales que les trois « désenchantées » sont encore appelées « inexistantes ».

Il y aurait évidemment beaucoup à dire sur ce « mythe personnel » et sur le complexe affectif qui réunit Éros et Thanatos, ainsi que l'amante et la mère, puisque l'attachement en somme œdipien à

Stamboul se trouve littéralement rompu, à la fin du roman, comme les amarres du paquebot :

> « Ce départ a tranché comme d'un coup de hache les fils qui reliaient sa vie turque à l'heure présente » (p. 420).

Sans doute cette saturation du texte – comme du reste de l'ensemble de l'œuvre de Loti – par les images de mort, qui en constituent en somme le thème unique, ne tient-elle pas seulement à la mode décadente ; elle est profondément liée, chez Loti, à la fréquentation assidue de l'Ancien Testament et à une éducation calviniste - certes rejetée et dépassée dans une sorte d'hédonisme et de sensualisme matérialiste et athée qui n'est pas sans rappeler *Les Nourritures terrestres.*

Le voile de tristesse qui enveloppe Stamboul, et surtout dans les moments apparemment les plus heureux, est dû au sentiment profond de la précarité, de la vanité des êtres et des choses qui engendre une mélancolie irrépressible, inlassablement déclinée par les romans et les récits de voyage :

> « Des lieux si infiniment mélancoliques ne s'égayent pas au printemps, bien au contraire : ce ciel aux nuances très douces, ces grappes de roses, ces jasmins qui retombent des murs, et qui, depuis des siècles, à la même saison, font leur même sourire si éphémère et si trompeur, ajoutent encore à l'impression qu'on éprouve ici d'un universel et irrémédiable néant[20] ».

Les innombrables descriptions « impressionnistes » des coupoles et des minarets à l'horizon du paysage urbain, du miroitement des eaux du Bosphore et de la mer de Marmara, de la végétation luxuriante de la rive asiatique dans laquelle se cachent des palais, qui rejettent la narration au second plan, infléchissent un roman où, à la lettre, il ne se passe rien, vers la poésie. Toutes ces descriptions, tirées directement des journaux de voyage, sont empreintes d'une « sorte de volupté triste »[21] qui définit bien la tonalité élégiaque d'une œuvre hantée par la fuite du temps. Car le sentiment intense de mélancolie éprouvé par le voyageur n'est pas le seul fait du deuil d'Aziyadé, de Nedjibé, de Djénane, de Stamboul, ou même de la Turquie tout

20 *Constantinople 1890*, p. 67.

21 *Constantinople 1890*, p. 63.

entière, mais bien de la perte, de la dépossession provoquée par l'écoulement du temps :

> « Ce qu'il sentait fuir, cette fois, c'était ce printemps oriental, qui le grisait comme au temps de sa jeunesse, et qu'il ne retrouverait jamais, jamais plus... Et il songeait : 'Demain finira tout cela, demain s'éteindra pour moi ce soleil ; les heures me sont strictement comptées avant la vieillesse et le néant...' » (p. 349-50).

Aussi les brefs chapitres qui fragmentent l'intrigue, ramenée à un simple prétexte, sont-ils de véritables élégies, sous la forme de poèmes en prose autonomes :

> « Maintenant le soleil s'était couché derrière l'Europe voisine, et dans le lointain les chalumeaux des bergers rappelaient les chèvres; autour de lui cette plaine, devenue déserte sous ces quelques grands arbres jaunis, prenait cet air tristement sauvage qu'il lui avait déjà connu à l'arrière-saison d'antan...Tristesse du crépuscule et des jonchées de feuilles sur la terre, tristesse du départ, tristesse d'avoir perdu Djénane et de redescendre dans la vie, tout cela ensemble n'était plus tolérable et disait trop l'universelle mort...[40] »

L'effacement de Stamboul et de la Turquie, à la fin du roman, allégorisent ainsi l'exil auquel tout homme, et pas seulement le voyageur, est inéluctablement voué. Riche des splendeurs de son histoire, mais minée de l'intérieur par la décadence, Istanbul – comme Alexandrie, Venise ou Rome – devient l'emblème du « séjour terrestre » dont parle Mallarmé. Les romans de Loti s'inscrivent ainsi dans la filiation de romans personnels qui, de Senancour, Constant, Sainte-Beuve, Musset et Fromentin jusqu'à Proust[22], tendent vers le roman poétique. Comme l'observait très justement Henri de Régnier,

> « Loti est un poète, et des plus intenses, des plus suggestifs, des plus sensibles que nous ayons ».[23]

Par leur tonalité élégiaque, les romans de Loti reçoivent une signification allégorique et une portée philosophique que l'image convenue, si injuste, de l'écrivain à succès, mièvre et vieillot, a un peu occultée.

---

[22] Voir Pierre Costil, « Loti et Proust », *CAIEF* n°12, 1960, p. 211-34.

[23] « Devant Stamboul », *Proses d'été* (1925) cité dans *Pierre Loti, Constantinople fin de siècle*, sous la direction de Sophie Basch, Bruxelles, Éditions Complexe, 1991.

# La création d'une légende du récit de voyage : Michel Le Bris lecteur de *L'Usage du monde* et de Nicolas Bouvier

GUILLAUME BRIDET

Comme il arrive parfois à certains livres, *L'Usage du monde* paraît en France en 1964 aux éditions Julliard dans une indifférence à peu près complète, avant de jouir, comme Nicolas Bouvier lui-même, d'une reconnaissance exceptionnelle une vingtaine d'années plus tard et jusqu'à nos jours. Ce type de revirement ne laisse pas d'interroger le critique : un succès, un échec public, à quoi cela tient-il ? Comme l'ouvrage, lui, reste identique, c'est que les lecteurs se sont montrés versatiles et ont changé de point de vue. Faut-il comprendre qu'ils sont restés aveugles à sa qualité avant de voir leur jugement s'éclairer ou, au contraire, qu'ils ont été clairvoyants avant de céder à une illusion ? Ces deux versions différentes d'une même histoire, et d'une histoire susceptible de se prolonger encore indéfiniment dans les aléas de la postérité, tendent peut-être à ruiner le crédit de nos lectures entachées par un relativisme inquiétant. Elles nous poussent assurément à nous interroger sur ce qui permet à une œuvre de rencontrer un public – ou pas, ou plus, ou de nouveau.

*L'Usage du monde*, dans lequel Nicolas Bouvier retrace le périple accompli en Fiat Topolino avec son ami Thierry Vernet entre Genève et le monde indien de juillet 1953 à décembre 1954, doit ainsi attendre la seconde moitié des années 1980 pour être redécouvert en France dans le sillage de la parution d'un autre livre de l'auteur, *Le Poisson-Scorpion*, en 1981. Mais il connaît alors une légitimation complète : auprès du grand public des lecteurs d'abord, puisque de nouvelles éditions de *L'Usage du monde* ne cessent de paraître, signe de ventes qui se maintiennent à un niveau élevé[1] ; dans l'Université également, avec la multiplication des articles, des ouvrages et des colloques qui sont

[1] *L'Usage du monde* reparaît à La Découverte en 1985, en livre de poche chez Payot en 1992 puis à La Découvert en 2015, dans la collection Quarto de Gallimard en 2004, pour le réseau de grande diffusion populaire France loisirs en 2007 et enfin dans une collection de livre audio en 2016.

consacrés à Bouvier ou dans lesquels il apparaît comme une figure centrale[2]. Le revirement de l'édition et du lectorat comme l'institutionnalisation d'une œuvre ont des causes nombreuses que l'on peut regrouper en deux séries : la première série rassemble ce qui concerne l'œuvre elle-même, la seconde tient au contexte de sa réception. Si on laisse de côté les qualités littéraires de *L'Usage du monde* (variété des registres, mélange des genres, richesse des images, recours à l'humour, aspect formulaire marqué, etc.), qualités nécessaires sans doute, mais nullement suffisantes pour une reconnaissance pérenne, il apparaît que c'est dans un contexte philosophique, intellectuel et littéraire bien particulier que ce récit de voyage commença sa riche carrière jusqu'au sommet de la reconnaissance qui est la sienne aujourd'hui.

Revenir sur ce moment de la charnière des années 1980-1990 où il commença d'être apprécié, ce n'est pas seulement faire œuvre d'historien de la littérature, c'est aussi se donner les moyens de comprendre l'état des lectures qu'il suscite encore et, sous le signe d'une convergence entre description interne de l'œuvre et réception dont elle fait l'objet, de faire retour finalement vers l'œuvre elle-même.

*

* *

C'est un lieu commun de constater qu'aujourd'hui *L'Usage du monde* fait figure de classique du récit de voyage. Pas un article sur l'œuvre qui ne le l'affirme, pas un livre sur Bouvier qui ne le constate. Comme le note une critique américaine, les publications consacrées à Bouvier manifestent souvent une véritable vénération à son égard, voire cherchent à imiter sa manière de se positionner devant le voyage, devant la vie et comme écrivain :

---

[2] C'est le cas par exemple lors du colloque universitaire qui a lieu au Château de Mandelieu-La-Napoule du 13 au 15 juin 2002 et dont les actes, publiés sous la direction d'Olivier Hambursin, disent bien, jusque dans leur titre, *Récits du dernier siècle des voyages : de Victor Segalen à Nicolas Bouvier* (Paris, PUPS, coll. Imago mundi, 2005), à quel point Bouvier constitue à présent une balise incontournable quand on entend étudier le récit de voyage au 20e siècle.

"What quickly becomes evident in the entire body of commentary on Nicolas Bouvier or his works [...] is the degree of stylistic mimetism at work"[3].

Cette proximité entre l'œuvre et son commentaire s'explique en partie par le fait qu'elle est elle-même dotée d'une importante dimension métalittéraire et par de nombreux paratextes dans lesquels Bouvier occupe la position privilégiée de premier lecteur. Il est clair que cet effet d'autorité redoublé ne facilite pas l'autonomie de la démarche interprétative et favorise une manière de paraphrase ainsi qu'une approche flatteuse aux dépens de toute forme de saisie plus complexe. Ce phénomène de mimétisme est encore amplifié par la gestion patrimoniale de l'œuvre de Bouvier. À côté d'Éliane Bouvier, la veuve de l'écrivain, qui veille avec soin sur la mémoire de son époux disparu en 1998, les éditions genevoises Zoé promeuvent avec efficacité son œuvre et valorisent sa personne[4]. Pour toutes les personnalités qui s'expriment dans les ouvrages que publie cette maison, de l'écrivain Jacques Lacarrière à l'explorateur Jean-Louis Étienne en passant par le peintre-voyageur Titouan Lamazou[5], Nicolas Bouvier est un ami et un modèle, dont les livres font figure de compagnons ou de guides de vie. Un lecteur anonyme ne confie-t-il pas que « lire Bouvier a changé [sa] vie[6] » ? Certains admirent tellement l'homme et l'écrivain qu'ils cherchent à emprunter les mêmes

3 Claire Keith, « *L'Usage du monde* And Its Usages », *Dalhousie French Studies* [Halifax, Canada], vol. 86, « Littératures francophones : Mythes et exotismes à l'ère de la mondialisation », printemps 2009, p. 129.

4 On pense par exemple à l'ouvrage dirigé par Pierre Starobinski, *Le Vent des routes : hommages à Nicolas Bouvier* (1998), qui rassemble essentiellement des témoignages amicaux, ou encore à l'ouvrage dirigé par des universitaires français, Christiane Albert, Nadine Laporte et Jean-Yves Pouilloux, *Autour de Nicolas Bouvier : résonances* (2002).

5 Voir Jacques Lacarrière, « Sur les chemins de l'amitié », dans Pierre Starobinski (dir.), *Le Vent des routes : hommages à Nicolas Bouvier*, *op. cit.*, p. 15 ; Jean-Louis Étienne, « Au maître des mots », dans Christiane Albert, Nadine Laporte et Jean-Yves Pouilloux, *Autour de Nicolas Bouvier : résonances*, *op. cit.*, p. 33-34 ; Titouan Lamazou, « Japon », *ibid.*, p. 168.

6 C'est ce qu'un lecteur aurait confié à David Fauquemberg, lauréat du prix Nicolas-Bouvier en 2007, lors d'une visite au Salon du Livre de Nancy. Témoignage de seconde main rapporté par Alain Dugrand, « Une équipée parfaite », *Europe*, n° 974-975, « Nicolas Bouvier / Kenneth Wight », juin-juillet 2010, p. 89.

chemins que lui, tel Frédéric Lecloux, qui explique avoir lu *L'Usage du monde* et avoir été si bien « obnubilé par *ce* voyage et par *cette* écriture » qu'il lui devint « intolérable de n'être pas Bouvier »[7] et qu'il décida donc, de novembre 2004 à août 2005 et de Genève à la Khyber Pass, de remettre ses pas dans les siens et d'en tirer un livre de photographies. De lecture en lecture, Bouvier finit ainsi par incarner dans son œuvre une manière d'être au monde – avec des leitmotive que reprennent ses admirateurs et qui finissent par tourner au lieu commun : la lenteur, l'errance, le dépouillement, l'exercice de disparition, la mémoire, le vide, la maladie, l'humour, la curiosité, le respect d'autrui, etc. L'œuvre de Bouvier devient une référence incontournable, et singulièrement *L'Usage du monde* considéré comme « un livre absolu, indispensable[8] ».

Quand on atteint ce type de propos, on entre véritablement dans la légende. Mais cette légende, d'où vient-elle ? Notre hypothèse est qu'elle a été en grande partie forgée et plus encore propagée à large échelle par le milieu intellectuel qui, autour de la figure centrale de Michel Le Bris, a fait de l'auteur suisse l'un des porte-étendards majeurs de ses goûts et de ses détestations littéraires et idéologiques. Ce milieu intellectuel a d'abord promu l'œuvre et la figure de Bouvier à travers toute une série d'actions institutionnelles : invitation régulière de l'auteur au Festival Étonnants Voyageurs dès sa fondation à Saint-Malo en 1990 par Michel Le Bris, création en 2007 du Prix Nicolas-Bouvier dans le cadre du même festival et voué à récompenser l'auteur d'un ouvrage prolongeant son œuvre, mais aussi présence de Bouvier au sommaire de la revue *Gulliver* créée en 1990 entre autres par le même Michel Le Bris[9] et de l'ouvrage collectif *Pour une littérature voyageuse* qui, en 1992, rassemble une première fois les forces dispo-

[7] Frédéric Lecloux, « L'Usure du monde : un an en famille et en images sur les routes de *L'Usage du monde* », dans Hervé Guyader (dir.), *Nicolas Bouvier, espace et écriture*, Carouge-Genève, Zoé, 2010, p. 55.

[8] David Le Breton, « Cheminer avec Nicolas Bouvier ou le voyage comme un art des sens » [*Études*, t. 410, n° 5, mai 2009], *ibid.*, p. 64.

[9] Nicolas Bouvier, « Thesaurus pauperum » et « Petite morale portative » [Fragments rassemblés par Jacques Meunier], *Gulliver*, n° 2-3, « L'écriture voyage », juin 1990, respectivement p. 123-142 et p. 145-155 ; « Routes et déroutes », *Gulliver*, n° 9, « Un monde très noir », 1992, p. 225-231.

nibles sous la direction implicite mais bien réelle du même auteur[10]. S'il est vrai que, de son côté, Bouvier raconte se rendre avec plaisir au festival Étonnants Voyageurs[11], le milieu intellectuel qui l'accueille alors ne se contente toutefois pas de promouvoir son œuvre et de lui rendre hommage. Il l'inscrit aussi dans un cadre de pensée à la fois esthétique, historique et politique bien spécifique en lui accordant une place de choix dans sa relecture de l'ensemble de la littérature de langue française du second vingtième siècle. Pour établir ce point, on peut s'appuyer sur « La vie, si égarante et bonne », l'article par lequel Michel Le Bris contribue au volume d'hommage posthume rendu à Bouvier, *Le Vent des routes*, paru l'année même de sa disparition.

Michel Le Bris commence par dresser le paysage intellectuel de « l'époque » – terme vague qui désigne les années 1960 lors desquelles paraît le livre :

> « Pouvait-on imaginer un titre moins accordé aux goûts de l'époque ? *L'Usage du monde*… alors que de toutes parts nos maîtres penseurs exigeaient, comme préalable à toute pensée sérieuse, la "mise entre parenthèse" du monde »

et que

> « nos distingués romanciers prétendaient réduire la littérature à de simples jeux de mots, ou ironisaient sur le "sujet" et le "sens", ces naïvetés – sans même parler de l'obscénité qu'était à leurs yeux le "référent", tout juste bon pour les parlers vulgaires : je veux parler, bien sûr, du monde[12]».

Le propos de Michel Le Bris est polémique et il ne s'en cache pas.

> « Qui dira jamais l'abyssale bêtise de cette époque – l'incroyable, l'essentielle *claustrophobie* de cette modernité-là ?[13]. »

---

10 Voir Nicolas Bouvier, « La clé des champs, suivi de Petite morale portative », dans Alain Borer, Nicolas Bouvier, Michel Chaillou [et al.], *Pour une littérature voyageuse*, Bruxelles, Éd. Complexe, coll. Le regard littéraire, 1992, p. 41-56.

11 Voir son témoignage dans Nicolas Bouvier, *Routes et déroutes* [1992], repris dans *Œuvres*, Paris, Gallimard, coll. Quarto, 2004, p. 1364.

12 Michel Le Bris, « La vie, si égarante et bonne », dans Pierre Starobinski (dir.), *Le Vent des routes : hommages à Nicolas Bouvier*, *op. cit.*, p. 57-58.

13 *Ibid.*, p. 58.

D'un côté, c'est Barthes, Lévi-Strauss, Althusser et Lacan, dont il donne explicitement les noms, qui sont brocardés ; de l'autre, s'il ne se risque pas à mettre en cause directement des collègues écrivains, on devine qu'il vise le Nouveau Roman ou ceux qu'on a rassemblés sous cette étiquette. Les uns comme les autres sont responsables à ses yeux de la même erreur : avoir éloigné la pensée de la réalité, du monde, de la vie, et l'avoir enfermée dans une réflexion circulaire sur elle-même et sur le langage, leurs limites, leurs apories, leur impossibilité à dire ce qui est.

Cette histoire rapidement brossée de la vie des idées et de la littérature au début des années 1960 en France soulève bien sûr une première question : cette époque est-elle réellement caractérisée par ces traits-là ? Outre que, d'une manière très générale, il est abusif de résumer à des traits aussi sommaires quelque période de l'histoire littéraire et philosophique que ce soit et, qu'en l'espèce, ni le Nouveau roman ni le structuralisme ne peuvent résumer à eux seuls la pensée française du début des années 1960, on note deux grands absents dans le récit de Michel Le Bris : d'abord, Jean-Paul Sartre et toute la mouvance existentialiste, encore si influents que l'écrivain est choisi pour recevoir le prix Nobel de littérature en 1964, l'année même de la parution de *L'Usage du monde* en France ; ensuite, tout le communisme littéraire et le marxisme philosophique, qui ne sont rapidement évoqués qu'avec la mention d'Althusser, toutefois alors marginal au PCF où c'est la figure d'Aragon, directeur des *Lettres françaises* jusqu'en 1972, qui domine le champ littéraire, et celles de Roger Garaudy, voire de Lucien Scève, qui dominent la scène philosophique, entre souvenir encore vif de la Seconde Guerre mondiale et de la Résistance, soutien plus ou moins entier de l'URSS, aide apportée aux luttes de décolonisation, enfin nécessité réaffirmée d'une pensée humaniste et émancipatrice et d'une littérature qui, d'une manière ou d'une autre, soit révolutionnaire. Pourquoi donc ce double oubli de Michel Le Bris ?

Avant de répondre à cette question, il convient de poursuivre l'étude de la petite histoire telle qu'il la raconte. C'est dans ce contexte très défavorable, contexte du structuralisme (philosophie) et du Nouveau Roman (littérature), que paraîtrait *L'Usage du monde*, un livre tourné vers le monde et non vers le texte, ce qui serait la raison centrale du silence qui l'accueille :

« *L'Usage du monde* ne connut aucun succès, à sa parution chez Droz, à Genève, en 63, puis chez Julliard en 64, à Paris. Il ne fut tout simplement pas lu. Pilonné, soldé, sans être lu[14] ! »

Ce constat de Michel Le Bris n'emporte là encore pas complètement l'adhésion, tant il est peu conforme à la réalité des faits.

Concernant le monde de l'édition parisien, il est de fait possible qu'aux yeux de certains de ses acteurs, le genre du récit de voyage apparaisse à l'époque comme démodé. C'est ainsi ce que l'on peut lire dans la lettre, pourtant enthousiaste, que Pierre Javet, le directeur des éditions Julliard, écrit à Bouvier le 13 avril 1964 pour lui annoncer que son livre est retenu par sa maison :

« Il y a dans votre écriture une présence telle que l'on vit chaque seconde avec l'auteur et que celui-ci, à nos yeux, renouvelle entièrement le genre, peut-être déjà un peu périmé, du récit de voyage[15]».

De Segalen à Michaux et de Mac Orlan à Lévi-Strauss, de grands esprits ne cessent-ils pas de proclamer depuis le début du siècle que le genre a son histoire derrière lui du fait de la dégradation des conditions du voyage elles-mêmes, rendues faciles et fades avec le développement des transports, la démocratisation des séjours à l'étranger et l'uniformisation planétaire des modes de vie ? Il faut bien reconnaitre en outre que, comme Michel Le Bris, Bouvier se montre aussi extrêmement réticent à l'égard d'une certaine modernité littéraire pourtant susceptible de renouveler un genre peut-être perçu comme vieillot par certains. Sa correspondance avec Vernet en témoigne à maintes reprises, et en particulier lorsque son éditeur lui demande de songer à une éventuelle préface du livre et que le nom de Butor, dont il a fait la connaissance grâce à Jean Starobinski en 1957, lui vient à l'esprit.

« Cette idée de préface m'embarrasse. [...] J'aurais peur que Butor ne mette un chapeau bien parisien sur cette meule de paille[16]».

14 *Ibid.*

15 Nicolas Bouvier, Thierry Vernet, *Correspondance des routes croisées 1945-1964*, Texte établi, annoté et présenté par Daniel Maggetti et Stéphane Pétermann, Genève, Zoé, 2010, p. 1501, note 1.

16 Nicolas Bouvier, lettre à Thierry Vernet du 20-22 avril 1964, *ibid.*, p. 1511.

Peut-être Bouvier pense-t-il à *Mobile* (1962), sous-titré *Étude pour une représentation des États-Unis* et qui, plutôt que de suivre l'itinéraire du voyageur, préfère l'ordre alphabétique des États et met en œuvre des techniques nombreuses et novatrices pour le genre du récit de voyage : réorganisation de la page blanche et de la succession des pages, inclusion de coupures de journaux locaux, d'inscriptions de pancartes et d'autres signes urbains, jeu avec les noms de lieux américains, etc. *L'Usage du monde* n'est pas de ce monde-là, et l'on comprend que Bouvier s'exclame :

> « Si j'avais quelqu'un en tête, connu, aimant ce texte. Si Kazantzakis vivait toujours ![17] ».

Auteur du roman *Alexis Zorba*, publié en 1946 et traduit en français dès l'année suivante, Nikos Kazantzakis (1883-1957) fait partie de ces conteurs dont les romans plein de personnages truculents mis dans des situations savoureuses inspirent Bouvier et consonent avec l'univers de son récit.

> « Il n'est pas souhaitable dans nos métiers d'avoir une trop grande domination des choses, de son sujet. Ce qui me gêne dans ces techniques diverses du Nouveau Roman, du "Nouveau Regard" c'est cette prétention de venir, par d'habiles manigances, à bout des choses, de forcer leur secret, pour se retrouver finalement devant une serrure brisée, un coffre ouvert, mais vide. Percer les secrets ! [...] Foutaises[18] ».

Conformément à l'art de Nikos Kazantzakis ou de Blaise Cendrars et Henry Miller qu'il admire également, il s'agit pour Bouvier de privilégier la vivacité frémissante des caractères et de la rencontre sur le contrôle de l'intelligence, l'émotion et ce qu'elle garde d'insaisissable sur la prétention à enfermer la vie dans un système préconçu quelconque.

D'une manière générale, il convient toutefois de partager la méfiance d'Adrien Pasquali devant l'opposition trop nette entre sectateurs de la forme (nouveaux romanciers) et desservants du contenu (écrivains voyageurs) et se rappeler avec lui que tout récit de voyage exige

---

17 *Ibid.*

18 Nicolas Bouvier, lettre à Thierry Vernet du 16 septembre 1961, *ibid.*, p. 1314.

> « un travail de transposition, de littéralisation et donc de reconstruction du voyage réel en texte écrit[19]».

Concernant plus spécialement un auteur comme Bouvier, il est fort imprudent d'opposer, d'un côté, la littérature comme forme et comme réflexion sur la forme (littérature cérébrale et ennuyeuse), et, de l'autre, la littérature comme simple reflet du monde sans réflexion sur les procédures qu'elle met en œuvre (littérature spontanée et vivante). Les nouveaux romanciers sont soucieux de la forme et de son renouvellement, certes, mais ils parlent aussi du monde, on s'en rend compte depuis longtemps après les travaux pionniers de Jacques Leenhardt ou de Lucien Goldmann sur Alain Robbe-Grillet ou Nathalie Sarraute, et la jubilation ne leur est pas étrangère ; *a contrario*, si la voie empruntée par le Nouveau Roman ne convient guère à Bouvier, l'auteur, tout tourné vers le monde qu'il soit, entend bien faire de *L'Usage du monde* un ouvrage exigeant du point de vue littéraire. Certes, on trouve bien chez lui une tentation de louer le monde réel (ou prétendu tel) contre le monde surfait, artificiel, des mots, voire de la culture.

> « Cinq cents kilomètres de montagnes, ou de terre plate, me paraissent désormais une référence supérieure à n'importe quel joyau intellectuel[20] »,

écrit-il ainsi à Vernet. Mais ce type de déclarations à l'emporte-pièce est en fait rare, il date plutôt des années 1950, et il n'est pas présent dans *L'Usage du monde*. La correspondance de Bouvier avec Vernet, comme leur travail commun et le livre sous maints rapports fort inventif et original que constitue *L'Usage du monde* suffisent au contraire à convaincre le lecteur que tous deux ont bien conscience que le monde n'est rendu visible que par les textes et par les œuvres d'art et qu'il ne peut être qu'un *effet* de construction. Fils d'une famille extrêmement cultivée (grand-père paternel professeur de littérature allemande puis de littérature française à l'université de Genève, père érudit et bibliothécaire de la grande bibliothèque de la ville, etc.), ayant lui-même obtenu une double Licence Droit-Lettres à l'université de

19 Adrien Pasquali, *Le Tour des horizons : critique et récits de voyage*, Avant-propos de Claude Reichler, Paris, Klincksieck, coll. Littérature des voyages, 1994, p. 35.
20 Nicolas Bouvier, lettre à Thierry Vernet écrite le 8-16 février 1956 depuis le Japon, dans Nicolas Bouvier, Thierry Vernet, *Correspondance des routes croisées 1945-1964*, *op. cit.*, p. 930.

Genève, grand lecteur et profondément érudit, Bouvier a le plus grand respect et le plus grand amour pour la culture, il a clairement conscience de ce qu'est le récit de voyage de son temps et de la nécessité de se démarquer d'une production courante de piètre qualité littéraire.

Concernant l'insuccès initial de *L'Usage du monde*, il convient également de se garder de forcer le trait. Outre que, de manière très générale, il n'est pas du tout certain que le récit de voyage soit effectivement un genre dépassé dans la France du début des années 1960, *L'Usage du monde* lui-même ne connait une carrière écourtée en 1964 que parce que Julliard est racheté par les Presses de la Cité, que l'équipe dirigeante est renouvelée et change de ligne éditoriale et que le livre n'est ni lancé ni diffusé. Transformer, comme le fait Michel Le Bris, cet aléa éditorial en signe d'un désintérêt de fond du monde littéraire parisien pour le livre de Bouvier est pour le moins rapide. Il faut ajouter que, contrairement à ce qu'il prétend, *L'Usage du monde* connaît un réel succès en Suisse à la suite de sa parution chez Droz l'année précédente. Même s'il est publié à compte d'auteur, le livre reçoit en effet sur manuscrit le Prix des Écrivains Genevois en avril 1963, Bouvier est convié à plusieurs émissions de radio et de télévision et la presse suisse francophone lui consacre des articles enthousiastes, tant est si bien que, mis en vente à la fin du mois d'octobre 1963, il s'est déjà vendu à plus de 1000 exemplaires en mai de l'année suivante, ce qui, pour ce type d'ouvrage et eu égard au lectorat local disponible, constitue un réel succès d'estime. Du reste, la fortune suisse de Bouvier ne se dément pas dans les années qui suivent. Dès 1972, il trouve sa place dans *Les Saintes écritures*, essai de Jacques Chessex dressant le canon de la littérature suisse romande et, en 1998, dans l'*Histoire de la littérature en Suisse romande* dirigée par Roger Francillon, il est le seul auteur de récits de voyage à jouir de l'intégralité d'un chapitre monographique[21].

Mais si Michel Le Bris force le trait des oppositions et de l'insuccès, c'est à la fois pour rendre son explication évidente – le livre de Bouvier n'est reconnu nulle part parce qu'il ne correspond pas du tout

21 Voir Jacques Chessex, « Nicolas Bouvier en compagnon voyageur », *Les Saintes Écritures* [1972], Lausanne, l'Âge d'homme, coll. Poche Suisse, 1985, p. 181-186 ; Anne Marie Jaton, « Nicolas Bouvier », dans Roger Francillon (dir.), *Histoire de la littérature en Suisse romande*, t. 3, Lausanne, Payot, 1998, p. 487-499.

à la mode littéraire et philosophique du début des années 1960 – et pour permettre un changement de perspective : Bouvier n'était pas démodé, mais en avance sur son temps. En insistant sur le traitement indigne que subit son héros, il peut ainsi – bénéfice apparemment secondaire mais en fait essentiel dans cette entreprise sauvage d'histoire littéraire – se mettre en avant lui-même dans la posture du sauveur qui vient rétablir les vraies valeurs et qui identifie dans un même mouvement à la fois les grandes œuvres du passé et ce que doit être la littérature du présent. En effet, Michel Le Bris a identifié d'emblée la qualité du livre découvert par hasard chez un soldeur des bords de Seine.

> « C'était avant un certain mois de mai qui allait précipiter tant et tant de rebelles par les chemins du monde. Et je me dis aujourd'hui qu'à sa manière, il l'annonçait. Parce qu'il n'était rien de plus urgent, alors [...] que de *retrouver l'usage du monde.* [...] Et que l'on respire, enfin ![22]».

Ce qu'aurait découvert Michel Le Bris en mai 1968 comme avec sa lecture de *L'Usage du monde* d'un Bouvier qui voyagerait « pour le plaisir du voyage » dans une « entreprise [...] d'effacement, d'allègement de son trop-plein de "moi" », c'est à la fois un refus des modes littéraires et philosophiques parisiennes, une critique des vanités et des conventions salonardes, en même temps que

> « la sensation aiguë, bouleversante, de la présence du monde autour de soi[23]».

Il convient là encore de faire la part des choses. Que le voyage entrepris par Bouvier constitue entre autres le moyen de mettre à distance le puritanisme protestant de sa famille résidant à Genève et le conformisme des raisons sociales de la grande bourgeoisie de la ville, cela ne fait aucun doute. Le voyage est la condition de l'écriture, parce qu'il donne lieu tout simplement à une prise de distance physique qui se transcrit également dans l'ordre moral : partir au loin, c'est d'abord mettre de côté ce que les autres désirent à sa place et accéder à lui-même. Il est indéniable qu'un certain plaisir des sens entre également dans cette libération : plaisir des saveurs nouvelles, des rencontres inattendues et du sommeil réparateur, plaisir simplement de l'air, de la

[22] Michel Le Bris, « La vie, si égarante et bonne », *op. cit.*, p. 58-59.
[23] *Ibid.*, respectivement p. 59, p. 61 et p. 60.

lumière et plus encore du temps suspendu. Michel Le Bris a-t-il toutefois raison de dresser le portrait d'un Bouvier hédoniste qui chercherait simplement à jouir dans un contact direct avec le monde ? L'effacement du moi qu'il évoque est en effet poussé très loin par le voyageur suisse et, sauf à se hasarder dans une réflexion sur le masochisme, il entre en partie en contradiction avec l'hédonisme des rencontres amicales et des repas partagés. Pour Bouvier, il s'agit au moins autant de nier le moi culturel, ou le moi d'une certaine culture (contraignante, corsetée, castratrice), au profit du moi sensuel, que de porter l'expérience que l'on peut faire de son corps jusqu'à certaines extrémités. La fatigue, la faim, la maladie et le danger sont des expériences non point seulement subies mais recherchées par les deux voyageurs de *L'Usage du monde*, et pas vraiment sur le mode soixante-huitard d'une jouissance sans entraves. D'ailleurs les femmes comme objets de désir sont *a contrario* très largement absentes du livre, comme plus généralement la sexualité. Bouvier a 24-25 ans lors de son voyage, et Vernet deux ans de plus que lui, mais le désir de séduire comme de consommer l'amour semble laisser en paix ces deux jeunes hommes dans la force de l'âge. On peut même se demander si, d'une certaine manière, ce n'est pas quelque chose de la rigueur calviniste qui fait ici retour : voyager sans but précis, d'accord, mais en payer quand même le prix par la privation et la souffrance[24]... Si cette remarque vaut pour les deux voyageurs, elle vaut encore davantage pour Bouvier que pour son compagnon, le premier décidant de poursuivre un voyage solitaire jusqu'au Japon, tandis que le second se hâte bientôt de rejoindre son amie Floristella à Ceylan avant de regagner l'Europe avec elle.

Il faut toutefois aller encore plus loin concernant la petite histoire littéraire racontée par Michel Le Bris et insister sur l'opération spécieuse qu'il met en œuvre quand il donne à *L'Usage du monde* une place qui n'est pas exactement la sienne à l'amorce d'un mai 1968 libérateur. Dans le cadre des études postcoloniales, Charles Forsdick a

24 La parution en 2006 de *Peindre, écrire chemin faisant* (Lausanne, L'Âge d'homme), qui rassemble les lettres envoyées par Vernet à sa famille pendant le voyage, vient toutefois éclairer quelque peu différemment les choses sous le rapport de la sexualité et des femmes. Le choix de Bouvier n'en demeure pas moins de passer tout cela sous silence dans *L'Usage du monde*, et c'est bien ce texte-là que lut Michel Le Bris dans les années 1960 et qu'il relut encore dans les années 1990.

bien identifié ce qu'un tel propos hédoniste peut avoir de néo-impérialiste. Entreprises par l'écrivain breton, la mise en avant d'une littérature de voyage au présent comme la réimpression de récits de voyage plus anciens dans des collections qu'il dirige[25] témoignent ainsi à ses yeux dans la France du début des années 1990 d'une nostalgie des grandes figures de voyageurs de l'ère coloniale comme du désir de poser soi-même en héritier d'une aristocratie morale entièrement dévouée à sa propre sensibilité et éloignée de la plèbe touristique[26]. Il n'est pas aisé de déterminer si cette hypothèse vaut indifféremment pour l'ensemble des écrivains extrêmement variés réunis par Michel Le Bris sous la bannière des Étonnants Voyageurs et donc également pour Bouvier. Aux yeux de Charles Forsdick, ce dernier inventerait plutôt avec *L'Usage du monde* une manière de voyager et de raconter le voyage à la fois anti-héroïque, décentrée et polyphonique qui lui permettrait d'éviter les pièges de la glorification de l'Occident et du mépris de l'Orient, de l'essentialisation culturelle et du discours d'autorité propre à l'exotisme orientalisant dénoncé par Edward W. Said[27]. Pour Claire Keith, au contraire, Bouvier serait le propagateur suisse, sinon d'une manière impérialiste de voyager, au moins d'un impérialisme linguistique qui viserait à réaffirmer la prééminence de la langue française dans un genre littéraire, le récit de voyage, dominé à l'époque par les Anglo-Saxons. C'est essentiellement parce qu'il serait fidèle à l'érudition, à la clarté et au brillant d'une certaine représentation de la langue et de la littérature de langue française, que l'ouvrage de Bouvier jouirait du statut qui est le sien dans la France d'aujourd'hui[28]. Plus que le décalage d'évaluation entre les deux lectures de l'œuvre de Bouvier, ce qu'il faut toutefois remarquer, c'est que Charles Forsdick et Claire Keith ne parlent pas exactement de la même chose, le premier évoquant le rapport (ouvert) de l'écrivain aux

25 Michel Le Bris multiplie les directions de collection : collections « Voyageurs » chez Payot, « Le Grand Dehors et « Étonnants voyageurs » chez Hoebeke ou encore « Gulliver » chez Flammarion.

26 Voir Charles Forsdick, « L'Orient quoi ! Nicolas Bouvier and the Post-Orientalist Journey », dans Margaret Topping (ed.), *Eastern Voyages, Western Visions. French Writing and Painting of the Orient*, Oxford, Peter Lang, 2004, p. 327-332.

27 *Ibid.*, p. 341-345. Et aussi Charles Forsdick, *Travel in Twentieth-Century French and Francophone Culures. The Persistence of Diversity*, Oxford, Oxford University Press, 2005, p. 125-132 et p. 143-154.

28 Voir Claire Keith, « *L'Usage du monde* And Its Usages », *op. cit.*, p. 123-131.

territoires anciennement colonisés, la seconde sa relation (plus tendue) avec le nouvel empire anglo-américain. Mais s'il est clair que la croisade menée par Michel Le Bris est entre autres animée par son rejet des études postcoloniales et de la critique saidienne de l'orientalisme, et par une ambivalence extrême, entre reconnaissance et envie, à l'égard de certains grands écrivains américains et anglais[29], il est plus que douteux que Bouvier ait eu quelque intention que ce soit de rivaliser plus spécialement avec les écrivains anglo-saxons. Si l'image d'un Bouvier voyageur néo-impérialiste cadre assez mal avec ce qu'on lit d'habitude le concernant dans l'espace de la recherche française, beaucoup plus évidente est toutefois son approche esthétisante d'un monde considéré comme lieu d'une expérience subjective, ce qui toutefois n'a rien à voir spécialement avec la France mais plutôt avec la bourgeoisie occidentale ou les classes privilégiées du monde en général et avec leur facilité à se projeter vers l'ailleurs sur un mode enchanté.

C'est précisément en ce point qu'il convient de revenir une nouvelle fois sur l'histoire telle que la raconte Michel Le Bris dans son texte d'hommage à Bouvier. Ce qui est en effet fort troublant, c'est qu'à l'oubli de toute la mouvance engagée ou communiste encore très présente dans les années 1960 s'ajoute l'occultation de son propre passé de révolutionnaire maoïste, membre de la Gauche Prolétarienne à l'automne 1969, un temps directeur de publication de *La Cause du peuple* en 1970, arrêté pour cela et condamné à huit mois de prison, puis, dans les années qui suivent, admirateur du combat du Larzac et de la révolte anti-autoritaire dont il témoigne[30]. L'oubli sur lequel Michel Le Bris fonde son histoire littéraire et intellectuelle à partir de

---

29 Après *Pour une littérature voyageuse* en 1992, témoignent encore de ce souci néo-impérialiste de dire le monde en français deux nouvelles publications collectives, *Pour une littérature-monde* en 2007 et *Je est un autre : pour une identité-monde* en 2010. Ces ouvrages rassemblent toutefois des écrivains différents et pas toujours accordés les uns aux autres. Voir à ce sujet Dominique Combe, « Littératures francophones, littérature-monde en français », *Modern & Contemporary France*, vol. 18, n° 2, mai 2010, p. 231-249 ; Cécilia W. Francis et Robert Viau (dir.), *Trajectoires et dérives de la littérature-monde : poétiques de la relation et du divers dans les espaces francophones*, Amsterdam, Rodopi, coll. Francopolyphonies, 2013, p. 13-129.

30 Voir Michel Le Bris, *Fragments du royaume. Conversations avec Yvon Le Men* [1995], Paris, Éditions la passe du vent, 2010, p. 55-116.

la figure de Bouvier et sous la fable d'une alternative salutaire au structuralisme et au Nouveau Roman est ainsi double : oubli d'une présence encore forte de la gauche révolutionnaire dans le champ littéraire et oubli de sa propre présence en son sein. S'appuyant sur une certaine lecture de mai 1968 comme mouvement essentiellement libéral d'un point de vue des mœurs, comme mouvement « culturel », il l'écrit lui-même, voire comme « le premier mouvement anticommuniste de masse »[31], il procède ainsi logiquement à l'effacement et même à la négation de la dimension révolutionnaire de l'événement, que ce soit concernant le mouvement étudiant, le mouvement ouvrier ou encore les échos non-violents ou libertaires qui se manifestent au Larzac ou chez Lip dans les années qui suivent. Et c'est en ce point précis que la figure de Bouvier et un livre comme *L'Usage du monde* lui servent de point d'appui : comme moyens de substituer à toute ambition de changer le monde dans une perspective marxiste ou inspirée du marxisme, la seule découverte essentiellement émotionnelle, sensible et sensuelle de sa diversité culturelle. Que cette véritable fable concerne toute une « génération[32] » intellectuelle dont Michel Le Bris lui-même fait partie, d'abord révolutionnaire puis convertie à la démocratie libérale, aux droits de l'homme et à l'économie de marché, oublieuse du progrès collectif et soucieuse de son plaisir comme de sa réussite sociale, est une chose. Mais Nicolas Bouvier dans tout cela, né à Genève en 1929, qui ne fut ni communiste ni encore moins maoïste, et qui en mai-juin 1968 préparait son discours de réception pour le prix Rambert décerné pour *Japon* par la section vaudoise de l'association étudiante de Zofingue ?[33]

Ce qui apparaît en fait, c'est que, si la manière dont Michel Le Bris capte l'œuvre de Bouvier pour en faire un simple chant de la présence au monde est quelque peu spécieuse, certains autres motifs de *L'Usage du monde* n'entrent pas moins en résonnance évidente avec son positionnement idéologique.

Deux points sont ici à souligner pour finir. D'abord, Bouvier n'a que mépris pour la littérature engagée. Comme il le confie dans une lettre à Vernet, s'il admire l'écrivain communiste russe Gorki, c'est

31 *Ibid.*, respectivement p. 72 et p. 73.

32 Voir Hervé Hamon, Patrick Rotman, *Génération, 1. Les années de rêve* et *Génération 2. Les années de poudre*, Paris, Le Seuil, 1987.

33 Voir François Laut, *Nicolas Bouvier. L'œil qui écrit*, Paris, Payot, 2008, p. 203.

pour la densité du monde qu'il décrit, mais ni pour « la "portée humaine" (cette prétention avec laquelle les écrivains engagés [le] font tellement chier) », ni pour « le sens social de ses bouquins qui n'aide pas[34]». Et de fait, loin de tout engagement littéraire, *L'Usage du monde* fait preuve d'un grand détachement, voire d'une certaine désinvolture à l'égard de l'histoire immédiate et de l'actualité. Cela apparaît le plus clairement lorsque Bouvier regrette l'installation du Parti communiste en Yougoslavie au motif qu'il aurait « souhaité voir les femmes militer un peu moins et se soucier de plaire un peu plus[35]».

Ce jugement misogyne semble bien léger eu égard à l'histoire titiste en train de s'écrire dans le pays et à la confrontation qu'elle entraîne avec l'URSS. Il en va de même lorsque Bouvier et Vernet sont reçus à dîner par un diplomate :

> « Nous n'écoutions qu'à demi la conversation, consacrée aux mauvaises routes, à l'incompréhension des bureaux, bref, à des carences et pénuries qui ne nous gênaient en rien, gardant toute notre attention pour le moelleux du cognac, le grain de la nappe damassée, le parfum de la maîtresse de maison[36] ».

Mais il faut aller plus loin que cette simple désinvolture et ajouter que l'anticommunisme de Bouvier apparaît très clairement dans *L'Usage du monde*. Il apparaît d'abord positivement et à maintes reprises, toujours au moment du séjour en Yougoslavie, par exemple lorsqu'il regrette

> « l'article soigné [...] disparu avec la clientèle bourgeoise » et, qu'en route pour se rendre chez le diplomate, il savoure *a contrario* sa fréquentation des « beaux quartiers »,

ou encore lorsqu'il dénonce comme une « grosse imposture de carton-bois » l'emblème du Parti communiste puis met en cause la « propagande » des « révolutions » recourant

34 Nicolas Bouvier, lettre à Thierry Vernet du 8-16 février 1956, dans *Correspondance des routes croisées 1945-1964*, *op. cit.*, p. 929.

35 Nicolas Bouvier, *L'Usage du monde* [1963], Paris, La Découverte [1985], coll. La Découverte/Poche, 2014, p. 24.

36 *Ibid.*, p. 26-27.

« à des mots d'ordre et à des symboles d'un conformisme encore plus benêt que celui qu'elles prétendent remplacer[37]».

Dans le contexte de la guerre froide, l'anticommunisme apparaît également en creux dans le discours plutôt bienveillant à l'égard de la présence américaine en Iran. Bouvier arrive en effet dans le pays peu après l'opération Ajax fomentée en secret par les États-Unis et conduisant au renvoi de Premier ministre Mossadegh et à son arrestation en août 1953. Alors qu'il peut difficilement ignorer les conditions dans lesquelles a eu lieu cet événement, ni sans doute lors de son séjour en Iran du début de l'automne 1953 à juillet 1954 ni *a fortiori* après son retour en Europe, *L'Usage du monde* est pour le moins prudent concernant l'implication américaine dans le coup d'État. Relevant seulement d'un vaste programme d'aide technique et économique lancé par le président Truman et chargé d'entraver la progression de l'URSS dans les pays du Sud, les « quelques Américains du *Point IV* » ne forment aux yeux de Bouvier qu'« un petit groupe solidaire, sympathique et isolé »[38] dans la compagnie desquels il passe le Réveillon de la fin 1953. Que les Américains aient conditionné la poursuite de leur soutien à l'économie iranienne à une politique extérieure hostile à la Chine et à l'URSS et que ce soit principalement le désir de Mossadegh de demeurer neutre qui, ajouté à sa nationalisation du pétrole, engendra le coup d'État[39], ne le trouble pas davantage[40]. Dans la guerre froide, Bouvier, comme son ami Vernet, donnent l'impression d'avoir choisi leur camp, à l'image d'une haute bourgeoisie genevoise largement anticommuniste – comme du reste l'ensemble de la Suisse à l'époque[41].

*

* *

37 *Ibid.*, respectivement p. 26 et p. 29-30.

38 *Ibid.*, p. 152.

39 Voir Joseph J. St. Marie & Shahdad Naghshpour, *Revolutionary Iran and the United States : low-intensity conflict in the Persian Gulf*, Farnham (Surrey, England)-Burlington (VT), Ashgate, coll. US Foreign Policy and Conflict in the Islamic World, 2011.

40 Voir pour plus de précision sur la question iranienne dans *L'Usage du monde* toute la fin de mon article : « Nicolas Bouvier : l'usage d'un monde sans histoire ? », *Viatica*, n° 6, mars 2019.

41 Voir Michel Caillat, Cerutti Mauro, Jean-François Fayet, Stéphanie Roulin (éd.), *Histoire(s) de l'anticommunisme en Suisse*, Zurich, Chronos, 2009.

Il apparaît ainsi que, si Michel Le Bris engage *L'Usage du monde* dans un combat fantasmé qui n'est pas le sien – celui d'un retour au monde sensible après le prétendu dessèchement du structuralisme et du Nouveau roman –, il trouve néanmoins dans ce récit de voyage un appui réel dans sa propre évolution idéologique de l'engagement révolutionnaire au chant de la diversité culturelle. Ce n'est pas que cet accord soit explicitement reconnu ; il est même complètement dissimulé. Il importe toutefois peu d'établir si cette action d'occultation engagée par Michel Le Bris est consciente ou pas. Ce que révèle en effet sa lecture de l'œuvre de Bouvier, c'est une convergence idéologique objective qui en dit long à la fois sur lui-même, sur l'œuvre de Bouvier et sur la lecture dominante dont il est l'objet aujourd'hui : sur Michel Le Bris, d'abord, parce qu'elle rend lisible le reniement d'une partie de l'élite intellectuelle française, son abandon de toute idée de transformation sociale et les alibis qu'elle trouve dans l'éloge du multiculturalisme pour masquer son abandon des idéaux de progrès ; sur l'œuvre de Bouvier ensuite, avec *L'Usage du monde* qui révèle sa nature profondément politique, à la fois dans l'ordre des préoccupations postcoloniales et dans celui de l'horizon révolutionnaire et de la lutte des classes ; sur la lecture dont il est l'objet pour finir, puisque le fondement politique de l'œuvre est demeurée jusqu'à aujourd'hui complètement occultée sous un propos presque exclusivement littéraire et éthique posant Bouvier comme réinventeur du récit de voyage, pionnier d'une nouvelle manière de voyager et maître d'humanité à la rencontre de l'autre et dans le respect de sa différence. C'est finalement une époque qui se révèle ici – la nôtre –, qui, depuis la contre-révolution des années 1980 et la chute du mur de Berlin, manifeste des penchants nettement conservateurs et cherche toujours un nouvel horizon d'émancipation.

# Passer la frontière dans *L'Usage du monde* de Nicolas Bouvier

ANNE-MARIE MONLUÇON

Passer la frontière, sujet d'une éternelle actualité, tant dans les librairies que sur le terrain. Nous venons de vivre, particulièrement en Europe, une période scandée par trois processus, dont les conséquences se sont fortement répercutées aux frontières : l'effondrement du système soviétique entre 1989 et fin 1991, la guerre qui a conduit au démantèlement de la Yougoslavie[1], puis l'intégration européenne de plusieurs anciens pays de l'Est, en 2004, et, depuis quelques années, ce que l'on appelle « la crise migratoire », à laquelle certains États réagissent en renforçant et refermant des frontières que l'on avait pu croire abolies. Plusieurs salves de publications ont « répondu » aux événements pour les remettre en perspective ou porter sur eux un regard critique. Andrzej Stasiuk, dans *Sur la route de Babadag* (2004)[2], ou Régis Debray, dans *Éloges des frontières* (2010)[3] ont pointé le danger de l'uniformisation, le risque de voir disparaître la diversité des identités culturelles, et formulé, non sans un certain goût du paradoxe ou de la provocation, leur attachement aux frontières, par goût de l'aventure et de l'inconnu. Écriraient-ils les mêmes livres aujourd'hui ? S'efforçant d'allumer un contre-feu face aux risques de régression, le Musée national de l'Histoire de l'Immigration, à Paris, a proposé une exposition intitulée *Frontières*, de novembre 2015 à mai 2016[4], des

---

[1] J'emploie le nom de « Yougoslavie » en raison des dates du voyage et de la publication du livre de N. Bouvier, antérieurs à la disparition de cette fédération.

[2] Andrzej Stasiuk, *Sur la route de Babadag*, (2004), tr. du pol. par M. Maliszewska, Paris, éd. Christian Bourgois, 2007.

[3] Régis Debray, *Éloge des frontières*, Paris, Gallimard, 2010.

[4] *Frontières*, Magellan & Cie, Musée national de l'Histoire de l'immigration, 2015, Catalogue de l'exposition, très belle iconographie, préface de l'historien Benjamin Stora.

spécialistes du récit de voyage ont publié en 2015 un ouvrage collectif sous le titre de *Mouvements de frontières*[5].

Dans ce contexte, les conditions du voyage de Nicolas Bouvier, raconté dans *L'Usage du monde*[6] (1963) se sont, dans un premier temps, éloignées de nous. Cela se passait à l'époque révolue de la Guerre froide et de la décolonisation. Puis, hélas, rapprochées. En d'autres termes, nous ne pouvons plus nous contenter du sens courant du mot « frontière », entendu comme limite séparant deux États, supposant une ligne conventionnelle stable, négociée, consentie, à la fois contrôlée et pacifiée. L'actualité internationale, et pas seulement européenne, semble nous renvoyer de nouveau à l'étymologie latine du mot « frontière » dans les langues romanes. C'est une histoire et un imaginaire militaires que mobilise ce vocable, désignant au Moyen Âge un « front d'armée », « une place forte », dont « le sens moderne, précise le dictionnaire, vient probablement de la locution « pays de frontière », c'est-à-dire « gardé par une armée, une place faisant front à l'ennemi ». Pour en revenir au périple du jeune voyageur suisse et de son camarade Thierry Vernet, les frontières qu'ils traversent, en 1953-54, portent-elles trace d'affrontements ? De la Yougoslavie à l'Afghanistan, leur expérience de la frontière n'a-t-elle d'autre horizon que la guerre, les conflits passés ou à venir ? De fait, le récit de N. Bouvier n'est pas exhaustif : il raconte brièvement le franchissement de la frontière gréco-yougoslave, mais longuement ceux des frontières turco-iranienne, irano-pakistanaise, et pakistano-afghane. En revanche, pas celui de la frontière gréco-turque, tandis qu'il mentionne aussi des frontières qu'il n'a pas franchies, comme celle qui sépare Grèce et Albanie. Ces choix, ces silences méritent d'être interrogés. Cependant, le texte évoque bien d'autres types de frontières que les limites entre États. Parmi les frontières objectives, il faudrait distinguer les seuils visibles ou invisibles : frontières naturelles et immuables (Bosphore, Col d'Ordu, col du Cop etc.), conventionnelles, parfois si arbitraires qu'elles sont vouées à la remise en cause ou à l'absurdité. Dans ces

---

[5]Philippe Antoine et Wolfram Nitsch, *Mouvements de frontières, Déplacements, Brouillage, Effacement,* éd PU BP (Blaise Pascal, Clermont-Ferrand), collection Littératures, 2015.

[6] Nicolas Bouvier, *L'Usage du monde, Récit. Genève, juin 1953-Khyber Pass, Décembre 1954,* Quarante-huit dessins de Thierry Vernet, Genève, Droz, (1963), Paris, Julliard, (1964), La Découverte (1985). Ici la pagination renvoie à l'édition de 2015. On abrègera désormais ce titre en *U.M.*

contrées, loin de « l'Europe des Nations » qui s'est constituée à partir de 1848, les frontières externes et internes des pays trahissent le fait qu'État et Nation ne coïncident pas. Les frontières linguistiques ou religieuses, symboliques ou culturelles, ne se voient pas toutes. Les unes s'entendent, les autres se vivent, consistent en des pratiques ou des modes de pensée différents. Mais le rôle du voyageur n'est-il pas d'aiguiser son regard de manière à percevoir les frontières invisibles, à critiquer celles qui sont aberrantes, à repérer les indéniables continuités, ou à identifier ce qui « fait frontière » pour lui-même ? Son expérience, puis le récit de celle-ci ne nous mènent-ils pas *des* frontières à *la* frontière ? de l'expérience des frontières dans leur diversité à une réflexion critique qui permette de repenser cette notion à nouveaux frais, en inventant une, ou plutôt des formes littéraires adéquates à une réalité plurielle ou à la notion abstraite ?

**Valeur documentaire des scènes de frontière et art de la variation sur le plan formel.**

Le franchissement des frontières est un passage quasiment obligé du genre viatique. Pour le lecteur, il a souvent une forte valeur documentaire, car il est révélateur du contexte. Pour l'écrivain voyageur, l'un des enjeux est de renouveler la forme de ce genre de scène et d'éviter la monotonie en pratiquant l'art de la variation. En l'occurrence, *L'Usage du monde* propose le récit d'une expérience rare, fort éloignée du banal tourisme. En premier lieu, cela tient à des raisons géopolitiques et géographiques. N. Bouvier et Th. Vernet ont obtenu leurs visas pour la Yougoslavie à une époque où les pays de l'Est étaient très fermés, tandis que l'Asie occidentale et centrale était encore très difficile d'accès, comme le rappellent plusieurs notations qui émaillent le texte : ils circulent « sans croiser un camion » (122), le Kurdistan est « peu parcouru » (140). Une note indique qu'il n'existait pas encore de voie ferrée entre Tabriz et Téhéran (141)[7]. En second lieu, sur le plan historique, les voyageurs du début des années 1950

[7] Liouba Bischoff, « La géographie précaire de *L'Usage du monde* », *Viatica* [En ligne], *Bouvier, intermédiaire capital*, mis en ligne le 07/09/2017, URL : http://viatica.univ-bpclermont.fr/bouvier-intermediaire-capital/iii-correspondances-et-entretiens/la-correspondance-de-thierry-vernet-ses-proches-un-contrepoint-l-usage-du-monde, p. 2/9 : L'auteur de cet article souligne que certaines cartes de l'Iran étaient fausses, comme l'indique N. Bouvier p. 245.

jouissaient encore, dans ces régions du monde, de la fin d'un « âge d'or » du voyage. Les deux jeunes Suisses arrivent en Iran et en Afghanistan après les découvreurs et autres pionniers tels que Robert Byron[8] et Ella Maillart[9], qu'ils ont lus (et rencontrée, en ce qui concerne leur compatriote), mais avant la période mélancolique de la « fin du voyage ». N. Bouvier note ainsi :

> « Visiter l'Afghanistan est encore un privilège. Il n'y a pas si longtemps c'était un exploit »[10] (318).

À cette époque, il est encore possible de se « distinguer » (au sens de Bourdieu) du touriste, comme c'est, selon Vincent Debaene[11] le propre du récit de voyage. Nos deux voyageurs passent sans s'arrêter en Grèce, le seul pays sur leur chemin où le tourisme de masse commençait à se développer. À la douane de Mirjawé, entre Iran et Pakistan, N. Bouvier note que personne n'a signé le registre depuis Aurel Stein[12]. Le nom de cet archéologue et explorateur britannique d'origine hongroise apparaît à deux reprises : à la frontière irano-pakistanaise,

> « on signa [...] quelques lignes en dessous d'Aurel Stein qui avait passé par là vingt ans plus tôt » (277),

puis entre Pakistan et Afghanistan, comme indice, que cette frontière a été hermétiquement close au début du XX^e^ siècle :

> « Aurel Stein attendit vingt et un ans son visa pour Kaboul. » (318).

---

[8] Robert Byron, *La Route d'Oxiane*, (1937), tr. de l'angl. par M. Pétris (1990), Édition Payot & Rivages Poche, 2002. Ce livre raconte un périple essentiellement centré sur l'Iran et l'Afghanistan, effectué en 1933-1934. On abrègera désormais ce titre en *R.O.*

[9] Ella Maillart, *La Voie cruelle. Deux femmes, une Ford vers l'Afghanistan*, Londres (1947), Genève (1952), Paris, éd. Payot (1988). La voyageuse suisse a effectué son voyage, en compagnie d'Anne-Marie Schwarzenbach, en 1939.

[10] Gilles Louÿs, « La Correspondance de Thierry Vernet à ses proches. Un contrepoint à *L'Usage du monde* », *Viatica* [En ligne], *Bouvier, intermédiaire capital*, p. 5/13 et Gilles Louÿs, *Agrégation de Lettres 2018. Tout le programme du Moyen Age au XX^e^ siècle en un volume*, Edition Ellipses 2017, p. 454. G. Louÿs nuance en rappelant que, dans les années 1950, les voyages aventureux en voiture n'étaient plus si rares.

[11] Vincent Debaene, *L'Adieu au voyage. L'Ethnologie entre science et littérature*, Paris, Gallimard, 2010, p. 209.

[12] R. Byron, *op. cit.*, p. 201.

Cependant l'écrivain voyageur ne laisse échapper que quelques petits coups d'épingle contre les guides touristiques comme celui-ci :

> « Voilà une occasion de médire de ces petits précis à l'usage des touristes » (31).

Son éthique (protestante ?) lui interdit d'avoir le mépris facile.

Enfin, l'imprévu et le danger confèrent à son récit une indéniable dimension d'aventure : obstacles naturels, intempéries, problèmes mécaniques, blessures ou maladie des protagonistes, voire hostilité des habitants rencontrés… Les expressions « frontière peu sûre » (55), « incontrôlable » (177) contribuent à créer un climat de tension dramatique et de suspense, ponctué de péripéties. Ce genre d'adversité est fécond sur le plan littéraire, même si N. Bouvier se méfie des codes du genre littéraire qui a fourni nombre de ses lectures d'enfance. À deux reprises, il commente négativement certaines façons de courir l'aventure, « vagabondage planétaire » (369) pratiqué par « de grands braillards lyriques » (98).

La diversité de nature des frontières qu'ils franchissent favorise évidemment celle des descriptions. La première frontière conventionnelle décrite dans le livre nous offre un tableau agreste, n'était, justement, l'ombre du danger, dont on se demande s'il est objectif, ou subjectif et ressortant au point de vue des deux Suisses ou des Grecs :

> « […] une barrière de bois couverte de liserons ; c'est la frontière grecque de Monastir fermée depuis la guerre. Vers l'ouest, quelques mauvais chemins conduisent à la frontière albanaise, peu sûre et hermétiquement close » (55).

Finalement, le périple des deux jeunes gens ne compte pas moins de quatre frontières interétatiques (78, 110-113, 272 et suivantes, 318). Le passage symbolique d'Europe en Asie est traité sur le mode de l'ellipse sur le plan textuel, mais il est illustré par un dessin de T. Vernet représentant le pont enjambant le Bosphore, à Istanbul (85). Faut-il considérer que, dans le cadre d'une relation de complémentarité, l'illustration vaudrait en même temps comme un mode de traitement « en majesté », hiérarchisant subtilement les frontières qui comptent et les autres ?

Mais la surprise tient à la découverte, par le lecteur, de l'existence de frontières intérieures aux États. Les voyageurs ont en effet besoin d'un laissez-passer pour se rendre de Tabriz au Kurdistan (164) ainsi que pour aller à Kaboul (343), démarche qui ne va pas sans quelque suspense. Ce phénomène, disparu d'Europe depuis longtemps, est la conséquence du caractère arbitraire des frontières de nombreux pays, avec pour résultat des États multiculturels, où cohabitent une population majoritaire et des minorités, ce qui induit des « frontières » linguistiques (207), religieuses ou ethniques, *à l'intérieur d'un même pays.* N. Bouvier ne procède pas à un repérage systématique, car il n'évoque que de ce dont il fait l'expérience personnellement : différences entre le serbe et le « dialecte » macédonien (54, 67) au sein de la Fédération Yougoslave, minorité turque de Prilep (63-66), minorités azéri et kurde en Iran, mais aussi Arméniens, nomades...Son silence sur les Kurdes de Turquie s'explique ainsi par le fait qu'il n'a pas eu de contact direct avec ceux-ci.

Sur le plan de la forme, N. Bouvier met en œuvre une grande diversité de formats, de l'ellipse à la séquence développée, de tonalités (sérieuse ou humoristique, satirique...). On note parfois un écart entre la réalité et la représentation textuelle de l'épisode : des frontières franchies mais pas mentionnées (de la Suisse à la Yougoslavie, de la Grèce à la Turquie (89)), des frontières non franchies mais évoquées (comme de la Grèce à l'Albanie (55), entre l'Iran et l'URSS (129), entre l'Iran et l'Irak (177), entre l'Afghanistan et l'URSS (351), ou vers la Chine, à Zebak (353). Le traitement le plus ample concerne l'entrée en Iran et la sortie, qui encadrent la partie centrale et la plus longue du livre, intitulée « le Lion et le soleil », et trahit un véritable travail de composition, bien éloigné de la structure apparente du carnet de bord, rythmée par la chronologie des faits. Un autre épisode donne lieu à une belle scène, celui de la douane de Mirjawé, mêlant le pathétique (silhouette de la prostituée) et le satirique (le vieux « satrape » « se torchant la bouche ») (272). N. Bouvier mobilise des styles et des esthétiques variés. De nombreuses scènes nocturnes renforcent le mystère ou l'angoisse, l'expérience de l'inconnu (101) et confinent parfois au fantastique, lorsque l'auteur reconstitue sa vision hallucinée par la fatigue et la fièvre, dues à une blessure et à la malaria (323). Mais l'on n'attendrait certes pas le diptyque admirablement travaillé du passage de Turquie en Iran, où le trajet, sous escorte militaire de part et d'autre, contraste fortement. Le premier volet se fait en compagnie d'un nationaliste turc, exprimant sans retenue ses préjugés et son agressivité, tandis que le second, en compagnie d'un officier iranien « nain », est dominé par la courtoisie et la douceur, mais surtout baigne dans une atmosphère de conte :

> « -Et voilà ! dit-il en le poussant vers nous comme s'il l'avait tiré de sa pantoufle.
>
> Nous assîmes le nabot sur le capot. Je conduisais très lentement sur une piste étroite et moelleuse. Thierry, perché sur le siège du passager, allumait des cigarettes pour le soldat qui chantait, les yeux mi-clos, une petite ritournelle, et émettait par bouffées une forte odeur de mouton » (113).

On retrouve ici quelques composantes du conte : l'apparition du merveilleux, à la faveur de la nuit, avec un nain comme tiré d'une pantoufle et une bribe de formulette basée sur les homéotéleutes « nabot » et « capot ». Cette occurrence inaugurale de l'univers du conte nous rappelle l'importance de ce genre parmi les lectures d'enfance de N. Bouvier.

> « L'ailleurs c'était d'abord une sorte de prise de possession horizontale du jardin par un enfant très petit et je me souviens que le premier choc olfactif et visuel que j'ai eu c'était de tomber sur une énorme morille qui m'a paru évidemment gigantesque. Elle était très grosse, c'était comme une petite éponge et moi j'étais moins haut qu'une botte et c'était une véritable image de conte de fée.[13] »

N. Bouvier explique plus loin qu'à Tabriz, non seulement il donne des cours de français à un pharmacien et lui fait lire les *Contes* de Perrault (136) mais que c'est la lecture des contes kurdes qui a aiguisé son désir d'aller au Kurdistan (164). Passer la frontière peut signifier aussi passer du monde réel à celui de l'imaginaire.

L'écrivain voyageur pratique donc des ellipses pour éviter la répétition, une esthétique de la variété et de la variation pour éviter la monotonie. Il nous surprend et nous incite à redéfinir la notion de frontière au-delà de l'acception commune de « limite inter étatique ou politique », nous obligeant à dépasser notre conditionnement de vieil État-Nation. Mais les scènes de frontière ne sont pas coupées de la représentation du reste du pays. Ainsi l'exaltation de la force et du sport national par le nationaliste turc, la lutte, vient-il parachever un

---

[13] Citation tirée du film *Le Hibou et la baleine*, réalisé par Patricia Plattner, en 1993 (H&B, 3'10").

motif récurrent de la seconde partie, intitulée « La route de l'Anatolie », consacrée à la Turquie, comme si l'expression clichée « fort comme un Turc » était à prendre à la lettre (111). N. Bouvier n'est donc pas tout à fait l'abri de l'usage des stéréotypes, et, dans le cas qui nous occupe (pas seulement la lutte, mais le plaisir de montrer sa force en poussant la Topolino, traité avec humour (97), il en joue. C'est pourquoi il convient de se demander en quoi le passage des frontières est révélateur du contexte et ne vaut pas seulement pour lui-même.

## Des zones frontières emblématiques du contexte : valeur documentaire et surprises idéologiques

Malgré le refus d'un savoir encyclopédique ou d'une érudition qui pèsent, caractéristique à la fois de notre auteur et de la dimension volontiers essayiste du genre viatique, les séquences consacrées aux frontières ont une indéniable valeur documentaire, en particulier en ce qui concerne la situation géopolitique de l'époque, dominée par la Guerre froide et la fin de la période coloniale. Or, bien que N. Bouvier ne fût pas un écrivain engagé et qu'il partageât relativement l'anti-communisme qui pouvait régner tant dans son milieu que dans son pays, son livre fait une présentation assez paradoxale du seul pays de l'Est traversé, la Yougoslavie, et des alliés de l'Occident. La police politique se montre relativement discrète durant son séjour en Yougoslavie. Les Yougoslaves n'ont pas peur de fréquenter des étrangers occidentaux. Cela peut s'expliquer par le fait que le régime socialiste n'est pas implanté depuis très longtemps et qu'en outre Tito a rompu avec Staline en 1948 et mis en place un régime plus souple que dans les autres pays de l'Est[14]. Mais peut-être faut-il également faire l'hypothèse que l'anthropologie des Yougoslaves, notamment leur tradition d'hospitalité, qu'illustre la très belle scène de festin suivi de danses, à Kraguiévac (47-51), est plus forte que l'ambiance politique du moment. Ajoutons que la francophonie et la francophilie d'avant-guerre (étendue à deux Suisses, ici) subsistent encore vigoureusement. Dans l'entre-deux-guerres, on appelait Belgrade, ainsi que Bucarest, le « Paris des Balkans ». La frontière gréco-yougoslave est le

[14]Nicolas Bouvier voyage après la mort de Staline (5/03/53), mais avant que Tito ne se réconcilie avec l'URSS, en 1955, et qu'il ne crée le mouvement des pays non alignés.

point de passage entre l'Ouest et l'Est[15], entre les deux blocs antagonistes de la Guerre froide. Or le récit de N. Bouvier ne comporte rien d'explicitement politique. Les souvenirs sensoriels et esthétiques dominent, comme l'indique l'attention focalisée sur les nuances de bleu, ainsi qu'une notation anthropologique : le voyageur est frappé par le contraste entre la rapidité (occidentale ?) des Grecs et la lenteur (orientale ?) des Yougoslaves (79).

La seconde surprise vient de la Turquie, porte de l'Orient et de l'Asie, qui n'est pas l'Est politique mais fait partie du camp pro-occidental, depuis son entrée dans l'OTAN, en 1952. N. Bouvier présente un « camp » occidental clivé par de graves dissensions et où les libertés politiques sont souvent restreintes[16]. On aimerait savoir si cette objectivité et ce refus du manichéisme sont à mettre au compte d'une certaine ingénuité juvénile ou d'une relative indépendance d'esprit à l'égard des clichés anti-communistes réservés à l'Est, à l'époque, non sans raison, d'ailleurs. Les alliés des Occidentaux fournissent des exemples de clivages internes, notamment la haine des Grecs et des Kurdes qu'expriment tour à tour la minorité turque de Prilep et l'escorte turc. Le pique-nique euphorisant et comique, organisé par le barbier Eyoub, en l'honneur des deux voyageurs, se termine avec le retour des ombres au tableau :

> « Il fallait boire à la santé des Turcs, à la nôtre, à celle des chevaux, à la confusion des Grecs, Albanais, Bulgares, miliciens, militaires et autres sans-Dieu » (66).

L'escorte martèle la formule

> « [...] on leur cassera la gueule [...]. On leur a bien cassé la gueule...[...] »,

à propos des Grecs, puis des Kurdes (111), ce qui fait sans doute référence à la guerre gréco-turque de 1919-22 et au soulèvement

15 À l'époque, il s'agit d'une frontière très particulière, car la Résistance communiste avait eu une grande importance, en Grèce, durant la Guerre, qui avait été suivie d'une Guerre civile, qui s'est terminée en 1949, avec intervention de la Grande-Bretagne et lâchage des communistes Grecs par Staline ensuite.

16 Les Alliés du « monde libre » n'étaient pas toujours les champions de la démocratie...

kurde en 1925, écrasé par Atatürk[17]. Le narrateur ne commente pas mais joue sur les points de vue et les voix : laisser la parole au nationaliste turc, c'est le laisser se desservir lui-même, procédé classique de la satire. Ce genre de scène n'est pas isolé. La frontière turco-iranienne est très militarisée (chaque pays impose une escorte militaire aux voyageurs), tandis qu'il est question de la frontière irano-irakienne réputée « incontrôlable ». Les alliés de l'Occident fournissent également des exemples de restriction des libertés : omniprésence de la police politique en Turquie, à Erzerum, par exemple (109), zone militaire, photographie interdite, comme dans les pays de l'Est. La tension à la frontière soviéto-iranienne située au nord de Tabriz, intervient une dizaine de pages après l'entrée en Iran, mais éclaire peut-être, rétroactivement et indirectement, la militarisation de la frontière turco-iranienne :

> « Quatre-vingt-dix kilomètres au nord : la frontière russe. [...]. [...] la frontière offre une ligne continue de barbelés doublés d'une bande de sable fin où les pas des fugitifs sont immédiatement décelés. Elle n'est pourtant pas hermétique ; les comparses que les Soviets ont laissé ici passent et repassent discrètement » (125).

On remarque l'emploi de l'euphémisme « les comparses », à comprendre au sens d'espions ou de communistes iraniens, qu'affectionne N. Bouvier.

Le contexte de la fin de la période coloniale est perceptible à travers les traces de l'occupation anglaise, à la « barrière » de Quetta (276) ou à Laskur-Dong. (318) et la référence aux guerres anglo-afghanes, qui expliquent que les frontières aient été bloquées pendant des décennies :

> « Faute de pouvoir tenir solidement le pays, l'armée anglaise des Indes en bloquait hermétiquement les accès par l'est et le sud. Pour leur part, les Afghans s'étaient engagés à interdire leur territoire à tout Européen » (318).

---

17 Ici, l'emploi du futur à propos des Grecs est étonnant, car la guerre qui se termine en 1922-23 par d'importants déplacements de population, a été gagnée par la Turquie, suivie de massacres de civils de la part des deux camps, il est vrai. L'expulsion des Grecs d'Asie mineure a inspiré le film franco-germano-turc, *En attendant les nuages*, à Yeşim Ustaoğlu (2004).

Il s'agit ici de l'un des rares franchissements où N. Bouvier donne des explications historiques. Même si celui-ci était un voyageur « non engagé », il est évident que le passage des frontières est le point de tangence entre voyage et géopolitique, le point où l'incidence de l'une sur l'autre est inévitable et sensible.

Les frontières militarisées nous rappellent l'étymologie latine du mot « frontière », au sens de « ligne de front » et constituent presque un « pays en soi » du fait du régime d'exception et de restriction de liberté encore plus aiguë que dans le reste du pays, parfois. Mais un paradoxe ressort de notre analyse : les frontières (géo)politiques ne seraient pas les plus importantes dans cette région du monde, du moins aux yeux du voyageur Bouvier. Pour Guillaume Thouroude[18], cette absence d'intérêt ou cet apolitisme sentent leur homme de droite, ce qui constitue une stimulante réévaluation du texte, souvent considéré comme l'expression d'une sensibilité à un autre niveau de réalité, plus anthropologique, dans la tradition du voyage ethnographique, que ce périple est aussi. À moins d'opter pour une lecture plus phénoménologique, où la sensation prévaut[19]? La frontière la plus marquante se situe, selon lui, entre la Turquie et l'Iran, qui sont tous deux alliés de l'Occident et musulmans (sunnite *versus* chiite, il est vrai). Or, si les frontières étatiques ou politiques ne sont pas forcément le facteur le plus structurant en ce qui concerne l'espace, elles le sont encore moins pour ce qui est d'organiser l'espace textuel.

Le texte est découpé en cinq parties dont le titre ne renvoie ni à une frontière ni à un État sauf la Ve, « Afghanistan » (317). En revanche, elles portent toutes une notation sensorielle ou symbolique. La première, consacrée à la Yougoslavie, s'intitule « Une odeur de melon » et renvoie à l'un des rares éléments d'unité du pays, la récurrence des repas de pastèque. La seconde, appelée « La route d'Anatolie », renvoie, par son étymologie grecque, « au pays du

---

[18] Guillaume Thouroude, *La Pluralité des mondes : le récit de voyage de 1945 à nos jours*, éd. Imago, 2017, ch. IV intitulé « Un rappel à l'ordre », les origines du prétendu renouveau des années 1980. Nicolas Bouvier et les « étonnants voyageurs », notamment p. 130-131.

[19] Voir les interventions de G. Louÿs (Université Paris-Ouest), « Le livre du monde de Nicolas Bouvier et de Thierry Vernet » et d'Aline Bergé (Université de la Sorbonne Nouvelle), « Le pas suspendu de la prose du monde », lors de la Journée d'agrégation organisée par la SELF XXe le 14/10/2017 à l'Université de Paris III-Sorbonne Nouvelle.

Levant », à la symbolique de l'Orient, et non pas à l'État moderne turc qui est sorti des ruines de l'empire ottoman. Celle-ci fait de la route, comme de nombreuses sous-rubriques du texte, un véritable personnage, sinon le personnage central du texte (avec la petite Fiat Topolino !) et inscrit le livre dans le genre des récits de voyage. Avant N. Bouvier, Robert Byron a donné à sa traversée de l'Iran, pour rejoindre l'Afghanistan et le Turkestan, le titre de *The Road to Oxiana* (1937*).* Vingt ans plus tard, Jack Kerouac signe le très célèbre *On the Road* (1957), dont les spécialistes ne savant pas exactement quand N. Bouvier l'a lu. Enfin, le titre de la rubrique la plus longue, « Le lion et le soleil », renvoie à l'emblème vu sur les uniformes des soldats iraniens, à commencer par celui du soldat d'escorte endormi. Sur le plan formel et sémantique, l'écrivain voyageur déploie une stratégie d'énigmatisation du titre, en ne fournissant la clé que deux pages plus loin :

> « Sa tunique rapiécée portait à l'épaule gauche un petit lion vert d'une finesse merveilleuse, brodé sur un soleil en fil d'or » (114).

Il s'agit d'un symbole préislamique, motif central du drapeau iranien jusqu'en 1979. À chaque fois, la mention de la frontière n'apparaît qu'en sous-titre introduisant une rubrique subordonnée à la grande rubrique. Par exemple, « frontière gréco-yougoslave » (79), « frontière iranienne » (113), « La douane de Mirjawé » (272), « La barrière de Quetta », (276), « Laskur-Dong. Frontière afghane » (318). Il est évidemment intéressant de croiser la restitution textuelle des frontières avec sa transposition visuelle par T. Vernet. En l'occurrence, nos deux co-auteurs ont choisi de clore la troisième partie, centrale, par le portrait des douaniers iraniens, à Mirjawé (274), dessiné par T. Vernet, où se voit nettement « l'emblème éponyme » du lion sur fond de soleil et clairement placé en position de clôture.

Lorsque l'on passe au niveau des frontières intra-étatiques, qui résultent de la non-coïncidence entre État et Nation et, par voie de conséquence, de l'existence d'une majorité et de minorités dans un même pays, on peut en discerner ici de deux sortes : linguistiques ou religieuses. En Yougoslavie, les frontières linguistiques internes s'expliquent du fait que ce pays était une fédération qui est passée de trois républiques (Serbes, Croates, Slovènes) à six (Bosnie-Herzégovine, Macédoine, Monténégro) entre 1918 et 1945. N. Bouvier se contente apparemment de décrire sans fournir d'explication, sans doute superflue pour ses premiers lecteurs :

> « D'abord, il faut se faire entendre du serrurier qui ne comprend pas le serbe » (54).
>
> « Le dialecte macédonien comprend des mots grecs, bulgares, serbes et turcs, sans compter les vocables locaux » (67).

Ce constat n'est pourtant pas neutre, car il démontre que l'unité de la Yougoslavie était assez factice et cela préfigure le démantèlement qui a suivi, après la mort de Tito en 1987, et fut l'enjeu de la terrible guerre qui a eu lieu entre 1991 et 1996, et au-delà, si l'on inclut la guerre du Kosovo. Nommer la langue des Yougoslaves « le serbe » n'est pas non plus un choix anodin[20], car la doctrine officielle du régime titiste voulait que le pays soit uni autour d'une langue, appelée « le serbo-croate », partagée par au moins deux républiques. Il s'agissait en fait du serbe. Cette fiction linguistique était un élément de propagande. Là encore, on se demande si N. Bouvier se fonde ingénument sur le fait qu'il apprend la langue du pays dans un manuel de serbe datant de 1907 (31) ou s'il marque discrètement une conscience et un choix politiques. En Macédoine, la différence linguistique avec Belgrade, le centre politique, ne recouvre pas un clivage religieux, les locuteurs des deux langues sont, de part et d'autre, majoritairement chrétiens orthodoxes.

En revanche, N. Bouvier consacre une large place à la minorité turque de Prilep, Turcs restés en Europe après l'effondrement de l'Empire ottoman. Le pique-nique du dimanche en leur compagnie, à l'initiative d'Eyoub, fournit une très belle scène (63-66). Sur le plan du traitement littéraire, celle-ci est nuancée, car elle combine des éléments d'euphorie (« le spectacle du bonheur », partage du festin, de l'alcool, de la musique, du sommeil, et fraternité), d'humour (le meunier ivre qui fusille ses propres poules, une veine discrètement scatologique), mais aussi des ombres au tableau (« rognes et hargnes intercommunautaires »). Chrétiens et musulmans ne se mêlent pas vraiment. Le narrateur est conscient du passif historique et de la pyramide des oppressions : Belgrade maltraite la Macédoine qui se venge sur sa minorité turque.

---

[20] Il n'est pas neutre non plus de hiérarchiser en qualifiant « le serbe » de langue et le macédonien de « dialecte ».

Le contraste entre la représentation des Turcs de Prilep et celle des Turcs de Turquie est assez frappant. À Prilep, N. Bouvier en fait un éloge :

> « [...] les quelques Turcs de la ville constituaient une famille candide et très unie dont l'âme était moins troublée que la leur [celle des Macédoniens]. Entre leur minaret et leurs jardins salvateurs, ils formaient un îlot agreste bien défendu contre le cauchemar ; une civilisation du melon, du turban, de la fleur en papier d'argent, de la barbe, du gourdin, du respect filial, de l'aubépine, de l'échalote et du pet, avec un goût très vif pour les vergers de prunes où parfois un ours, la tête tournée par l'odeur des jeunes fruits, venait la nuit attraper de formidables coliques » (66).

À part un éloge des derniers kémalistes luttant pour l'émancipation des femmes et la laïcisation de la société, à Erzerum (108), la seconde partie du livre, consacrée à la Turquie, est ponctuée de plusieurs passages dysphoriques, où il est délicat de faire la part entre une phase dépressive du narrateur et la négativité objective qu'il affronte : le manque d'argent, mais aussi le très fort nationalisme de la population. On peut aussi faire l'hypothèse que ce contraste entre un peuple en situation minoritaire et le même en situation majoritaire révèle la sensibilité du narrateur : un « faible » pour les plus faibles, les minorités. Les majorités menaçantes ne lui inspirent que peur et méfiance, comme dans la scène au col d'Ordu (97-98) où, écrit-il, « [...] tout ce qu'on a pu penser de la fraternité des peuples », n'empêche pas les coups de bâtons de retomber, dans certains villages xénophobes. Notre ethnocentrisme français serait tenté de voir dans le parti pris en faveur des minorités une trace de l'identité protestante de l'auteur, minoritaire dans notre pays où elle fut persécutée, mais il ne faut pas oublier que c'est l'inverse à Genève, où dominait alors une majorité de Suisses calvinistes. Le sens de son soutien aux minorités serait plutôt un indice de rupture avec ce « plumier natal ».

En Iran, les jeunes voyageurs franchissent deux frontières internes : pour aller de Tabriz, Azerbaïdjan, au Kurdistan iranien, dans le Sud, puis lorsqu'ils quittent définitivement Tabriz et se dirigent plein Est, vers Téhéran. Les démarches pour obtenir un « *djavass* » ou laissez-passer pour le Kurdistan est un véritable feuilleton initiatique, réussi, (164-165), car la seconde fois que Bouvier est confronté à ce genre d'épreuve, fort de son expérience iranienne, celui-ci obtient très vite, en Afghanistan, son passeport intérieur pour l'Hindou-Kouch.

Ces frontières, certes explicites et officielles dans les pays concernés, mais non reconnues par la communauté internationale, rappellent non seulement que certains États sont multiculturels, mais que, par voie de conséquence, certaines frontières ne constituent pas une limite entre deux identités nationales bien distinctes. Au contraire, il y a des zones de continuité, et surtout des zones frontalières de mixité, comme l'illustre la bigarrure des langues et des populations tant en Macédoine qu'à Tabriz, dont Sarga Moussa[21] étudie à juste titre le cosmopolitisme lors du séjour de Vernet et Bouvier. Ainsi l'arbab définit sa ville en ces termes :

> « -Voyez-vous… la ville n'est ni turque, ni russe, ni persane…elle est un peu tout cela, bien sûr mais au fond d'elle-même elle est centre-asiatique » (120-121).

Cependant, c'est à d'autres frontières, parfois invisibles, ou du moins non aménagées comme telles par les autorités, que le voyageur accorde la plus haute importance, parce qu'elles correspondent à une profonde différence sur le terrain. Elles ne séparent plus des États ou des minorités de la majorité, mais des blocs de civilisation, familles linguistiques, écriture, calendrier, ensembles plus vastes que la langue ou la religion, ou qui du moins ne se superposent pas strictement à celles-ci. En d'autres termes, il ressent et marque fortement les frontières culturelles et anthropologiques.

Pour N. Bouvier, les « vraies » frontières sont les frontières anthropologiques. Si nous les passons en revue selon l'ordre du texte, la première concerne l'entrée en Iran :

> « Plus moyen de déchiffrer une enseigne ou une borne milliaire ; c'était l'écriture persane qui marche à reculons. Le temps aussi : en une nuit nous avions passé du vingtième siècle du Christ au XIV^e^ de l'Hégire, et changé de monde » (114).

Curieusement, ce n'est pas l'entrée dans le pays musulman sunnite qu'est la Turquie qui marque une césure, mais dans un pays chiite. C'est là que les deux jeunes gens font l'expérience de l'Altérité

[21] Sarga Moussa, « Tabriz dans *L'Usage du monde* : un cosmopolitisme dans les marges », *Viatica* [En ligne], *Bouvier, intermédiaire capital*, p. 2/9.

maximale. Cependant, les frontières anthropologiques ne sont pas aussi nettes que l'on pourrait le croire. Il y a bel et bien des zones de transition qui coïncident avec les zones de mixité, dont Tabriz est l'un des exemples le plus amplement traité :

> « [...] il y a quatre folklores différents dans la ville, tous déchirants, et personne ne s'y prive de musique, mais rien n'égale en lyrisme et en cruauté ces vieilles complaintes transcaucasiennes » (137).

Aussi la véritable sortie de la zone turcophone a-t-elle lieu plus loin et plus tard, en avril 1954, lorsque les deux voyageurs quittent définitivement Tabriz et se dirigent plein Est, vers Téhéran.

> « Mianeh est aussi la frontière de deux langues : en-deçà, l'azéri où l'on compte ainsi jusqu'à cinq : bir, iki, ütch, dört, bêch ; au-delà, le persan : yek, do, sé, tchar, penj. Il n'y a qu'à comparer ces séries pour comprendre avec quel plaisir l'oreille passe de la première à la seconde » (207).

Le contraste entre les deux langues, recouvrant une opposition entre Nord et Midi, éminemment subjective, ici, coïncide en fait avec la fin de l'hiver, (« C'est Bahar, le printemps » (204)). Nos voyageurs passent de l'un à l'autre à ce moment-là, d'où la superposition entre le persan et la chaleur. Enfin, la seconde frontière équivalente à celle de l'entrée en Iran est le franchissement du Khyber Pass, analysé par Gilles Louÿs de la manière suivante :

Le Khyber Pass, c'est de plus une frontière naturelle entre deux espaces civilisationnels (*Routes & Déroutes*, N. Bouvier, 1291) séparant le monde musulman d'un monde mogol islamique mais surtout hindouiste et panthéiste : [...].[22]

Ces scènes de frontières ont donc une véritable valeur documentaire, géopolitique et anthropologique. Elles véhiculent un savoir auquel sa teneur plus d'une fois paradoxale, prenant le contre-pied des préjugés de l'époque, donne du piquant, confère un bénéfice esthétique, renforcé par l'alternance imprévisible de la dramatisation ou du caractère déceptif de l'expérience. Ces passages de frontières révèlent aussi des choses sur les individus : sur les douaniers et autres soldats d'escorte, ainsi que sur nos voyageurs.

---

[22] Gilles Louÿs, *Agrégation de Lettres 2018. Tout le programme du Moyen Âge au XX^e^ siècle en un volume*, ouvrage cité, p. 466.

## La frontière comme révélateur du rapport de l'individu au collectif, du sujet à la règle

La frontière ne met pas seulement en jeu la notion d'identité, relativisée, comme nous l'avons vu, par l'existence de zones de continuité ou de mixité, mais celle de liberté et de paix, tant elle révèle de choses sur le rapport de l'individu au collectif, du sujet à la règle. Elle est un lieu où se joue, entre autres, le rapport entre l'idéologie de l'État et le facteur humain, car la frontière, c'est aussi ce que l'on en fait.

Le personnel militaire rencontré aux frontières se répartit en deux catégories, pas forcément étanches : ceux qui obéissent et ont intériorisé l'idéologie de l'État, le nationalisme, la méfiance, voire la haine de l'Autre, et ceux qui ménagent, pour eux-mêmes et pour les voyageurs, une interprétation souple des consignes, c'est-à-dire une marge de liberté. Parmi les sujets aliénés, au sens marxiste ici, figure assurément la sentinelle sur le pont à Belgrade[23] (34-35) qui réclame des « permis imaginaires » aux deux étrangers ainsi que le soldat nationaliste turc qui hait les Grecs et les Kurdes. Ajoutons les Hongrois, citoyens yougoslaves de fraîche date, à « Bogoïévo-des-Paysans », non dénués de préjugés à l'égard des Tsiganes, sur la frontière nord du pays (38 et suivantes), ou tous autres sédentaires, dominés par l'ancestrale peur des nomades, comme les Tabrizi à l'égard des montagnards kurdes, qu'ils considèrent tous comme des brigands, alors qu'ils pourraient éprouver une solidarité entre minorités. Le récit que fait Bouvier de son arrivée au Kurdistan inflige un démenti résolu à ce dernier préjugé en martelant : « Aucun brigand » (167), « Il n'y avait pas de détrousseurs kurdes à Mahabad [...] » (169).

[23] Les ponts jouent, dans l'imaginaire et la culture des Balkans un rôle symbolique capital (Voir *Un Pont sur la Drina* d'Ivo Andric (1945) et *Le Pont aux trois arches* d'Ismaïl Kadaré (1978)). Ils ont toujours eu, aussi, un rôle stratégique, du fait du manque de voies de communication, ce qui explique qu'une ville de Bosnie, devenue tristement célèbre, durant la guerre de Yougoslavie, entre 1991 et 1996, s'appelle Mostar (*most* signifie « le pont » dans les langues slaves) et donne son nom au bistrot qui sert de point de ralliement aux Bosniaques de Belgrade, lors sur séjour de Bouvier et Vernet (32). T. Vernet l'a bien perçu, puisqu'il illustre plusieurs ponts, dont la double page 16-17 (celui de Belgrade, précisément), puis celui sur le Bosphore (85).

À l'inverse, pour le meilleur et pour le pire, loin du pouvoir central, certains se taillent une part de liberté. L'officier de la douane de Mirjawé boit et assouvit ses pulsions en faisant venir une prostituée. Mais à l'autre extrême, les douaniers grecs se montrent pleins de perspicacité et d'empathie pour Bouvier ; l'officier iranien, cherche à minimiser la contrainte de l'escorte militaire en leur attribuant un « nain » qui chantonne doucement (114).

Le comble de l'indifférence aux règles, plus que de la transgression, semble-t-il, est atteint à la frontière pakistano-afghane :

> « [...] lorsque l'on se présente, la nuit tombée, au village frontière de Laskur-Dong. [...] muni de ce précieux visa, personne à qui le montrer. Ni bureau, ni barrière, ni contrôle d'aucune sorte, mais la travée blanche de la piste entre les maisons de terre et le pays ouvert comme un moulin » (318).

T. Vernet finit par dénicher le douanier si affable que Bouvier lui signale

> « bêtement – pour lui éviter les ennuis- que [leurs visas] étaient expirés depuis six semaines. Il l'avait remarqué déjà sans en être autrement ému. En Asie on ne tient pas l'horaire, et puis, pourquoi nous refuser en août ce passage que l'on nous accordait pour juin ? En deux mois, l'homme change si peu » (319).

La frontière est donc fréquemment une zone de liberté restreinte, davantage un obstacle à la circulation qu'un « passage », mais avec des exceptions, quand l'individu échappe au pouvoir central. C'est aussi l'un des lieux qui révèle les voyageurs à eux-mêmes ou permet au lecteur de mesurer leur transformation.

Toute initiation passe par une mort symbolique, suivie d'une renaissance. La poétique du texte étaye bien une telle lecture, lorsqu'à Mirjawé, avant de s'engager dans le redoutable désert du Lout, Bouvier décrit le registre où il vient de signer à la suite d'Aurel Stein :

> « On signa un registre noir, grand comme une pierre tombale [...] » (273).

Aussi mesure-t-on le chemin parcouru lorsqu'à Laskur-Dong il se fait le porte-parole de la philosophie, probablement restée implicite, du sage douanier citée ci-dessus (319) : l'adverbe « bêtement », dans la citation plus haut, dit la conscience que prend Bouvier, soit sur le champ, soit au cours de l'écriture du livre, de son légalisme déplacé, de son désir de ponctualité absurde, et même des inutiles efforts pour ne pas nuire, opérant, par ce seul mot, une mise à distance massive de son éducation (en pays à la fois protestant et horloger) et de notre ethnocentrisme occidental[24]. Entre temps, il a intégré ce qui est sans doute l'une des choses les plus difficiles pour un Européen, le rapport au temps des Orientaux – de son époque – inscrit dans une plus grande durée, ou dans un temps dont seul Dieu serait le maître :

> « Pour traverser l'Hindou-Kouch et gagner le Turkménistan afghan – l'ancienne Bactriane –, il faut un passeport de la police de Kaboul et une place dans l'autobus de l'Afghan mail ou sur un des camions qui montent vers le nord. Ce permis est souvent refusé : mais lorsqu'on lui fournit une raison simple, évidente et qui lui parle – voir du pays, vagabonder – la police est bonne fille. Tout musulman, même flic, est un nomade potentiel. Dites djahan (le monde) ou shahrah (la grand-route), il se voit déjà libre de tout, cherchant la vérité et foulant la poussière sous un mince croissant de lune. En ajoutant que je n'étais pas pressé, j'ai obtenu mon permis tout de suite » (343-344).

Outre le paradoxe final concernant le rapport à autrui induit par notre rapport au temps, ce passage nous rappelle que l'Islam est né au Machreq, parmi les Bédouins, au sein d'une population nomade. Et c'est donc en toute logique que l'identification, rendue possible entre les voyageurs et leurs hôtes, parce qu'ils se présentent en « chemineaux », facilite leur voyage[25]. Aussi la principale frontière intérieure franchie par Bouvier est-elle, sans doute, celle qui consiste à s'arracher à son conditionnement de sédentaire et rend pour ainsi dire caduque non pas la réalité des frontières mais peut-être leur légitimité, bien que l'auteur ne tienne pas de discours abolitionniste. Le pacifisme internationaliste était trop connoté par la propagande soviétique, à

---

24 Sarga Moussa insiste cependant à juste titre sur la mobilité sociale des voyageurs dans « Tabriz dans *L'Usage du monde* : un cosmopolitisme dans les marges », *Viatica* [En ligne], *Bouvier, intermédiaire capital*, *op. cit.*, p. 2/9.

25 Sur ce point il faut cependant tenir compte des nuances qu'apporte l'article de Gilles Louÿs dans *Viatica*, p. 4/13, révélant le rôle « du carnet d'adresses » et de l'entregent social, voire mondain, des deux jeunes Suisses, comme autre élément ayant favorisé leur voyage. Ces aspects démythifiants apparaissent plus nettement dans les lettres de T. Vernet que dans l'œuvre de N. Bouvier.

l'époque, mais, comme le montre Philippe Antoine, à propos du Bouvier de la maturité, celui-ci était assurément un écrivain « pour la paix ».

Pour la paix, et non pas « pacifiste », Bouvier s'engage [lors de la crise des euros missiles et contre la prolifération nucléaire] et ne craint pas d'adopter un ton (légèrement) polémique qui contraste avec le relatif apolitisme qui prévaut dans *L'Usage du Monde* [...][26]

Il serait alors tentant de proposer une autre lecture de son apparent manque d'intérêt pour la politique : peut-être un refus de « passionner » ou « d'hystériser » des passages de frontières déjà suffisamment tendus, pour insister sur ce qui permettrait aux hommes de se côtoyer, de vivre ensemble ? Son écriture veillerait à ne pas mettre en scène trop d'irréparable ou d'irréversible, trop de haine dont pourraient « s'autoriser » les représailles et la haine réciproque ? C'est évidemment choisir une retenue qui ne produit pas d'effets spectaculaires, qui dédramatise autant que possible, en jouant sur la (modeste ?) force performative de la littérature. Ce choix serait à mettre au compte de son humanisme, mais aussi d'un refus du manichéisme, qui n'était monnaie courante ni à l'époque de son voyage ni durant la rédaction de son livre. Ce refus étant assorti d'une discrétion idéologique, éthique et stylistique, on peut se demander si cela n'a pas contribué à rendre inaudible sa conscience politique, sans doute naissante, au moment où il a présenté son livre aux six éditeurs français qui l'ont refusé, puis lors de sa parution[27]. À l'époque, il fallait « choisir son camp ». En effet, si, en 1953-54, N. Bouvier est un très jeune homme, il a tout de même fait ses premières armes en tant que journaliste, et surtout, lorsqu'il écrit *L'Usage du monde*, il a six ou sept ans de plus, et il s'est produit de nombreux événements internationaux qui ont dû le faire mûrir. Pour ne mentionner que l'année 1956 : rapport Kroutchev, soulèvement ouvrier de Poznań, en Pologne, puis de toute la Hongrie, réprimés par les Soviétiques, luttes

[26] Philippe Antoine, « La fabrique du *tales teller* », *Viatica* [En ligne], *Bouvier, intermédiaire capital*, *op. cit.*, p. 4-8.

[27] L'éditeur parisien Julliard lui a demandé d'alléger les critiques contre le régime iranien, tandis que la seule réaction du régime iranien a consisté à dire que l'on ne consommait pas d'opium en Iran et qu'il n'y avait pas de problème d'intégration des Kurdes (discussion qui a suivi la communication de G. Bridet, lors de la conférence à la Journée d'agrégation du 14/10/17).

pour l'indépendance des colonies. La Guerre froide ayant fait place, depuis lors, à d'autres clivages, il est logique que la critique procède à une réévaluation de la teneur politique de ce texte[28].

L'extrême discrétion de N. Bouvier sur les femmes, au cours de leur voyage pose également question. S'explique-t-elle seulement par l'empreinte d'une éducation rigoriste, imposée par sa mère, par le fait que, de toute façon, plus les jeunes gens progressent vers l'Orient plus celles-ci sont inaccessibles, ou, comme l'écrit Anne-Marie Jaton[29], s'agit-il d'un autre aspect du « dépouillement » auquel s'astreint le voyageur ? En fait, la critique la plus récente aborde le sujet avec un regard plus politique et moins empathique. Dans son livre, Guillaume Thouroude étaye sa relecture de *L'Usage du monde* en recoupant les occurrences où celui-ci s'exprime sur les femmes, où « il donne voix à une tradition misogyne », et ses lectures de prédilection puisées, entre autres, parmi des auteurs conservateurs ou réactionnaires des années 1930.[30]. Il est vrai que le jeune voyageur ne semble juger les femmes que sur leur beauté ou leur laideur : belgradoises trop militantes et pas assez séduisantes (24), ancienne déportée comparée à une « grosse truie » (131-132). Son silence ne concerne pas seulement les femmes, mais cette frontière – anthropologique ou politique ? –, qui sépare les pays où la mixité est permise de ceux où elle est interdite, alors que ce clivage crève les yeux dans les dessins de T. Vernet. Les danses mixtes, strictement réservées au monde occidental et chrétien, encadrent le récit : à Kraguiévac, (49) et au Saki Bar (311).

> « [...] une vieille Arménienne un peu saoule en robe pailletée, qui dansait seule à grands pas incertains, la tête dans l'épaule d'un cavalier imaginaire pendant que les passants de la ruelle voisine se pressaient au portail pour jouir du spectacle » (309).

Notons d'ailleurs, qu'à l'image, Vernet lui prête un partenaire réel, ou, du moins, visible pour le lecteur. Deux autres images de la mixité enchâssent cet ensemble et sont caractérisés par le fait que l'on voit distinctement les visages et les corps des femmes, stylisés, jamais individualisés, comme dans tous les autres dessins de Vernet. Elles

---

28 Sarga Moussa, Philippe Antoine, Guillaume Thouroude, Guillaume Bridet, pour n'en citer que quelques-uns.

29 Anne-Marie Jaton, *Paroles du monde, du secret et de l'ombre*, le savoir suisse, Presses polytechniques et universitaires romandes, 2003, p. 30.

30 Guillaume Thouroude, *op. cit.*, p. 130-131.

représentent d'une part une prostituée au bar *Mostar* de Belgrade, écoutant l'accordéoniste[31] (33) et, d'autre part, un couple en conversation, lors d'une réception diplomatique dans « la petite colonie occidentale de Kaboul » (338). Le cortège des femmes non seulement voilées mais pour ainsi dire « empaquetées » et dissimulées par leur costume commence dès la Yougoslavie (21) et s'achève par la double page (326-327) représentant un genre de bus ou de camion transportant des passagers, dont deux femmes littéralement « murées » derrière la grille de leur burqa, aux alentours de Kandahar. Or G. Louÿs qui a, l'un des premiers, comparé le récit de N. Bouvier à la correspondance de Vernet avec ses proches, note que ce dernier commente la condition des femmes dans ces pays.

De manière générale, la perception de certains faits de société liés à la culture musulmane, qui est au premier plan dans les observations de Vernet, est évoquée beaucoup plus discrètement chez Bouvier, quand elle n'est pas tout simplement effacée : il y a par exemple très peu d'allusions à la stricte séparation des femmes et des hommes dans *L'Usage du monde*, et aucune concernant les violences sexuelles infligées aux très jeunes filles dont parle Vernet.[32]

Dans le texte de N. Bouvier, la séparation est, certes, en partie masquée du fait que les voyageurs ont quelques contacts avec des femmes, car, à Istanbul, leur logeuse, est polonaise, et, à Tabriz, leurs logeuses sont chrétiennes arméniennes. Cependant, même en Turquie, où survit encore un peu l'héritage kémaliste, les officiers sont amenés à danser ensemble, au « Club des Pilotes militaires » de Merzifon (92). Des années plus tard, dans *Routes et Déroutes*, N. Bouvier identifie une frontière entre féminin et masculin, et non pas entre hommes et femmes, mais transposée sur le plan des civilisations :

> « Parce qu'au Khyber, il y a une véritable césure. Vous quittez le monde musulman, un monde du livre, qui a donc beaucoup en commun avec le judéo-christianisme et vous arrivez dans un monde moghol islamique mais surtout hindouiste panthéiste,

---

[31] La prostituée du « Mostar » ressemble à « La Femme qui pleure » de Picasso (1937) représentant Dora Maar.

[32] Gilles Louÿs, « La Correspondance de Thierry Vernet à ses proches. Un contrepoint à *L'Usage du monde* », *Viatica* [En ligne], *Bouvier, intermédiaire capital*, p. 5-6/13.

essentiellement féminin – alors que le monde musulman est ordonné par le principe mâle[33] ».

En tout cas, ces deux catégories de l'imaginaire éludent la question concrète et politique des rapports entre hommes et femmes.

Les rapports entre féminin et masculin permettent également de préciser quel lecteur était N. Bouvier, à la lumière d'une comparaison avec *La Route d'Oxiane* de R. Byron. Celui-ci ne partage pas le culte de la virilité de son prédécesseur britannique. En effet, pour ce dernier, la frontière essentielle n'est pas celle qui fait passer de l'Asie centrale musulmane à l'Inde mais de l'Iran à l'Afghanistan, au motif que ce dernier jouirait d'une énergie mâle (et nomade) dont l'Iran manquerait (*R.O.*, 77, 184, 361). Par exemple, l'historien de l'art interprète la splendeur de la Mosquée de Cheikh Lotfollah, à Ispahan, comme « une fécondation par l'énergie nomade de l'esthétisme persan » (*R.O.*, 250).

R. Byron établit en outre une corrélation entre virilité asiatique et insoumission au modèle occidental :

> « Cette tradition peut être une gêne pour les dirigeants. Mais elle a peut-être permis aux hommes de préserver leur allure, de garder intacte leur confiance en eux-mêmes. Ils considèrent que c'est à l'Européen de se plier à leur mode de vie, non à eux d'adopter le sien. La chose m'est apparue dans toute sa netteté ce matin [...]. Voici enfin l'Asie sans complexe d'infériorité » (*R.O.*, 122-123).

Or le texte de N. Bouvier semble conserver trace, sous une forme atténuée, de l'idée de R. Byron, selon laquelle l'Afghanistan serait moins aliéné que l'Iran par le modèle occidental.

Vis-à-vis de l'Occident et de ses séductions, l'Afghan conserve une belle indépendance d'esprit. Il le considère avec un peu le même intérêt prudent que nous, l'Afghanistan. Il l'apprécie assez, mais sans s'en laisser imposer... (334)

En revanche, comparé à ce qu'écrit Byron, en 1937, sur le régime de l'avant-dernier Shah d'Iran, Reza Khan, (1926-41) et à ce qu'écrira le reporter polonais R. Kapuscinski, en 1981-82[34], sur le régime de

[33] Nicolas Bouvier, *Routes et Déroutes* dans *Œuvres,* 1992, Paris, Gallimard, Quarto, 2004, p. 1291.

[34] Ryszard Kapuscinski, *Le Shah*, Varsovie, (1982), trad. du pol. par V. Patte, Flammarion, coll. Champs/histoire, 2010.

son fils, renversé par la Révolution islamique, en 1979-80, N. Bouvier semble plus que retenu. R. Byron développe une satire féroce du régime du premier Shah de la dynastie Pahlavi, à qui il reproche non seulement de dénaturer l'identité et la culture persanes par sa politique d'occidentalisation forcée, mais aussi de mener une politique économique aberrante et d'exercer un pouvoir dictatorial, au point que les deux Britanniques conviennent dès le début d'user d'un pseudonyme chaque fois qu'ils évoqueront, en paroles ou par écrit, le monarque (66)[35]. Il est frappant que deux auteurs aussi différents idéologiquement que R. Byron, esthète anticommuniste, antisémite mais antinazi de la première heure, et R. Kapuscinski, qui ne quitte le parti communiste polonais qu'à l'époque où le syndicat Solidarnosc prend son essor, anticolonialiste et grand critique de l'Occident, aient écrit tous deux une charge impitoyable contre la dynastie Pahlavi. L'écart entre la relative désinvolture de Bouvier à l'égard de la politique iranienne et les auteurs qui l'ont précédé ou suivi dans ce pays tend à conforter l'interprétation de G. Thouroude qui voit dans l'apolitisme de N. Bouvier tantôt « une conscience politique défaillante »[36], tantôt une marque de conservatisme. Cependant il ne faut pas perdre de vue qu'en 1963 l'éditeur parisien Julliard le trouvait au contraire trop critique. Mais l'ensemble de ces réminiscences ou écarts avec le livre de R. Byron dessine le portrait d'un lecteur indépendant, pour le meilleur ou pour le plus moins bon…

*

* *

Pour tenter de répondre à la question initiale, force est de constater que l'expérience de N. Bouvier nous rappelle à quelques reprises l'origine militaire des frontières. Cependant, par certaines ellipses – ou un véritable gommage des tracasseries administratives que T. Vernet recense de manière beaucoup plus systématique et désidéalisante, dans sa correspondance avec ses proches[37],- et par son travail poétique, N. Bouvier a si bien estompé les tensions, avec l'escorte iranien

[35]Ils affublent le roi du surnom plaisant de « Marjoribanks » qui était certes le nom d'un homme politique anglais, mais non dénué d'autres résonnances (la marguerite, les banques…).

[36] Guillaume Thouroude, *op. cit.,* p. 131.

[37] Gilles Louÿs, « *La Correspondance* de Thierry Vernet à ses proches. Un contrepoint à *L'Usage du monde* », *Viatica* [En ligne], *Bouvier, intermédiaire capital,* p. 3-13.

(114) ou le sage vieillard à la douane de Laskur-Dong (319) qu'il semble, par moments œuvrer à inverser l'imaginaire de la frontière, à faire mentir son étymologie, en faisant de cet espace le lien non d'une fraternisation (terme trop connoté), mais d'une entente possible, à la fois fugace et mémorable.

Toutefois, la lecture attentive de ce qui touche aux frontières et, plus généralement, aux lignes de clivage, révèle que la politique et l'histoire sont plus présentes que l'on a bien voulu le dire. C'est la première modalité de la réévaluation actuelle de cette œuvre. L'intervention de G. Bridet à la Journée d'agrégation du 14 octobre 2017, intitulée « L'Histoire dans *L'Usage du monde* » va dans ce sens. S. Moussa y a insisté sur le fait que N. Bouvier n'est pas un naïf et que son effort pour se défaire de son ethnocentrisme ne doit pas occulter l'importante de son expérience de la mobilité sociale. La présente étude cherche à repérer les nuances et les incertitudes liées à une éthique et une esthétique de la discrétion en la matière, où les choses se jouent souvent sur le choix d'un mot, voire d'une lettre. En effet, comment interpréter la graphie du mot « tzigane » chez Bouvier ? Ne pas y prêter attention car les deux graphies avec un « s » ou un « z » étaient attestées en français, y voir l'influence de la culture allemande qui lui était familière, ou déjà un rappel que cette communauté a été visée, elle aussi, par la folie génocidaire du nazisme ? Ou, à l'inverse, faut-il noter que ce mot, quelle que soit sa graphie, sonne comme une insulte aux oreilles de ceux que les sédentaires appellent désormais « les gens du voyage » ? La seconde modalité consiste à interpréter de manière plus univoque et les silences et les rares prises de position comme la marque du conservatisme et de la désinvolture parfois choquante du jeune Bouvier. Le livre de G. Thouroude en est le signal le plus marqué. Mais il faudra désormais tenir compte- troisième modalité- de la confrontation de *L'Usage du monde* avec *La Correspondance* de T. Vernet avec ses proches et se rappeler que le contrat de lecture proposé en quatrième de couverture affiche, avec le vocable de « récit », genre « frontalier » s'il en est, permettant des allers retours entre écriture du réel et fiction. Le travail de G. Louÿs conforte l'idée qu'une forte ambition littéraire sous-tend l'écriture de N. Bouvier et explique souvent la reconfiguration très libre de l'expérience vécue, jusqu'à la fictionnalisation, dans un but esthétique mais aussi dans un processus de recréation de soi.

# *Le Fou d'Elsa* de Louis Aragon,
## Lettres et voix du Fou-Medjnoûn[1]

Kadidja Khelladi

Mythe ? Légende ? Qais, le Medjnoûn (le Fou) qui a pris pour nom son état et l'a transmis à son poème (Medjnoûn Layla) ne laisse de susciter intérêts, passions et réécritures.

Ayant traversé les phantasmes, les rêves et les interprétations liés à la littérature arabe du Ier siècle de l'Hégire (VIIe siècle), il a légitimé que son nom soit associé à celui de sa tribu : les Udrites. L'amour udrite en nait par métonymie.

Lorsque les Orientalistes se penchent sur ce terrain d'étude aux XIXe et XXe siècles, il est présent pour accueillir les voies des plus investis d'entre eux.

Ainsi, André Miquel, géographe et éminent arabisant, l'associe à une période-clé de la naissance de l'islam et des conséquences intervenues dans les vastes régions concernées par cet événement. Ses nombreuses publications sous formes d'analyses ou de traductions sont une référence pour saisir les caractéristiques de cette poésie qu'il qualifie « de type courtois ». De son côté, Jacques Berque, grand arabisant s'il en est, démontre comment dans cette société, le modèle du poème amoureux est lié à la prononciation du nom de l'autre qui suffit à faire éclore l'écriture.

Une des apparitions de *Majnoun Layla* a enclenché une série d'interrogation sur ce type de poème : Le Fou *d'Elsa* d'Aragon fut un événement inouï : l'intériorisation, l'appropriation abouties de ce qu'est le Medjnoûn sidèrent le lecteur. D'ailleurs, cette reprise est citée par les grands spécialistes : André Miquel qui place ces poèmes dans la lignée de Tristan et Yseult ; dans les Mélanges offerts à David Cohen, philologue spécialiste des langues et cultures sémitiques, la

[1] Les termes fou et *medjnoûn* pouvant être nom et adjectif en français et en arabe, le titre signifie : lettres et voix du fou « fou d'amour ».

captation opérée par Aragon est largement citée[2] ; dans l'Hommage à Jacques Berque, A.J. Greimas soutient la comparaison comme la quête

> « d'une langue idéale qui n'a jamais existé, une vérité poétique où l'essentiel d'une culture se trouvait condensé[3] ».

Alors, lorsque, lecteur démuni, nous sommes pris dans les divers filets du Fou d'Elsa, pouvons-nous nous soustraire à cette interrogation : comment a-t-il procédé ? Aragon n'était arabisant, ni orientaliste, ni spécialiste de cette région du monde. Et pourtant…. Pour nous, pétrie de poésie populaire arabe, lectrice du texte en français, l'empathie fut totale : rythmes, connotations, domaines du sensible, l'oralité sous-jacente…le poème est devenu vie. Et le plus beau texte sur Le Medjnoûn est resté celui du Fou. Que n'a-t-il pas fallu de porosité poétique pour passer d'une culture à l'autre, conserver en soi le ressenti et inclure tout à la fois les codes et les structures, les axiologies et les sémantismes et les faire signifier en même temps, dans l'épaisseur du mot ! Pourrait-on parler d'ubiquité de la langue ainsi obtenue ? Quoiqu'il en soit, nous ne pouvons que faire ressortir quelques points saillants de ce texte, en hommage à un universitaire qui s'est fondu dans la poésie et l'orientalisme.

Lorsque *Le Fou d'Elsa*[4] paraît en 1963, Aragon le dédie au peuple algérien, indépendant depuis une année (Juillet 1962). Ce geste s'inscrit dans les actions menées par l'auteur contre la guerre et pour cette indépendance. L'acte en lui-même n'est pas nécessairement surprenant, venant de cet homme dont l'œuvre entière respire le respect de l'être humain ; le choix du don lui-même peut laisser perplexe *a priori* : on ne peut douter que quiconque s'intéresse un tant soit peu à la littérature ait reconnu en *Le Fou d'Elsa* une transposition de Medjnoûn Layla, qu'il fait revivre dans l'Andalousie au moment où perdue pour les musulmans elle est reconquise par les chrétiens. La question est justement là : pourquoi ce choix ? Aragon s'en explique dans le numéro 53 de la revue L'Arc qui lui est consacré : « Pénétrer en cette forêt d'Islam » non seulement pour pallier une ignorance de

---

[2] Jérôme Lentin et Antoine Lonnet, *Mélanges David Cohen*, Maisonneuve et Larose, Paris, 2003.

[3] Algirdas Julien Greimas, *Hommage à Jacques Berque*, Sindbad, Paris, 1988, p. 268.

[4] Les références sont prises dans l'édition Gallimard, Poche, 2011.

ce monde mais surtout pour comprendre les voies d'une victoire, non pas celle des armes mais celle d'une culture portée par une langue, celle de cette parole poétique précisément. L'expression « forêt d'Islam[5] » n'est pas sans nous rappeler cette « forêt de Brocéliande » où Aragon s'avançait fièrement pour pouvoir délivrer une parole de Résistant. Tout comme il s'était lui-même nourri des symboles de cette matière de Bretagne, il trouve valeureux l'utilisation unitaire de la civilisation de langue arabe qui a permis à la résistance de cet autre – ennemi de par l'histoire – de se réaliser. Aragon ne saurait dissocier lutte armée et résistance par la culture et c'est en tant que poète qu'il va aller au devant de ces autres soi-même pour qui « rien n'est jamais acquis », ni perdu, pourrions-nous ajouter. Attentif à leurs luttes constantes, il se fera devoir de comprendre leur poésie, les conditions de sa naissance, l'histoire de ses mises en mots, le jeu de ses formes, les vies laissées pour la liberté des mots. Mais n'est-ce que des mots ? Face à cette question cruciale, Aragon endosse l'apparat le plus seyant à cette tâche et qu'il a toujours revendiqué : linguiste, philologue, sauf que dans ce contexte, la langue elle-même lui est inconnue et les cultures qu'elle a fédérées si lointaines. D'où la force du projet : le défi de comprendre et d'écrie à partir d'une langue qui a sa place dans la culture universelle, d'où la cohabitation dans ce texte des auteurs français, anglais, soviétiques, des auteurs des Antiquités, des Moyens-âges et des temps modernes, dialoguant avec des poètes, des princes, des philosophes et des hommes de guerre. Des discours tenant du religieux, du profane, des récits, des mises en scènes, tant que l'intérêt premier est déclenché par un cas linguistique, tout cela par quoi les hommes s'expriment, trouve sa place dans ce poème car pour son auteur une deuxième répulsion suit celle relative à la minimisation des discours : que le vainqueur qualifie si facilement le vaincu de lâche. Engagement personnel à perspective humaniste dont Aragon ne se démettra pas, y incrustant comme toujours ses plus intimes pensées.

Comment *Le Fou d'Elsa* et *Medjnoûn Leila* vont-il pouvoir dialoguer levant les limites des langues, des temps, des espaces, des intérêts de l'Histoire ? Aragon si peu avare sur ses modes d'écriture se délecte à nous les expliquer, explicitant progressivement toutes les mises en relations, de la lettre à la syntaxe, aux coutumes, à la voix qui les

[5] Nous utilisons l'orthographe conventionnelle : « islam » renvoie à la religion et « Islam » à la civilisation.

portent. C'est pourquoi, tentant de saisir cette quête, nous avons essentiellement prêté attention à ce qui d'abord tenait lieu de recherche de ce monde inconnu et des parallélismes linguistiques systématiquement entretenus dans tout le poème, sans devenir une fin en soi, mais opérant comme une renaissance de et à l'autre en général et d'abord celui dont le cri d'amour fut étouffé, le menant à la folie. Tant d'études ont été consacrées à la langue d'Aragon, aux intertextualités qui la marquent, allant de ce qu'il revendique lui-même comme pastiche, vol, chapardage, auto-réécriture, qu'il nous suffira largement dans le cadre de cet article de nous concentrer sur ce qui le relie à *Medjnoûn Leila* comme référent de la poésie arabe, elle-même clef de voûte de cet édifice culturel de l'Andalousie en voie d'émiettement. Le linguiste, le théoricien, l'idéologue, l'historien, mettra au jour ce qu'il peut y avoir de 'semblance' chez les poètes confrontés à des situations similaires. Notre travail sera ainsi proposé en quatre périodes où seront successivement étudiés les conditions de l'intervention d'un autre semblable par sa poésie dans ce qui fonctionne comme un long incipit prologue ; la question de l'inscription d'éléments autobiographiques n'étant pas à mettre en doute, il nous sera inévitable d'insister sur les conditions historiques de cette position quelque peu marginale dans le champ de production du poème en question ; les jointures autorisant les liens entre le Fou et le Medjnoûn, Elsa et Layla, au travers de manipulations de tout type de discours sans complexe poseront la transcendance de la poésie faite femme afin d'attirer l'homme vers le progrès dans une langue sémantisée à l'extrême ; le bond fait dans le temps relevant des possibles laissés au poète démiurge fera resurgir une Grenade qui invente, passant par une babélisation innovatrice, toujours ces passages prisés par le poète et où un prologue en suite ouverte ne fermera aucune porte à toutes sortes de liaisons, entre fiction et histoire, entre les siècles, les genres littéraires, les civilisations.

### Prologue-*incipit*

*Le Fou d'Elsa* s'ouvre sur « une faute de français » aux conséquences apparemment considérables mais le Poème s'achève sur des excuses à propos d'écarts de même ordre éventuellement commis par l'auteur. Ces deux positions se relativisent-elles, s'annulent-elles, et que serait dès lors le sens du texte ? La faute présentée en minuscules conserve-t-elle son importance face aux majuscules des excuses adressées au lecteur trônant en romaines détachées du texte ? Et si c'était plutôt un aveu d'échec de ce temps passé autour de la faute ? Pourtant Aragon l'avait décomposée en ramifications qui l'ont porté hors du temps et de l'espace de son environnement immédiat, ont fait se réveiller des ancrages mémoriels personnels et collectifs, ont soutenu des parcours littéraires de par le monde, lesquels, analysés, pratiqués, pastichés, tamisés au crible de la philologie, de l'étymologie, de la poésie ont rencontré l'Histoire.

Aragon est déjà allé à la rencontre d'autres langues ; ses traductions du russe et de l'anglais le démontrent et que penser du choix de *La Chasse au Snark*, texte fantastique s'il en est, pour un romancier du réel ? La complexité de ses rapports aux langues est implicitement inscrite dans ses activités de passeur complet des langages. La mise en mots pour Aragon, on le sait, est une mise au monde : créer, c'est jouer en misant sur la force de la langue, ce qu'elle peut produire, construire, reconstituer d'inouï, sortir de l'oubli ou inventer. Mais écrire, c'est aussi défendre des causes, prendre position, faire appel de ce que l'humanité ne s'est pas encore construit comme avenir. Si le lecteur est mis à mal par ce jeu, les aides des sortes de « dépliants techniques » proposés ne manquent pas : déjà l'intrusion de l'auteur dans le texte, présente jusqu'à la suspicion, interpelle et appelle à la vigilance, les fausses pistes étant nombreuses ; les dialogues avec le lecteur lui explicitent jusqu'à la frustration de la découverte la fabrication du texte ; ainsi doter les personnages de doublets, c'est les faire entrer dans un débat triangulaire avec ce dernier : autant de tours de magie par lesquels l'auteur ou ses narrateurs se tiennent sans cesse à l'œuvre, manipulant les temps, les espaces et les réceptions. Toute l'œuvre d'Aragon est une réflexion sur les langues en tant que porteuses de civilisations, sur la littérature en général en tant que constructrice des codes sociaux et sur la poésie en particulier qui subsume (ou devrait du moins subsumer) la pensée humaine. On sait le poète au fait des travaux nouvellement introduits en France, on connait ses contacts avec les formalistes russes, les linguistes du Cercle de Prague, son intérêt pour les travaux de Bakhtine sur l'esthétique du roman, la polyphonie et le recours à la littérature orale ; on ne peut oublier l'atmosphère de recherches littéraires et philosophiques dans son environnement direct : pétri de surréalisme, il va par curiosité vers les structuralistes. C'est dire la complexité de ce « roman inachevé », à jamais, d'un auteur écrivant-commentant. Mais quand il s'agit d'une langue inconnue au départ, non pratiquée, n'appartenant pas au même système alphabétique ni linguistique, que deviennent ces implications ? Afin que Le Fou d'Elsa retrouve la piste de cet autre fol, Medjnoûn Layla, s'imprègne de sa culture, de ses lettres et de ses voix, les déchiffre et les transmette sans ânonner et que tous les poèmes afférents à l'un comme à l'autre nous soient rendus en un fondu sans éclaboussures, par quelles étapes Aragon est-il passé ? Il serait inconvenant et inutile de parler du génie du poète, de sa force de travail ; nous signalerons simplement les contacts pris avec les orientalistes, les arabophones traducteurs ou poètes pour signaler l'importance que revêtait à ses yeux la connaissance précise de cette poésie dont il avait fait un enjeu politique certes mais passant par la linguistique pour mettre au jour la puissance historique méconnue d'une langue, ou ignorée. Jacques Berque dans ce numéro de l'Arc rend hommage à Aragon de tout ce qu'il a acquis auprès de spécialistes de l'Islam, tels E. Lévi-Provençal, M. Rodinson, L. Massignon ou R. Blachère. Ces apprentissages introduisent Aragon aux cultures de la Grenade de ses songes qu'il redécouvre comme disait Rabelais « toutes langues confondues » ou Montaigne cité par ailleurs « au moment où (notre) continent vient d'en trouver un autre ». Cette attitude d'humaniste, Aragon la concrétise par des rapprochements approfondis avec son émule : on les notera à différents niveaux, révélateurs de tous ses engagements premiers induits progressivement par' la faute de français' car, relever une faute est aisément accessible, la reconnaitre comme telle, une prise de position philosophique, la transformer en prétexte pour partir en quête de l'erreur afin de se rapprocher de la vérité un acte politique. Comment, construit ce rythme rituel du retour de Grenade sur la scène, Grenade qui en appelle à l'auteur de prendre la parole ? Dans un cycle à trois temps, Grenade se montre, en mal d'une parole sienne, aimante, afin que soit rectifiée toute erreur d'appréciation de l'autre et effacées les ignorances qui en sont souvent responsables. La première fois, le chant sur Grenade l'introduit dans un environnement où se font écho les irresponsabilités des hommes : guerre, séparation des amours, non respect de la langue française perçu comme « faute » ; se pliant dans un premier temps à l'appréciation de cette norme, l'auteur se trouve entrainé dans les abysses de la mémoire, sa sensibilité s'élargissant à des rémanences où s'égare l'esprit avant de se ramasser. La seconde fois, le nom dans la bouche de l'être aimé prononcé en lien avec ce *Rendez-vous des Étrangers*, espace/temps babélise la relation à l'autre tout en la personnalisant. La troisième fois, les troubles politiques enserrent Grenade dans un étau qui empêche l'auteur d'y entrer et lui font rappeler au discours indirect libre sa position : « les gens de mon espèce ». À y voir de plus près, il se trouve dans ces trois cris un assortiment de correspondances qui occupent l'axe du temps de l'œuvre et font que la faute de français première et somme toute minime responsabilise le sujet et rayonne sur la longue durée. Les corrélations mises en place, se révèlent les similitudes suivantes : dans les trois moments s'invitant à une prise en charge qui finit par hanter le poète, se posent des problèmes identiques : crise de la langue en phase de codification et richesse d'un développement littéraire en tout genre ; question du statut du poète et de la femme, principal objet de ces expressions ; bouleversements religieux et politiques allant justement jusqu'à des tensions extrêmes entre les civilisations. Tout est intriqué et la poésie doit offrir sinon une voie de sortie du moins une lumière sur ces épisodes. Il se place dans ce centre focal de la Grenade de l'entente pour comprendre à travers une sorte de 'poésie des siècles' l'histoire humaine car de cette Grenade aucun continent ne sera omis. Les deux couples donnant le mixte du titre se métamorphoseront face au réel en une suite de parallélismes entre les créations poétiques dominantes et les rébellions innovantes mais toujours sans oublier l'intérêt d'une grande culture de combat. Or, il se trouve qu'historiquement, entre ces trois périodes en concurrence au moment de l'énonciation, de grandes rencontres productives ont eu lieu, que l'histoire a oubliées ou dont elle a altéré le sens. C'est en allant au devant de ces poètes, en simulant leurs voix, en faisant usage de leurs lettres, en mettant ses propres mises mais en gardant ses prises, qu'Aragon transforme son amertume première en énergie féconde, énergie à la mesure des poètes nommés, auscultés consultés, réinventés…La Grenade des songes de l'auteur connait la fin de son époque musulmane avec des affrontements violents, touchant à ce qui avait constitué dans son imaginaire un autre rendez-vous des étrangers, avec des moments de paix favorables à la création poétique entre les trois monothéismes qui se déchireront plus tard. Le poète trouve dans les genres littéraires un lieu où expérimenter son idée de poésie et culture.[6] Et en effet, les deux moyens-âges ont privilégié la chanson, les poésies dites d'aube, les bestiaires, les lapidaires, les

[6] Sur ces questions, voir : Dominique Boutet, *Histoire de la littérature française du Moyen-âge,* Éd. Honoré Champion, Paris 2003, 203 p.

reverdies, mais aussi les lamentations, les jeux-partis et les joutes oratoires, les textes en miroir, les calendriers, l'allégorie, les généalogies, les panégyriques, les bachiques et surtout la force de la codification grammaticale. Tous ces styles, l'auteur Aragon les expérimentera en réfutant le préjugé de l'impossible rencontre des cultures grâce à ces moments où, de prince ou de bandit, la poésie est à l'honneur. Par ailleurs, nous ne pouvons oublier que ce fut l'époque du couple : Qays et Lubna, Jamil et Buthayna ont constitué des entités semblables à celles de Medjnoûn Layla ou Tristan et Yseult, Lancelot et Guenièvre, Béatrice et Dante ou Laure et Pétrarque auxquels Aragon adjoindra ceux des mythes gréco-romains à travers la présence d'Orphée, reliant création et réel. C'est dans cet état des lieux sans frontière que l'incipit se fait prologue, long cheminement de conjonctures pour achever l'entrée en contact avec la poésie arabe et l'appréhender selon ses propres codes.

### Circonstancielles et dérivées

Une de ces anecdotes prisées par les surréalistes, un rien négligeable, ce petit quelque chose du XVIIIe siècle, aux conséquences insoupçonnées, poussiéreux, dont on aurait pu se débarrasser le jour-même, mais non précisément, le message avait atteint le moment propice à sa délivrance : un refrain de romance qui accroche par une négligence linguistique : sans être un handicap à sa compréhension, recevable comme une de « ces beautés apollinariennes », la rupture syntaxique opère un charme : « La veille où Grenade fut prise », ritournelle dans la mesure où la voix prenant en charge l'écrit (« Je le répétai trois ou quatre fois… (p. 12) donne la solution (« On dit bien sûr la veille du jour où Grenade fut prise » (p. 12). La norme syntaxique rétablie, le poète Aragon s'attache aux émotions provoquées par cet écart. Le traducteur qu'il est sait l'importance de cette faute : relevant de l'énonciation, elle fait partie des difficultés d'apprentissage des langues étrangères d'une part, d'autre part, elle implique dans une situation de discours. Un déictique manque et tout est bouleversé, cependant que, obsédante, Grenade revient dépoussiérer, comme un sujet aux prédicats divers, les archives historiques apparemment inutiles pour un auteur en mal d'écriture (« Fallait-il que je sois désemparé… » (p. 11) et en faire le lieu de création d'un poème fou. Sans essayer de les sérier, nous les donnons selon l'impact provoqué sur le lecteur que nous sommes. Ce ménestrel chantant un refrain du Nord, possède-t-il la même langue que le poète de langue d'Oc du long chant courtois qu'il rencontrera dans cette aventure ? Pouvait-on parler de faute de français dès lors que la langue n'était pas encore unifiée ?

La bien belle tentation que voilà pour connaître *le Medjnoûn*, exemple de l'unification de la langue arabe en poésie, en dépit de sa marginalité. Dès lors, tout cela par quoi, pour quoi, les hommes armés se battent, est mis en parallèle pour signifier l'inéluctable nécessité de les lier dans le cadre d'une inévitable résistance (« Et nous vivions sans trop savoir ce qui se passait au loin sous nos couleurs, les tortures, les enfants en monstres changés, la perversion en toute chose, et le sang épars au rire atroce » (p. 20). L'oxymoron qui termine la phrase réaffirme la décision de l'auteur et son « je » proclame de nouveau que :

> « Tout se mesure au territoire des vocables, au court chemin fait pour qu'ils changent… et dans le temps » (p. 20).

C'est dire que la forme des mots est une force liée à leur histoire comme l'annonce ce prélude rappelant le premier nom de Grenade « Elvire » suggérant qu'elle pourra fonctionner comme la technique du camouflage utilisée depuis la Diane française ou Les Yeux d'Elsa ; et si, dans cette prise de position, le glissement se fait progressivement vers Le Medjnoûn, c'est que les deux poètes ont accordé à la poésie la transcendance absolue, défiant l'amour même au nom duquel elle était née; les genres défilent implicitement, au-delà des termes concrets, des métaphores, ils surgissent nous invitant à des lectures précises des textes à venir : des vocables anciens reflétant le mode de vie du moyen-âge occidental parsèment le texte : citons : terre gastre, hoir, charrois, ces derniers étant aussi bien des armes de guerre que des chansons … ; il en est ainsi des genres littéraires parmi lesquels apparaissent des « songes », des « clefs », des « rêveries » cités en même temps que le « sadj », prose rimée ou prosimètre, proche du rotruenge(p. 62) Et dont il est-il dit qu'il existe aussi bien en arabe qu'en français mais surtout référentiel parce que utilisé dans le Coran, modèle poétique par excellence pour les musulmans, arabes ou *mawalis*, c'est-à-dire, ceux qui utilisent l'arabe comme langue d'écriture et d'expression ; lesquels le célèbre 'Abd Allâh Ibn al-Muqaffa'(mort en 759) qui traduisit de la langue persane vers l'arabe le fameux *Kalila wa Dimna.* La justification d'Aragon met au jour une attitude révérencieuse face à tout texte poétique de civilisation quelle que soit son registre ; il n'existe d'ailleurs pas chez lui d'exclusion partisane du religieux de façon générale ayant placé les lignes de sa transcendance dans une certaine poésie, le nom de Dieu et d'Allah seront évoqués en tant que notions qui ont pu être d'un certain secours aux hommes tout comme se répondent Bible, Coran et Thora ; ailleurs, Péguy, Chateaubriand côtoieront sans nous étonner Djamî ou Ibn Sina « ou un certain Paul ». Et Grenade qui insiste à se lover dans tout lieu accueillant la mémoire et les divers jalons balisant la feuille de route de l'auteur. Tant de tracés qui sont non « pas coïncidence mais convergence ». (p. 16) feront que l'étranger parlera la même langue et ceci grâce à une femme. Inévitablement, l'occasion se présentera en cet ouvrage de permettre à la seule femme aimée, d'opérer en ce « Rendez-vous des Étrangers » les glissements associatifs entre le circonstanciel, les lignes de fuite de l'imaginaire qui le contrôle et les voies signées des deux femmes se font alors écho. Les prétéritions, défensives ou rhétoriques, nombreuses dans ces moments, permettent aux différents jeux de masques surgis du vide énonciatif de laisser son théâtre intérieur se mettre en scène. Au moment où Medjnoûn entre comme objet de lecture, elles se multiplient, défensives et explicatives : l'expression « à ceux qui » répétée trois fois à la page 17 apporte une réponse tranchante sur les choix de l'auteur et repositionne clairement ses décisions

> « J'appartiens par la tradition, l'enseignement et les préjugés au monde chrétien : c'est pourquoi je ne pouvais avoir accès à celui de l'Islam par la voie directe, l'étude ou le voyage. Seul, ici me guiderait le songe, comme ceux qui descendirent aux Enfers, Orphée ou Dante… » (p. 14).

À l'idée répandue de l'impossible rencontre, la prétérition riposte avec tout à la fois humilité et émulation :

> « Mais je ne défends pas ce que j'écris ou je vais écrire. J'ouvre ici seulement le rideau sur un univers où l'on m'accusera peut-être de fuir le temps et les conditions de l'homme que je suis » (p. 19).

Les correspondances avec la Grenade sans étrangers parce que tous étrangers, cristallisent ses rêves autour de cet autre fou d'amour ayant inondé la ville de ses songes, écrits rapportés par un poète lui-même au crépuscule de sa vie. Les dérivées de ces moments sont désarroi, confidences, amertumes réflexions sur le temps. Seulement, les jeux de rôles font éclore les rapprochements qui sans nostalgies donnent de la voix à ce qui ne peut ternir ni être terni : la poésie.

Aragon convoque un panel de poètes qui vont lui ouvrir la voie à cet autre lui-même. De leurs créations, modes de vie, statuts, se reposera la question de Grenade. Les allusions aux pratiques poétiques des étrangers, précurseurs de la lointaine Arabie pré-islamique ou venant du large champ des pays gagnés à l'islam et à l'arabe, ou encore du pays d'Elsa, donnent les signes pour reconnaitre leur griffe tout en ouvrant ce grand dialogue qu'est la littérature au-delà de la mort. Désignés par des périphrases, les plus grands noms sont identifiés, révélant les objectifs du Fou de les rejoindre et de les instituer en une rencontre avec des poètes proches de sa propre culture. L'hommage qui est rendu tel le traditionnel rituel avant la rencontre-débat, l'énumération établie à l'aide du simple anaphorique « il y a » (p. 25) rend réelle l'existence de poètes marqués à jamais par leur sceau propre. En dépit de leur nombre pléthorique, il est possible de les identifier. Nous soulignerons simplement un point qui leur est commun : ils ont été à la source du long travail de collecte de la langue arabe, fille de la bédouinité, ont servi d'exemples à sa codification, ont entrainé plus d'un lexicologue dans une quête du mot rare voire de l'hapax, comme le précise R. Blachère[7] ou encore une attention à la rime jugée parfois excessive par l'histoire littéraire mais qu'Aragon a au moins consultée et qu'il cite : « …Mafâ'ilatoun ou moustaf'iloun/ » (p. 27).

Le Fou, dans une attitude toute royale, osera établir des ponts entre leurs poésies et celles des grands représentants des troubadours ou trouvères du Moyen-âge occidental européen ou en une Andalousie affranchie de ses trop lourdes attaches[8]. Ce fut, sans rien envier au modèle ancien, une poésie de couples : Wallada et Ibn Zaydoun (mort en 1071). Comme une réponse, le poème « LES VEILLEURS » (p. 435) daté de la fin de Grenade, reprend la même technique de présentation anaphorique des poètes :

[7] À propos des questions relatives à la collecte de la langue arabe bédouine à partir du VII^e siècle voir : Régis Blachère, *Histoire de Littérature Arabe des origines à la fin du XV^e siècle de J-C* 3t, Ed Adrien-Maisonneuve, Paris 1966, 865 p.

[8] Notre documentation sur l'Andalousie provient de : Brigitte Foullon et Emmanuelle Tixier du Mesnil, *Al-Andalus, Anthologie*, Gallimard 2009, 480 p., Hamdane Hadjadji, *Florilège de la Poésie Andalouse au Féminin,* Barzakh, Alger, 150 p., René Khawam, *La Poésie Arabe*, Éd. Phébus Libretto, Paris 1995 et André Miquel, *Majnûn l'amour poème,* Éd. Sindbab, 1984.

« Il a Sénèque l'Espagnol et le Florentin Pétrarque/Il y a le prince de Cordoue Al-Mou'tamid il y a /… », auxquels Aragon lie les destins de Laure ou de la future Elvire de Lamartine que l'on reconnaît dans le pastiche du titre : « …et vous heures propices… ». Toute douleur est capitale et au couple absent se substitue la création. Les recherches rhétoriques et stylistiques de Bertrand de Born, Arnaud Daniel, Christine de Pisan, et en Grenade malade politiquement où chanteront Ibn Hazm, Ibn Zaydoun, tout s'exprime par une dimension allégorique. Le Fou–Medjnoûn tenu de jouer avec les circonstances et les interdits y trouve moyen d'aborder la poésie par le rapport à la religion, à l'héritage des Anciens et surtout à la philosophie. Cette dernière pratiquée par l'École de Chartres rappelée par le terme « cathédrale » autorisera le contact entre Medjnoûn et les philosophes.[9] Le projet d'Aragon d'entrer en forêt d'Islam n'est pas un simple jeu de mots, on connaît les objectifs du genre *Perceforest* cherchant une remontée dans le temps qui permette la rencontre entre la matière arthurienne et celle d'Alexandre. Le contact est devenu imprégnation de cette culture, connaissance, appréciation sans perte aucune de jugement. Le poète prend en charge la versification dans laquelle cette filiation est posée, le vers monorime de la forme la plus usitée en poésie arabe classique : « De rime ra me semble-t-il et dans le vers parfait /Épousant le mètre kamil » (p. 25).

À propos de quoi cette liste prédicative fait-elle le point, à quoi prépare-t-elle ? Elle est en fait une des matrices de la naissance du couple comme notion amenant de la vie personnelle à l'engagement collectif. La politique ayant fait intrusion dans ce dispositif, apparemment inexorable, le retour vers celui qui a formé la poésie de la Grenade des songes est entamé. Il n'est pas étonnant que chez Aragon le retour se fasse dans les mêmes termes qu'un autre regard vers le passé, dans « Les Cloches de Bale » :

> « C'est là que tout a commencé. Je n'ai pas mémoire de comment je sortis de la forêt…La Pléiade, p. 690).

Si Aragon semble disperser ses propres paroles entre plusieurs narrateurs, comme toujours le lecteur dispose de moyens pour les distinguer. Entre les romaines et les italiques, il est cependant paradoxal

---

9 Sur le rapport entre les trois domaines, je renvoie à l'étude de Ridha Boulaâbi, *L'Orient des langues au XX<sup>e</sup> siècle,* Paris, Geuthner, 2011.

de retrouver souvent l'auteur derrière ces dernières, contrairement aux conventions. Ce ne sont justement que des conventions ! Est-ce à dire que les échanges entre poètes démontrent leur même dramatique destin ?

### Génératives et dialogiques

Dans cette prise de position si invective « De quels mensonges s'écrit l'Histoire ! », il y a d'abord un désarroi qui relève de l'ordre du privé. Il aurait été inutile de le rappeler si l'auteur Aragon lui-même n'en avait fait le lieu d'investissements primordiaux pour le texte. C'est en effet à partir de son enfance que ces partages vont assurément se réaliser. Du politique au poétique, que de personnages n'assumera-t-il pas pour sortir « des mensonges de l'Histoire » ! Roi, prince –poète, scribe, poète soumis au silence et dont la parole doit être délivrée, la graphie autorisant de les reconnaître dans leur rôle, au prix de multiples déchiffrements[10]. La densité du texte est telle que dans le cadre de cet article, nous ne retiendrons que cette dimension personnelle confiée à une lecture linguistique des rapports humains.

Aragon – auteur prend d'abord en charge l'Histoire, celle qui de la faute de syntaxe a abouti à une réflexion sur l'histoire de la poésie. Conventionnellement écrite le plus souvent en lettres romanes, elle occupe essentiellement les parties dont les titres sont les dates du déclin proche de la Grenade du fou : III^e^ partie, 1490, IV^e^ partie I491, avec en prime un calendrier débutant par le premier mois de l'année lunaire(Mouharram) et un livre des saisons. Sachant pourtant que « l'histoire dispose de nous » (p. 15), il tentera de rétablir la vérité en dévoilant les intérêts, les traitrises, les luttes intestines, l'amour du pouvoir et tout cela pour conclure avec conviction :

> « Ah ! quelle horreur j'ai de cette pratique qui, chez mon pire ennemi, dégrade le visage humain ! » (p. 28).

Ce visage, c'est d'abord celui d'un autre enfant, devenu roi, mais qui lui ressemble tant par les imbroglios d'une constellation familiale mensongère. Leur lien s'énoncera en ce qui ressemble à un blasphème social : « Je n'aime pas mon père ». La riposte est linguistique en premier lieu, brisant les codes de la langue, tentant de rendre au

10 Hervé Bismuth, *Le Fou d'Elsa d'Aragon* : *métissages linguistiques et discursifs*, Editions Universitaires de Dijon, Dijon, 2007, 200 p.

dupé sa place. Ainsi, apparaissent tant en romaines qu'en italiques des termes arabes inscrits dans le corps même de la phrase notant l'égalité des langues. Quelques exemples parlants suffiront à expliciter cette position d'Aragon. La première supercherie à effacer consiste en la suppression du sobriquet « le chico » et son remplacement par l'anthroponyme et le titre entier du roi. Le poème – don « À MOHAMMED BEN ABOU'L-HASSAN/BEN 'ABDALLAH EMIR AL-MOSLIMIN » (p. 31-32) est un encouragement à la révolte et à l'action tout autant qu'une compassion pour l'enfance trompée :

> « Avance Roi vaincu devant l'histoire et la légende/Qui n'a grandeur que de la catastrophe et du tombeau /Sur tes pleurs que le grand rideau rouge du temps descende/Voici le visage qu'on t'a fait le trouves-tu beau ».

La restitution de l'identité au roi lui redonne au moins linguistiquement « ce visage humain » auquel l'auteur tient tant et sa dignité correspond à la valeur de ce *sadj'*, prosimètre en rimes croisées avec un envoi rappelant le genre : « Une rime a je ne sais quoi d'amer ô Boabdil/Une corde brisée à la guitare de la nuit ». Cette réparation prend la forme de l'antique péan, avec cette adresse directe au sujet

> « À quoi rêves-tu Boabdil écorchant tes pieds aux sentes ténébreuses… » (p. 177).

D'autres personnalités récupéreront leurs noms, ainsi Averroès (mort en 1198) redevient Ibn Ruchd, Avicenne (mort en 1037) Ibn Sina et L'Avempace de Saragosse (mort en 1138) Ibn Badjadja, un des auteurs supposés du Zajal, avant de pouvoir dialoguer d'égal à égal avec les autres. Diverses formes de fusion avec la langue des autres sont mises en forme dans le texte : contigüité entre des mots traduits, empruntés, sans qu'il en soit besoin : « …un fermier du mardj, la prairie… » (p. 41) et insistant sur les vocables des derniers adversaires en lice en Grenade, l'auteur -scripteur ajoute « …et que les Castillans nomment Véga » (p. 41).

Le personnage du Castillan apparaît ainsi comme l'opportuniste même, caractère nettement mis en évidence dans ses tentatives de divisions entre Juifs, Chrétiens et Musulmans et si le paysan répond dans la tradition de l'improvisation mais sèchement par une métaphore de l'Andalousie comme « un creuset de l'homme et de la douleur » (p. 41), c'est la linguistique qui tranchera puisqu'une fois les jeux faits, le terme apparaîtra pour sauver l'honneur des vocables sous la seule forme de '*mardj*'( p. 145 et 147). La prose rimée, ou s*adj*', dans laquelle se réalise de nouveau l'échange consacre le débat dans son importance à venir tout en assurant de l'existence du genre dans les deux cultures. Ailleurs, l'historien prend parti dérangeant les vainqueurs :

> « Pas plus à rien ne change rien que vous donniez à la Garnatâ des Maures son nom dégénéré de Grenade, à la rivière qui passe à ses pieds pour aller se jeter dans le Guadaiquivir, l'Ouâdi'l-Kabir, ou bien sa forme castillane ou bien sa forme française, Génil ou Xénil, aux dépens des orthographes islamiques, Sandjil, Chanil ou Chnil… » (p. 31).

Et quand le verdict est inéluctable, la concession restreinte accorde un répit :

> « …à Basta que je ne puis laisser appeler Baza encore de deux années… » (p. 141).

La linguistique suit les changements des vocables par ce qui ressemble à un véritable traité de phonétique ou de phonologie. La relation entre les lettres « b » et « v » est étudiée dans des exemples édifiants pour le lecteur : si elle est annoncée dès les Avencerrages, elle concerne essentiellement la période dite des grandes découvertes mais qui avec « ce navigateur sans navire » « vient avec « l'or maudit » (p. 43) et se fait appeler plus loin Colomv comme par un juste retour de l'histoire. En outre, l'erreur sur la destination fera de lui un Salomon dégradé s'attaquant à l'or de l'Ophir (p. 44). Ailleurs des lexèmes sont donnés en arabe simplement transcrits en caractères latins, l'italique faisant la distinction, mais référant tous à des situations historiques : ainsi de « …voire des Francs ou Ifrandji » (p. 40) ou culturelles et institutionnelles : « moul'houn », (p. 47), « sahib-el-madina », une « khana » (p. 50) ou encore ces philosophes transcrits « *falassifa* » selon qu'ils soient vus pervers ou simples contradicteurs.(p. 175) L'arbitraire de l'onomastique va de pair avec celui de la syntaxe habituellement indépendante du politique. Néanmoins, Aragon le pratique avec autant de vindicte, scindant la phrase française en y introduisant des termes arabes de même sens, à la même place mais dont la fonction diffère alors selon les règles en usage dans les deux langues. La reformulation est ainsi souvent nécessaire pour qui ne peut recevoir simultanément le message dans les deux langues. Un exemple :

> « …ou disent les Esclavons dont s'entoure le Roi dans le Palais Rouge al'Hamra » (p. 68).

Aragon entremêle dans cette phrase sens et syntaxes arabes et françaises : « al-Hamra » syntaxiquement est complément du nom, forme qui en arabe se construit le plus souvent sans préposition et avec une simple déclinaison du terme second, si bien que la phrase en français devrait être ainsi construite : « le Palais al-Hamra » ou une fois traduite : « le Palais Rouge » : reformulée, elle donne ceci : « …dans le Palais Rouge Rouge » mettant en évidence par la contiguïté des termes leur rencontre dans le réel de Grenade. Les mêmes remarques sont à porter sur d'autres toponymes, ainsi de « l'al-Baiyazin » ou « l'al-Kassaba » (p. 68) une lecture par rapport à la grammaire française laisserait entrevoir une redondance dans les articles, or, en arabe les noms de lieux étant déjà affectés d'un déterminant, Aragon ne fait qu'entremêler encore une fois les deux normes en ajoutant l'article français. Ailleurs, il respecte la tradition des apports arabes, en tant que traducteurs de Grecs à partir du syriaque et c'est ainsi que nous rencontrons d'abord « Aflatoun que Grecs nomment Platon » (p. 164) et de son énonciation, on parlera de la chute ou de la prise de Grenade, c'est selon, on trouvera aussi bien

> « dans ce pays devenu mien » qu'un sentiment de compréhension devant le désarroi royal : « Il se sait au parapet de l'abîme, et pourtant il a plus de dix ans tenté de ne point basculer dessus » (p. 173).

Il est vrai que c'est un roi qui « se soucie plus de poésie que d'exécutions capitales » (p. 175).

Le rôle d'historien qu'il s'est dévolu ne saurait être indépendant de celui de la poésie ni de sa propre histoire. C'est ainsi que suivant l'histoire du panel de poètes convoqués pour entrer dans la civilisation arabe, il fera siens leurs comportements voire leur résistance à l'islam par la poésie. En effet, certains poètes ont pensé rivaliser avec la parole de la foi nouvelle. C'est le fameux *i'jaz*, caractère inimitable du Coran puisqu' 'incréé. Tels les poètes rétifs à la fixation de la langue selon le seul modèle du Coran, Aragon trouve le rythme, le ton et l'organisation d'une Sourate, tout en revendiquant par ailleurs la majuscule qui la sacralise ainsi que pour La Sounna (p. 428) : fondée sur la fonction conative, elle est débitée à la première personne du pluriel et donne tout à la fois les termes de prévention, ceux de miséricorde ou sanction. La faisant énoncer par un fakir, homme de foi, jurisconsulte et poète, il y est introduit lui-même par un Il majuscule dans une mise en scène rappelant la chorégraphie des derviches tourneurs :

> « Nous t'avions prévenue ô ville de carthame et de pourpre. Et cet enfant que tu t'es donné pour roi soit la pierre de l'accomplissement... » (p. 54-55).

La prédiction vaut pour le poète qui mettant en scène un dialogue entre trois confrères les fait réfléchir sur les technicités de la création poétique : les jeux-partis sont à l'honneur, la rime respectée mais la créativité ne saurait être bloquée pour une question de mécénat ou de foi, sinon en l'être aimé. Les recettes

> « Or peins l'Émir de la couleur de Dieu que son portrait soit/ pris pour miroir Fais-lui grand l'œil et le bras redoutable ainsi qu'il faut à son/ peuple le voir… » (p. 24),

respecte le vers monorime usité dans le panégyrique ; le mètre intérieur du deuxième riposte alors :

> « J'appelle poésie à la fois ce qui ne demande point d'être compris et ce qui exige la révolte de l'oreille » (p. 25),

en quoi nous reconnaissons l'auteur Aragon ; vint ensuite l'annonce de la malédiction de ceux qui « portent tous un enfant mort d'avoir chanté » (p. 25), en quoi se dessine le destin du Medjnoûn. Cette « bourse Aux rimes » est un double clin d'œil à une guerre des rimes, celles de l'antique Arabie déjà citée, et celle de Grenade menée par les Grands rhéteurs. L'auteur scripteur peut alors offrir le don de la folie créatrice à un personnage à venir, en dépit de son âge : « Prends ma place, vieillard, sois mon cœur et mon cri » (p. 66).

Le mythe du livre traversant les temps et les espaces portés ici par Djamî se met en scène selon la manière d'Aragon, « (me) retournant… »

Une alliance absolue se réalise entre l'Enfant-Roi, le jeune Louis et la jeunesse en général. Les termes « gamins » et « enfants » apparaissent à plusieurs reprises (p. 73, 180, 466…). Aragon enfant prenait le chemin de Télémaque, Salomon apparaît dans le texte comme pour rappeler les dissensions père/fils depuis les origines. Cette quête permet la production de poèmes où les blousons noirs rencontrent les mauvais garçons : Le poème « Chant DES VAURIENS » (p. 45) qui leur est dédié table d'abord sur sa valeur technique ; il est en effet un des exemples types de la prosodie médiévale occidentale, préférant l'octosyllabe… tout en mêlant les écritures de Villon (« voleurs de volailles et de fruits »), de Verlaine à ceux des poètes-brigands du désert d'Arabie. Un jeu de couleurs avec leurs symboles construit le puzzle de ces relations conflictuelles. Le Medjnoûn égaré est conduit devant la pierre noire de la *Qa'ba* pour quémander la délivrance de la magie exercée sur lui par Layla. Cependant, erreur selon les uns ou volonté de sa raison, il supplie de pouvoir toujours l'aimer :

> « J'ai crié à mon tour:/Ô Dieu de miséricorde,/Ma première requête/Pour moi-même:/Layla !/Afin que Tu sois son protecteur[11] ».

Déraison face au pouvoir du père et entrée dans le monde de l'isolement. Néanmoins, avec d'autres jeunes de lui inconnus, c'est dans la couleur de Grenade, qu'ils se reconnaissent et se regroupent pour assumer leur vie. Il y a dans le Fou d'Elsa un camaïeu de rouges qui va de « la pourpre beauté » (p. 59 ) au fragile vermeil. Si la première rappelle le rideau cramoisi du théâtre intérieur, le deuxième introduit les styles stéréotypés des descriptions médiévales. La poésie militante d'Aragon ne l'entrainerait-elle pas sur les traces de cette autre Elsa défendue par le Parsifal du cycle arthurien ? Déjà à l'Enfant-Roi trompé et trahi, il redonnait l'ocre et le rouge, ou « l'onyx, rouge et jaune » (p. 174-177) par quoi il le faisait accéder au sens double du « rebriche » en tant que vers royal et, par métonymie, retrouver les titres des lois de l'État. Lui-même taxé du sobriquet de « Chevalier Rouge » par Drieu de La Rochelle, Aragon redonne sa place à Perceval, le chevalier Vermeil (Les Yeux d'Elsa) à travers lequel apparaît implicitement cette autre Elsa du cycle arthurien, tandis que Grenade compte parmi ses dénominations celle de « ville vermeille » (p. 177). La tradition veut que la corde ajoutée au luth du musicien Zirryab soit rouge. Débité dans toutes les nuances du fruit du grenadier, symbole de fécondité, le rouge se retrouve dans les noyaux de cerises amenés d'Alep par hasard (p. 60).

---

11 Odette Petit et Wanda Voisin, *La Poésie Arabe Classique. Études textuelles*, Éd. Publisud, 1989, p. 97.

Simple rappel du lexique agro-alimentaire arabe passé à l'espagnol ou chanson des temps du progrès ? Mais ce qui reste incontestablement en rapport avec le temps, se retrouve tout à la fois dans les mythes et les genres littéraires liés à cette couleur et ses dégradés. Présente autour des poètes, des musiciens, des soieries, la couleur devient matière car il y a peu de l'une à l'autre. En effet, floralies et lapidaires se construisent autour de ce lexème : ainsi de cette « céramique florale » (p. 22) où dominent les paons, tapissant les murs, écrivant les amours silencieuses ; ainsi de la yacinthe-jacinthe, représentative de cette fusion et qui, ramenée au mythe, peut fournir des informations sur l'érotisme sous-jacent qu'elle recèle. Celui-ci exprime les amours de certains poètes médiévaux arabes pour les éphèbes, ainsi que celles exprimées tardivement de l'auteur- scripteur. La concentration de toutes ces signifiances autour du rouge se réalise paradoxalement non pas dans l'Alhambra elle-même mais dans ce palmier, unique, planté pour la mémoire et emmuré pour la même mémoire. Le palmier appartient à l'espèce phoenicole, de même étymologie que le phénix. Or, l'arbre, comme l'oiseau, ne sont pas sans lien avec La Phénicie rappelée ici non pas uniquement pour sa couleur mais comme voie de passage entre les espaces du Medjnoûn et celui de l'auteur- narrateur. La requête de l'enfant-roi de lier au sol cet arbre laisse avec lui le symbole du phénix renaissant de ses cendres, mais surtout androgyne rejoignant les jeux des jeunes garçons aussi bien dans les scènes du Hammam que dans l'aveu du dur métier d'aimer de « ce sombre amour d'orange amère ». Cette reconnaissance de la jeunesse ne va pas sans une amertume de « l'âge du cheveu » (p. 39), hygiène et maturité teintes en rouge, de même que les extrémités des femmes, dernier stade avant la blancheur, condensé de couleurs qui permet de recevoir la voie du poète-émule. Ayant compris le scepticisme du poète aveugle Abu El-' Ala' Al-Ma'ari (979-1058), Aragon endosse avec lui son épitaphe, faisant allusion aux liens entre les générations et les difficultés d'assumer la procréation : « Ceci est le crime de mon père » mais le gardant comme modèle de la créativité faisant implicitement allusion à son œuvre *Saqt al Zand* (L'Étincelle du Silex) dans le vers suivant « Après quoi le sentiment des silex inutilement battus » (p. 177).

La relation mère-enfant est mise en évidence par tout un entourage féminin plutôt favorable à l'enfance, ou du moins présent. Plusieurs actrices en assument les rôles : les deux vieilles dames dépassées par les circonstances de la débâcle de 1940 et qui, par cela-même qui fait que l'histoire dispose de nous, sont le point de départ du lien établi entre Boabdil et Paul Reynaud.

Dans une fausse interrogation adressée au lecteur, l'historien Aragon réaffirme ses positions : « Vous ne saisissez pas le rapport des choses : eh bien c'est pourquoi voulez-vous que j'aie plus de férocité pour Boabdil que pour Paul Reynaud ? » (p. 29-30).

Par ailleurs la constellation familiale de l'enfance du Fou, mère, grand-mère et tante, évoquée par ailleurs, n'est-elle pas reconstituée dans les paroles de Boabdil cherchant refuge auprès de ces trois épouses (p. 169). Une autre présence plus anonyme mais plus familière aussi pèse de son poids de circonstances historiques et de traditions littéraires. Ce gamin des rues auquel autant C. Baudelaire que V. Hugo ont accordé leur attention est ici pris en charge à plusieurs niveaux. Historique, il remet en question les dures tergiversations imposées à l'enfant- roi, tronquant sa jeunesse. Et c'est bien un dialogue digne des tragédies raciniennes entre Boabdil et sa mère qui laisse entrevoir le terrible destin qui est le leur. L'écriture en miroir fréquente dans les littératures du Moyen-âge et qui marquera tant Aragon révèle la complexité de leurs liens : soumission et révolte, complicité et rancœur, lâcheté et responsabilité, tendresse filiale et autorité du devoir. Rien ne peut dès lors étonner dans cet échange : « LE MIROIR BIEN AIMÉ » :

« Aicha

Va va je te connais va va je te devine

Boabdil

Mon corps est fait de votre argile en refus de ce qui fut mon père

Et l'ambigüité de la relation permet qu'après avoir céder à l'appeler mon faon, elle impose une chute au poème qui est obligation de victoire édictée dans le royal alexandrin :

Grenade vous attend mon fils allez régner » (p. 157-161).

Poétique, la jeunesse se retrouve en cet autre gamin des rues « dont les parents n'étaient point connus » (p. 73). Apparenté par la légende au type du djinn habitant le poète, il est dit de lui qu'« il apprit à écrire, et non seulement l'arabe, mais toute sorte de langages » et c'est à lui « que (nous) devons presque les seuls chants notés d'An-Nadjdi » p. 74. et désigné encore comme « un enfant » au moment où il affronte l'Inquisition, il passe immédiatement de stade de « morveux » à l'âge d'homme en entrevoyant le visage de l'amour sous les traits de Simha, la joyeuse et l'on comprendra que soumis à une ordalie du feu, il prononcera courageusement que « suivant l'enseignement de son Maitre, l'avenir de l'homme est la femme, et non pas les Rois » (p. 74).

Le scribe fidèle compagnon du poète, sa voix et ses lettres dans la tradition arabe, reçoit les lettres de sang d'Aragon-auteur « pour moi le sang des choses… » (p. 18). Bénéficiant d'un nom, Zaid, signifiant « croissance » ou « né qui le rapproche de cet autre Zaid, recueilli et élevé par Le Prophète, ou encore de ce précurseur de Hira, « Adiy Ibn Zayd, arabe chrétien qui se déplaça jusqu'en Perse pour y apprendre la langue, il porte les commentaires des paroles de son Maitre, nous donnant en réalité un dialogue dans la plus pure des traditions médiévales de la résurrection, un dialogue entre Medjnoûn -Aragon. Quelques exemples ont été retenus pour leur valeur créatrice de liens entre les deux langues comme de l'entrée en scène d'Elsa-Layla. Il y a d'abord la complicité du couple envers l'appel de l'Andalousie : « Que m'était Grenade avant Elsa ? » (p. 17) suivie des interférences entre les deux unités du couple : le faux Keis ou la vraie Layla ou la fausse Elsa et le frai Fou ?comment les reconnaitre jusqu'à l'interrogation finale « Poème de je ne sais qui ». Alors le linguiste, fou du roi, s'amuse à endosser l'amertume de ces passions à travers les traductions littérales qui rapprochent les langues. À défaut de pouvoir les retenir tous, deux cas nous ont semblé particulièrement riches de rebondissements dans le texte. Elles concernent les paroles du Medjnôun auxquelles le scribe attribuant parfois des titres en interprète toujours les sens inscrits dans la polysémie des termes arabes et français, rejoignant ici la technique « du thème dans un autre thème caché. » Dans l'unique poème sans titre (p. 75-76), le thème de la fusion du couple évoqué par une série d'oxymorons et de paradoxes dont : « Je meurs à chaque moment /De ce que j'aime » et « Le cœur jamais n'en finit/D'être où il court », le scribe joue sur l'homophonie des termes qui en arabe désignent la maison ou la chambre et le vers poétique. Or, la composition de ce poème correspond à celle de la versification arabe où le vers est disposé en deux versets alternés, outre le recours à cette structure typique, la traduction littérale du mot « vers » donnent ces deux « chambres » où la passion vit simultanément l'amour et la peur de le perdre : » une chambre pour aimer » et « une chambre pour pleurer». Une autre traduction littérale de la polysémie du terme signifiant en arabe « le mètre poétique » et « mer » donne à l'écriture l'ampleur d'« une mer sans rivage ». Par ailleurs, le scribe décryptant la folie dans le poème intitulé « MEDJNOUN » (p. 76), retrouvant ses raisons dans l'étranglement du nom dans la voix de par la décision des hommes, le ramènent à de douloureuses amours occidentales comme celles de Plutarque perdant Laure morte de la peste (p. 77) associées à celles de Pyrame et Thulé. Ce poème long écrit sans rime et sans ponctuation est constitué de vers de 16 pieds coupés en octosyllabes eux-mêmes entrecoupés en quatre groupes de quatre pieds dans l'envoi des trois derniers vers « À son parage/à son passage/et qu'il soit dit/c'était son fou », correspondant à cette « mer sans rivage » de la poésie arabe et du pays supposé situé aux extrémités du monde du Nord.

**Suites sans conclusion**

Elsa avait déjà reçu d'Aragon ce message « Le temps, c'est toi ». Sous les traits du Fou, le temps est question fondamentale, plus que thème, il est trame de l'histoire des hommes, de la politique qui la conditionne et de la poésie qui tente de la saisir, sans raison. Avec les recherches sur le temps humain qui ont bouleversé l'écriture du XX^e^ siècle, l'auteur retourne aux prémices de ces interrogations les faisant varier entre les deux cultures pour enfin faire dire tout simplement à l'enfant marginalisé et plus tard torturé qu'il existe deux temps comme ces deux chambres-vers pour aimer et pleurer, à venir.

Au moment où le Moyen-âge sépare poésie et musique dans le reste de l'Europe, Grenade chante et met le chant à la disposition de tous. Dans la deuxième partie du *Fou d'Elsa* fonctionnant avant tout comme une réécriture de l'histoire par l'auteur-scripteur, un poème sans titre (p. 142) et sans rimes maintient en vie face « aux incendiaires » « La musique de (notre) histoire ». Celle-ci a inspiré la naissance du genre typiquement andalou, le *muwashshah* dont les apports à la poésie arabe d'Orient sont importants : sur le plan linguistique, il intègre l'arabe dialectal, le roman, le berbère à l'arabe classique ; sur le plan du contenu, il donne la parole à la femme aimée. Adopté très tôt par certains poètes parmi lesquels Ibn al-Labbâna (mort en1113) au même titre que la traditionnelle qasida, il trouve sa plus grande expression chez Al-A'mâ al-Tutîlî (mort en 1128) ou Ibn Baqî mort à Cadix en 1150. Un autre genre littéraire d'origine purement andalouse respecte les principes de coexistence des langues, mais uniquement vernaculaires et locales, arabe dialectal ou langue romane, le fameux *zadjal* dont le représentant le plus célèbre est le poète cordouan, Ibn Quzmân (1086-1160). Comment ces problématiques poétiques sont-elles exploitées par le Medjnoûn en Grenade revenu comme « chanteur de rue » ou par les voix que lui offrent l'auteur et ses narrateurs ? Trois poèmes portent ce titre. Le ZADJAL DU KANTARAT AL 'OUD (p. 62-63) intervient après les mises en scène des conditions de rencontre entre Le Fou et Le Medjnoûn : « C'est qu'il a vu le Fou vous savez bien le Fou d'Elsa/ Non…(p. 59), l'histoire de leurs chants réciproques « Des amours de Medjnoûn Leilâ qui n'ont fini d'être chantées » (p. 60), leurs convergences poétiques enfin qui naturellement s'expriment dans le lieu le plus ancien et le plus populaire, les traditionnelles Kasbah ou son Nadj natal reconstitué comme toponyme en Grenade :

> « Cette Leilâ d'Arabie à Delhi qu'avait chantée à son tour Khosroû l'Émir/Le Medjnoûn andalou son audace à rebours des traditions de notre poésie /Ayant adopté le chant vulgaire du *zadjal* qu'inventa le mécréant Ibn-Bâdjdja/ ».

Dans le titre, Aragon joue sur la polysémie du mot *'oud*, signifiant bois et par métonymie l'instrument de musique. Le ZADJAL DE L'AVENIR. (p. 193-196) redonne à celui qui le chante son titre « Alors Ibn-Amir a chanté » de filiation ; par ailleurs constitué de onze huitains construits en octosyllabes, avec un système de rimes très complexe de type aabcbddb comme pour contrebalancer le qualificatif de « vulgaire ». D'autres suites attendent Grenade. Le poème KALAM GARNATA (p. 155) qui en fait en arabe serait construit sur une paronomase entre « paroles kalam » et « crayon qalam », est un quintil sophistiqué de la prosodie du Moyen-âge construit en octosyllabes avec un refrain de même rime que le dernier vers de chaque strophe. La musique y trouve une place prépondérante. Aragon auteur et à travers son rôle scribe avait conclu à la non existence du futur dans les langues sémitiques et le gamin gitan s'y était fait. Or l'arabe dispose de la possibilité grammaticale d'exprimer le futur en adjoignant le terme *'SA'au* présent. Aragon a exploité toutes les possibilités du français pour conjuguer le futur tant qu'il s'était agi de faire parler ces peuples ; mais s'adressant à Elsa, il conserve le futur « Sauras-tu… » et lorsque le jeu de l'histoire est lancé, le futur relance le progrès comme une simple idée dont le temps comme celui du couple n'est pas encore venu. Seule gagnante de ces suites interrompues est la clé musicale, celle que Ziryab à partir de Cordoue a introduite pour lier les morceaux épars du chant en vingt-quatre morceaux devant occupant une journée ce temps qui n'est pas le même pour l'enfant ou le vieillard avait précisé Aragon. Fallait-il que ses plaies fussent fermées pour que le Medjnoûn dialoguât avec l'auteur en L'INCANTATION DÉTOURNÉE (p. 453 -459), une lamentation d'un autre type mais de même forme que celles qui pleuraient les villes et les rois perdus ? Mêlant le vers rare de seize syllabes, le découpant en octosyllabes réguliers, de rimes croisées, à la prose rimée, comme si la poésie pouvait permettre le retour du couple : « Et le couple lui vivant le couple à la fin » Cependant si Keis Ibn-Amir An-Nadjdi tout titré qu'il est (p. 460) attire au discours indirect libre « …cette propriété qu'on lui donne, à moi l'indigne…. (p. 463) les mêmes incertitudes que l'auteur, « Suis-je celui qui l'invente »(p. 467) doute l'un tandis que l'autre « pleure de savoir » (p. 240), l'enfant Zaid, lui, a déjà récupéré la faute de français dans son journal,

> « …par moquerie le Fou la veille où Grenade fut prise était devenu fou de cette dépossession de son peuple et de lui-même » (p. 383).

Depuis, rien ne s'est interrompu dans ce chant dont le nom même « nouba » est devenu synonyme de fête en passant d'une langue à l'autre. Précisément en ce siècle au moins aussi tourmenté que celui d'Aragon. Le Fou d'Elsa a donné lieu à une nouba.

Nous sommes allés en quête d'indices révélateurs dans le miroir du *Fou d'Elsa* des images de *Medjnoûn Leila.* Ayant eu à traverser cette forêt de poésies, que d'amours brisées n'avons-nous pas vu se dresser devant nous ! Le couple s'est métamorphosé en destin, à savoir ce qui ne peut entrer dans l'histoire sans confrontation. Écouter Aragon avançant, se retournant, avançant sur « les sentes ténébreuses » pour être « soi-même comme un autre » est un clairvoyant et déchirant moment d'incertitude. On n'en sort pas indemne.

# « Tout me semblait annoncer cet Orient que je verrais à l'envers »[1]
## L'« inversion » de l'orientalisme chez Jean Genet

RALPH HEYNDELS

La scène évoquée ici et maintenant, inaugurale, et que sur un mode fabulaire j'invente comme font les enfants quand ils déclarent *on dit que je suis / on dit que tu es*, disons donc qu'elle est toute dans notre tête, la mienne, la vôtre. Nous sommes dès lors à l'instant réunis à la fois sur cette scène, et devant, à côté, autour de celle-ci, comme dans la superbe *mise en espace* par le scénographe Taoufik Jebali de passages du texte de Genet sur *Les Palestiniens*, de *Quatre heures à Chatila*, et d'*Un Captif amoureux*[2]. Le dramaturge tunisien, lors même qu'il se confrontait à l'horizon d'un *ethos* radicalement politique, a remarquablement évité d'essentialiser la constellation polyphonique et énigmatique qui informe le *geste scriptural* genetien, tout en (dé)montrant par et dans la théâtralisation au second degré d'un texte lui-même déjà placé, en un sens sur lequel on va revenir, sous le sceau de la *théâtralité*, que c'est ici Genet qui s' « auto-exotise » (alors que la corporalité figurée des Palestiniens et celle, physiquement réelle, des acteurs arabes de la performance dramatique échappent à tout orientalisme) *en nous montrant tel qu'il le verrait l'Orient à l'envers*[3] (à savoir : par l'action de

---

[1] Jean Genet, *Un captif amoureux*, Paris, Gallimard, col. « Folio », 1986.

[2] Création le 20 février 2003, El Teatro, Tunis (www.tunisia-today.com/archives/1783). Il en existe un film qui fut présenté au Festival International de Théâtre de Hammamet en 2009 dans le cadre d'une conférence que j'y ai faite en tant qu'écrivain en résidence à la Villa Sebastian, sur "Théâtre, engagement et désir chez Jean Genet".
(http://www.jetsetmagazine.net/culture/revue,presse/festival-international-de-hammamet-conference-de-ralph-heyndels-sur-jean-genet.21.8130.html)

[3] Sur l'« auto-exotisme » oriental, voir Zakaria Rhani, « Ne touche pas à mon Orient ! Auto-exotisme et anti-anthropologie chez quelques intellectuels marocains contemporains », in François Pouillon et Jean-Claude Vattin, éd., *Après l'orientalisme. L'Orient créé par l'Orient*, Paris, Karthala, 2011, 157 sv. ; Ridha Boulaâbi, « L'orientalisme des Orientaux », in Ridha Boulaâbi, éd., *Les Orientaux face aux orientalismes*, Paris, Geuthner, 2013, 11-39. Il y a bien sûr de nombreuses adaptations scéniques de ces œuvres de Genet dont notamment – pour se

présence *non voyeuriste* de l'absence de celui qui a précisément *vu* comme un étranger en permanent danger d'orientalisme face à un Autre qu'il ignore et qui l'ignore, un « spectacle » dont il ne peut rendre compte que par la subjectivité d'un rêve qui, et c'est l'écrivain lui même qui le déclare, « flotte au-dessus du monde arabe »). En recourant à une sémiotisation de *l'évidement, du vacillement, voire du dérèglement de tous les sens*[4], Jebali a réussi à proposer du texte une réception susceptible de répondre à celle qu'exige non seulement le théâtre, mais encore la théâtralité même de Genet[5] dont Clare Finburgh a souligné – mais aussi vais-je tenter de mettre une telle proposition en perspective – « le manque de signification essentielle », la négation de

> « toute signification stable, toute vérité incontestable et toute identité fixe[6] ».

Encore s'agit-il de saisir *l'ironie auto-réflexive d'une telle instabilité du sens* inscrite tout autant dans la théâtralité que dans la poétique de Genet. Cette indétermination sémantique y participe certes d'un miroitement

---

limiter à la France, et sans aucune intention exhaustive – celles d'*Un captif amoureux* par Laurent Montel et Jérôme Leguillier (centrée sur la figure de la mère) et par Anita Picchiarini et Dominique Leconte (qui en actualise la structure fragmentaire). Alain Milianti a créé une mise en scène de *Quatre heures à Chatila* et d'*Un captif amoureux* (il y « associe » David Hilliard et la mère d'Hamza). En dehors du travail de Taoufik Jebali qui a servi d'enclencheur à la présente réflexion, je renverrai à celui de Catherine Boskowitz sur *Quatre heures à Chatila* (présenté aussi, entre autres lieux, à Tunis, au Festival de Carthage en 2002). On renvoie également aux dramaturgies de Mahmoud Saïd (2005), Michel Véricel (2006), Mohamed Brikat (2010), et, plus récemment (2013), de Stéphane Olivier Bisson, toutes consacrées à *Quatre heures à Chatila.*

4 Nous faisons allusion ici évidemment à Rimbaud. Pour une interprétation critique de cette formule, voir Ralph Heyndels, « L'occasion, unique, de dégager nos sens » : Modernité, primitivisme et homo – texte chez Rimbaud », in Giovanni Dotoli et Carolina Diglio, *Rimbaud e la Modernità*, Paris, Presses de l'Université de Paris-Sorbonne / Fasano : Schena Editore (*Transatlantique*), 2005.

5 Le théâtre proprement dit est envisagé dans un autre essai, « Théâtre, engagement et désir chez Jean Genet », in *Skénè* (à paraître) Sur la notion de *théâtralité*, voir Jérôme Neutres, « La théâtralité dans les récits de Jean Genet », in *Assaig de Teatre*, 1996, 4.

6 Clare Finburgh, « Jean Genet et le théâtre de l''ornement' », in Hadrien Laroche, éd., *Pour Genet*, Saint-Nazaire, Maison des Écrivaines Étrangers et des Traducteurs, 2011, p. 129-135, 131. On étend ici la proposition de Clare Finburg, qui concerne spécifiquement le théâtre de Genet, à la théâtralité dans l'ensemble de l'œuvre de celui-ci.

« baroque »[7] vertigineux qui à la fois contamine et disloque la modalité assertive du style et y acquiert aussi, *au risque de sa perte*, le statut illusoire d'un effet. Il convient dès lors d'éviter de rendre *ontologique* une telle absence de signification « positive » qui serait affirmée, déclarée, assumée comme étant à l'œuvre dans l'écriture théâtralisée[8] de Genet. Cette vacuité, ou plutôt : cette vacance, de la certitude qui est aussi une revendication du non-savoir (proche de celle de Maurice Blanchot) y joue elle-même un rôle théâtral. Elle y est prise, *tout autant* que la dimension thétique qu'elle indexe et déconstruit, par et dans le « baroque » de l'expression[9]. Bien plus, elle y occupe une position – et même une fonction – significative.

Dans un entretien de 1964, celui qui a proclamé dans *L'Atelier d'Alberto Giacometti*[10] « Ma solitude connaît la vôtre » déclarait :

> « *Aucune solidarité* parce que, mon Dieu, s'il y avait solidarité, *il y aurait début de morale*, donc retour au Bien. (...) *Oui, je me sens solidaire*. (...) Je suis avec tout homme seul. Mais j'ai beau être, comment vous le dire, *moralement*, avec tout homme seul, les hommes seuls restent seuls[11] ».

Il faudrait analyser plus avant, dans ces mots comme lancés à la volée mais dont l'orchestration stylistique n'est en fait pas très différente de la rhétorique des substitutions, brisures, éclatements et paradoxes constitutive des œuvres achevées de l'écrivain, à la fois le *retournement déceptif* de la notion de « morale » et son *déplacement imaginaire* en un lieu simultanément incontournable en tant qu'exigence et pourtant rejeté en tant que norme imposée. Celui-ci s'apparente à ce que Maurice Blanchot a nommé *la communauté inavouable* en ce qu'il ne se confond avec aucune collectivité participative qui supposerait

---

7 Voir Nathalie Fredette, *Figures du baroque de Jean Genet*, XYZ, 2001.

8 L'expression est reprise à Philippe Le Leyzour, « 'Mettray qui fut mon enfance…' », in *Genet*, Lagrasse, Éditions Verdier / Éditions Farrago / Musée des Beaux-Arts de Tours, 2006, p. 15-19, p. 19.

9 Se reporter à Walter Benjamin, *L'Origine du drame baroque allemand*, Paris, Flammarion, 2009.

10 Jean Genet, *L'Atelier d'Alberto Giacometti*, in Jean Genet, *Œuvres complètes*, V, Paris, Gallimard, 1979. On renvoie à Ralph Heyndels, « Le passage par l'art et le saut du désir : Jean Genet », in Fabrice Flahutez et Agnès Vannouvong, éd., *Jean Genet et les arts*, Paris, Presses de l'Université de Paris-Nanterre, 2016.

11 Jean Genet, « Entretien avec Madeleine Gobeil », art. cit., p. 15.

précisément l'imposition d'un sens désigné, avéré, figé dans la certitude, à savoir : un non sens réifié[12].

S'il n'y a donc point de « signification essentielle » ou « stable » dans les œuvres de Genet (que ce soit dans le théâtre, la prose narrative ou discursive, ou la poésie) celui-ci cependant non seulement n'écrit (et même ne dit) *jamais n'importe quoi*, mais encore le site de son énonciation n'est *jamais n'importe où avec n'importe qui.* Au contraire, la théâtralisation de l'écriture et du verbe s'efforce d'empêcher l'exigence de sens de sombrer dans la mauvaise foi qui ordonne les évidences communes, dans le mensonge d'une parole publique qui se prétend déléguée[13] et dans l'imagerie des représentations dominantes. Une perspective oriente (serait-ce implicitement) le dire et l'écrire dont une « vision du monde » (certes insaisissable et aussi irréductiblement opaque à Genet lui-même) délimite les contours et régule une cohérence profonde[14]. Il y a chez le Genet des ombres et des simulacres une discipline de la clarté et la détermination de n'être jamais ni du côté des pouvoirs établis, ni récupérable par le discours des mots d'ordre qui pourraient ou voudraient le mandater dans cette opposition même, qui est à la fois radicale et permanente à travers ses modulations successives. Cet impératif proprement éthique s'exerce *significativement et formellement*, dans et par ce que l'écrivain nomme le « poème », à l'égard de la domination et de l'aliénation. Si Genet

> « est prompt à dénoncer la pauvreté de nos vérités réversibles, il ne s'adonne en rien à une apologie du nihilisme[15] ».

---

[12] Sur la « question du sens », on renvoie à Ralph Heyndels, *La Pensée fragmentée (Pascal, Diderot, Hölderlin)*, Bruxelles, Mardaga (*Philosophie et Langage*), 1991 (1985). Sur l'usage ici fait de la notion de « réification », voir Ralph Heyndels, « Vision du monde et réification », in *Revue de l'Institut de Sociologie*, Bruxelles, 1974, 4.

[13] On renvoie à Ralph Heyndels, « Public Speech and the Agoraphobia of Meaning (Habermas, Bourdieu, Blanchot, Lévinas) », in *Javnost / The Public*, Zagreb / Londres, European Institute for Communication and Culture, Euricom, 2001.

[14] On renvoie à Ralph Heyndels, « Étude du concept de 'vision du monde' », in Michael Lowy, *Inédits de Lukàcs et textes sur Lukàcs*, Paris, Anthropos, 1977 (*L'Homme et la société*).

[15] Philippe Le Leyzour, « Préface », in *Genet*, *op. cit.*, p. 11-13, p. 12.

Bien plus, c'est sans doute *là*, dans cet espace imaginaire de la négativité excluant le nihilisme et le cynisme, que réside *sans domicile fixe* et toujours très (im)possiblement *le contenu de vérité*[16] *du (non) sens genetien*, irréductible, et dont la reconnaissance (l'adoption) est cependant absolument *nécessaire*. Mais encore : une tel contenu de vérité *infondée et infondable* relève chez Genet *d'un non savoir anatreptique* qui en sous-tend *et* en ruine l'assertion, et dont la théâtralité expressive à la fois expose et transfigure la démarche de celui qui n'a *certes pas écrit pour rien dans la nuit politique du désir*[17] où scintille « *le point idéal d'une morale dont* [*il*] *ne peut parler car* [*il*] *ne l'aperçoi[t] pas.*[18] Une interrogation signifiante est certes lisible chez celui qui a tenté de « [m]ettre à l'abri [*de leur saccage par la récupération normative*] toutes les images du langage » et de « se servir d'elles, car elles sont dans le désert, où il faut aller les chercher[19] ». Un tel questionnement s'effectue très souvent par la médiation de ce que Stéphane Lépine désigne par « le plaisir du jeu[20] » et il demeure évidemment sans réponse. Mais dans sa compulsion même, fluide, ironique, maniérée, voire maniériste, « baroque » pour y revenir, et dans l'ignorance de soi, il n'est cependant pas sans *point fixe*.

Laissons-nous donc saisir par "un décentrement" auquel rien ne résiste – « [a]ucune personne, aucune chose, aucune idée[21] ». Imaginons regarder et écouter ce qui se passe sur cette scène livrée par Taoufik Jebali à l'énonciation (actuation, voix, danse, musique)[22] plutôt qu'à l'énoncé, et, pour être fidèle au théâtre même, particulièrement à l'idée que Genet s'en fait et qui est aussi celle qu'il se fait de la vie – de l'histoire, de la politique, de la société, des hommes –, efforçons-nous d'être infidèles, essayons de trahir la trahison même que réalise toute adaptation, toute interprétation, toute mise en spectacle. Trahir non pas, comme c'est l'usage, communément et

---

[16] Dans l'acception d'Adorno. On renvoie à Ralph Heyndels, « Discontinuité et question du sens : Adorno et Pascal », in Marc Jimenez, *Adorno*, Paris, *Revue d'Esthétique*, 1985 ; et à *La Pensée fragmentée*, *op. cit.*

[17] Ralph Heyndels, « Nuit politique du désir, l'engagement amoureux de Jean Genet », in Hadrien Laroche, éd., *Pour Genet*, *op.cit.*, p. 116-129.

[18] Jean Genet, *Journal du voleur*, Paris, Gallimard, 1949 [*Folio* 493, 2000].

[19] Jean Genet, Note manuscrite en tête des dernières épreuves d'*Un captif amoureux*, Paris, Gallimard, 1986 [*Folio* 2720, 2009].

[20] Stéphane Lépine, « Le plaisir du jeu », in *Jeu : revue de théâtre*, 44, 1987, p. 16-29.

[21] Clare Finburgh, art. cit., p. 134.

[22] La mise en espace de Taoufik Jebali combine théâtre, danse et musique.

lâchement, mais dans une espèce de *loyauté infidèle*[23], avec détermination, un certain courage aussi, au moins dans la fissure d'un sursis, d'un bref répit de la fausse fidélité, d'une suspension momentanée et presque improbable du prétendu principe d'identité selon lequel les choses sont comme elles sont. Et tentons de tromper, si faire se peut, la vigilance permanente et obscène, et de surmonter la nausée triviale et quotidienne, du *cela va de soi.* Faisons donc semblant, de cette semblance qui, dans son artifice même, est peut-être, qui sait? et sait-on jamais?, la façon la plus fragile mais la plus sensible et la plus sensée, donc la plus insensée et assurément la plus inutile, d'approcher ce qu'il est convenu d'appeler le « réel », dans et par cette « théâtralité qui résulte du besoin de proposer non des signes mais des images complètes, compactes dissimulant une réalité qui est peut-être une absence d'être.[24] » – et c'est ici et maintenant de celle de « l'Orient » qu'il s'agira. Car il n'est pour Genet d'autre Orient que *vu à l'envers*, *inversé*, c'est-à-dire ne correspondant en aucune façon à une quelconque idée qu'on (et lui y-compris) pourrait s'en faire, a moins d'*inverser* celle-ci. Embarquons-nous dès lors dans le sillage ouvert par la théâtralisation vraie de l'engagement genetien qui relève du désir et de l'amour à l'horizon de la mort toujours présente, car n'est-ce pas pour les morts que l'artiste crée ?[25] : corps, poème, et tombeau.

« L'amour et la mort. Ces deux termes s'associent très vite quand l'un est écrit. Il m'a fallu aller à Chatila pour percevoir l'obscénité de l'amour et l'obscénité de la mort[26] ». Dans *Quatre heures à Chatila*, ce texte de l'horreur surgi de la passion, Genet avoue – comme si besoin en est et précisément parce que ce n'est absolument pas requis – que, compte tenu de la « justice » et de sa « défense », s'impose à lui le « choix » qui le voue à « une communauté privilégiée (...) *par la grâce non raisonnée* [et] *un attrait sentimental, peut-être même sensible*, *sensuel* (...)[27] ». Mais de quoi parle-t-il si ce n'est de « [ce] point fixe [qui] se nomma

23 Sur la relation <trahison / loyauté> on renvoie à Ralph Heyndels, « Écrire dans la loyauté infidèle : dialectique de la fidélité et de la trahison chez Abdellah Taïa », in Pierre Brunel, Philippe Desan, Jean Pruvost et Alain Rey, éd., *Langage, Littérature, Francophonie*, Paris, Hermann, 2014.

24 Jean Genet, *Un captif amoureux*, *op. cit.*, p. 430.

25 Lire Melina Balcàzar Moreno, *Travailler pour les morts. Politiques de la mémoire dans l'œuvre de Jean Genet*, Paris, Presses de la Sorbonne Nouvelle, 2010.

26 Jean Genet, « Quatre heures à Chatila », ED, p. 243-24, p. 245.

27 Jean Genet, *idem*, p. 254.

peut-être l'amour[28] » et qu'il évoque dans son dernier livre, ces mémoires d'outre-tombe où il est déjà de l'autre côté de la vie, dans l'envers du décor, le creux de la légende du siècle qui fut le sien (de siècle) et la sienne (de légende). Au demeurant, il le sait, il l'éprouve, il le dit : « je vois venir à toute vitesse la ligne d'horizon derrière laquelle j'aurai disparu en me confondant avec elle. Je ne reviendrai pas ».

Ironie *à vrai dire* du point fixe dans un texte qui ne se fixe jamais, qui échappe de partout à la fixité, et dont la structure, Albert Dichy[29] l'a bien noté, dissout « l'idée même de centre ». Par ailleurs, ironie de l'amour aussi, qui n'existe – encore est-ce par pure hypothèse : après tout, *peut-être* – pas plus que le point fixe qu'il *est*, et qui, cependant, est tout ce qu'il *a*, lui, Jean Genet, qui n'a jamais rien eu, rien vraiment possédé, si ce n'est précisément du théâtre – *fama* : scandale, succès, gloire même, et très vite –, à l'heure où sonne le glas. Et si l'amour est le point fixe – et donc en définitive le sens – de l'absence de tout sens prédéfini, établi et repérable, c'est dans le vide du trop-plein de la vie, de l'action, et, comme il en est du théâtre qui loin de tenter d'en rendre compte doit en effectuer le néant auquel *in fine* il le livre, du « réel ». Dans une telle perspective, les textes de Genet sur le théâtre[30], et ses œuvres théâtrales – y compris et peut-être surtout l'extraordinaire exercice d'« anti-orientalisme » qui s'effectue dans *Les paravents* – sont peut-être aussi dans leur marge invisible ses fragments d'un discours amoureux[31] (pour les tous les prisonniers sous *haute surveillance*, les « *bonnes* » de toutes les maîtrises, les *nègres* de toute colonialité, et les Arabes au plus profond sans doute de tous les racismes). Mais l'amour est un point dont la fixité, si j'ose dire, est vide elle-même :

---

28 Jean Genet, *Un captif amoureux*, *op. cit.*, p. 460.

29 Albert Dichy, Notice sur Jean Genet, « Les femmes de Djebel Hussein », ED, p. 369-370, p. 370.

30 Ils sont repris et remarquablement édités et annotés dans l'édition du *Théâtre complet* de Jean Genet par Michel Corvin et Albert Dichy, *op. cit.*

31 Sur le rapport entre les écrits de Genet relatifs au théâtre et la problématique de l'amour, voir Ralph Heyndels, « Théâtre, engagement et désir chez Jean Genet », art. cit. Sur la signification de l'amour telle qu'elle est ici envisagée, voir Ralph Heyndels, « Le rêve, la réminiscence, la passion » [Portrait littéraire de René de Ceccatty], in *Les Moments Littéraires*, 27, 2012, p. 7-32 ; « *l'amour évidemment*, ou *c'est par où le noir du monde ?* Écriture de la scène passionnelle et scène passionnelle de l'écriture » [Abdellah Taïa], in Ridha Bourkhis, éd., *La rhétorique de la passion dans le texte francophone*, Paris, L'Harmattan, 2010, p. 113-148

*c'est le point fixe vide du vide.* Et cependant Genet, qui dit n'avoir jamais « vécu la sexualité à l'état pur », déclare « (...) je n'ai jamais fait l'amour à *vide*...[32] ». À quoi cela renvoie-t-il, une telle assertion, si ce n'est au non savoir de l'amour, à *cette idée vide qui est pourtant le (seul) point fixe*, comme il en est du "point idéal d'une morale" ?

Ce point fixe s'avère à la fois invisible et inconnaissable. Il est chez Genet dans une contiguïté avec l'éthique, avec laquelle il entretient un rapport, si je puis dire, précisément *amoureux* : l'écrivain utilise par exemple cette épithète pour qualifier son adhésion politique *et* poétique, mais aussi *sentimentale*, affective (voire érotique) à l'égard des révolutionnaires algériens, des Palestiniens, et aussi du « phénomène *Black Panthers*[33] ». Son énigme est indispensable mais évanescente, lumineuse mais cachée dans la nuit du désir dont elle est non le clair - obscur mais l'espace indéfinissable dans « l'ombre (...) mais mêlée à la lumière[34] », ou plutôt dans l'interstice qui les sépare en ce mélange même. Il s'agit en quelque sorte d'une pure absence dont l'effet paradoxal de présence (théâtrale) se manifeste cependant comme il en est de la place du mort. De l'amour, Genet disait ne rien savoir – « Ne m'entraînez pas trop loin dans les définitions. Je ne peux pas définir ce qu'est l'amour, bien sûr...[35] » – mais l'avoir vécu cependant, et même depuis la prime jeunesse, depuis la rencontre dans un hôpital, à « quatorze, quinze ans », de ce Divers dont « tous [ses] amants » ont

---

[32] Jean Genet, « Entretien avec Hubert Fichte », ED, p. 141-176, p. 171.

[33] Sur la signification de l'engagement de Genet à l'égard des *Black Panthers* et des Palestiniens, voir Marie Redonnet, « Jean Genet et la politique », in *Genet, op. cit.*, p. 223-230. Sur la pulsion érotique à l'égard des *Black Panthers*, voir Ralph Heyndels, « Les Noirs sur la blancheur livide (...) », art. cit. Sur l'« invisibilité » de l'éthique telle qu'elle est ici entendue dans sa proximité avec Levinas, voir Ralph Heyndels, « La pointe du pire : Levinas et la mémoire », in *Francographies*, New York, Fordham University Press / SPFA, 1993; « L'arrêt de mort de la vision moderne (Descartes, Levinas, Derrida), in Marie-France Picard, éd., *Mises en scène du regard* », in *Dalhousie French Studies*, 1995. Sur l'articulation <Genet / Levinas>, on renvoie à la thèse de Thomas Newman (*Intertextes littéraires et philosophiques de Jean Genet et Emmanuel Lévinas*, University College, Londres, 2008), et à « L'exemple de Smerdiakov : Genet, Lévinas et la jouissance du mal », in Hadrien Laroche, éd., *Pour Genet, op. cit.*, p. 39-56. Sur l'éthique chez Genet, voir Carl Lavery », « Ethics of the Wound: A New Interpretation of Jean Genet's Politics», in *Journal of European Ideas*, 33-2, 2003.

[34] Jean Genet, « Entretien avec Antoine Bourseiller », ED, p. 217-26, p. 218.

[35] Jean Genet, « Entretien avec Hubert Fichte », ED, p. 171.

été « des copies parfois plus belles que l'original[36] », et n'en pouvoir rien dire hors l'énonciation et la manifestation (encore une fois : comme au théâtre tel qu'il le pense). *En écrire* donc – plutôt que le concevoir –, à la fois dans un outrepassement du désir au sein duquel celui-ci cependant demeure et dans l'impératif éthique (indissociable du politique) – non par solidarité, notion abstraite relevant de la fausseté (pseudo) morale mais dans un « échange de fraternelle tendresse[37] ». Celle-ci est au demeurant déchirée du dedans par le non-savoir, par l'ignorance passionnelle :

> « (...) *entièrement, sans jugement,* je défends les Palestiniens. Ils ont le droit pour eux *puisque je les aime*[38] ».

À cet égard Genet est d'une probité singulière et assumée dans son opacité à soi-même – « J'aurais du mal à expliquer pourquoi (...) » –, mais aussi exceptionnelle et même exemplaire (si on peut recourir à ce mot en parlant de lui) parce qu'elle est de l'ordre du « plus difficilement avouable[39] », comme lorsqu'il évoque l'effet sensuel produit sur lui par les feddayin :

---

36 Jean Genet, « Entretien avec Antoine Bourseiller », art. cit. Il faut noter ici que dans *Un captif amoureux* Hamza est lui-même dédoublé (redoublé) en sa "copie", Hamza II.

37 Jean Genet, « Il me paraît indécent de parler de moi », ED, p. 41-42, p. 42. Il s'agit dans cette citation de la tendresse des *Blacks Panthers entre eux*. Mais le terme, ici rapporté à la subjectivité de Genet, importe : il est précisément utilisé pour décrire *aussi* son sentiment propre avec une connotation érotique. Dans *Pompes funèbres* le mot désigne le rapport (évidemment érotique) que le narrateur entretient avec Jean et Riton : « Je conservais les deux gosses sous le double rayon de ma tendresse ». (Paris, Gallimard, 1953 [*L'Imaginaire*, 54, 2009] p. 54).

38 Jean Genet, « Quatre heures à Chatila », ED, p. 254.

39 Jean Genet, « Entretien avec Hubert Fichte », ED, p. 156. On notera qu'en voulant « défendre » (à juste titre) Genet contre les propos à la fois stupides (pudibonds et homophobes) qui l'« accusaient » d'éprouver du désir sexuel à l'égard des feddayin comme si c'était là quelque chose qui mettait en cause la profondeur, la force et l'intégrité de son engagement à leur égard, Alain Milianti est amené – de façon erronée si l'on tient compte à la fois des propos explicites de Genet dans cet entretien et de l'analyse critique approfondie de ses textes – à nier le caractère sensuel, homo-érotique, de l'affection, de la « tendresse » de l'écrivain vis-à-vis des jeunes combattants palestiniens (Alain Milianti, « Le fils de la honte », in Jérôme Hankins, éd., *Genet à Chatila,* Paris, Solin, 1992, *Babel,* p. 169-185, en particulier « Quel amour? », p. 171-172).

« Des groupes d'hommes jeunes, pas de femmes, des rêves de victoires, de revanches, de vengeances, la présence parmi nous des armes, des munitions, des grenades à la ceinture… Comment n'y aurait-il pas eu en ce lieu *une sensualité, un pouvoir érotique.* (…) *Je sais qu'on ne parle jamais de la répulsion ni du désir sensuel, de la plaisance physique ou du dégoût qu'on éprouve dans une communauté d'idées. On le cache, ça existe*[40] ».

C'est donc par la grâce et la médiation affective et physique de ce qu'il nomme « *la charge érotique*[41] » (qui est aussi « *une charge de poésie*[42] ») qu'il va devenir non un « écrivain engagé[43] » mais le *captif amoureux d'affinités électives* inscrites dans « des mouvements révolutionnaires qui soient *aussi* justes », même « très justes[44] ». En ce sens et très précisément, Genet ne « voyage » pas en « Orient » : il y rejoint des révoltes anti-occidentales. C'est par attraction pour des garçons algériens, a-t-il proclamé ouvertement, qu'il a non point « pris conscience », comme on dit, de la condition abjecte des immigrés arabes en France, mais qu'il été en quelque sorte existentiellement submergé, littéralement emporté, par ce qui va *dès lors* devenir pour lui un groupe humain à défendre[45]. Son engagement en faveur des Feddayin palestiniens participe de la même *raison du cœur et du corps* qui l'affixe, le voue, et même le soumet à son désir pour eux. S'y mêle bien sûr sa projection narcissique d'enfant abandonné, son vécu de vagabond, son rejet des idéologies établies, sa passion pour les causes désespérées, son refus des territoires, mais encore, et c'est ce qui lui permet de déconstruire la réification des combats auxquels il va adhérer, toujours momen-

---

40 Jean Genet, Notes de travail pour l'« Entretien avec Antoine Bourseiller », note 15, ED, p. 399. On n'entre pas ici dans la considération de ce que Jean A. Gitenet appelle « la grille homosociale différentielle » qui structure le désir genetien (*Réflexion sur l'univers homosocial dans 'Splendid's' de Jean Genet*, Paris, L'Harmattan, 2003, p. 61.

41 Jean Genet, « Entretien avec Hubert Fichte », ED, p. 156 ; « Entretien avec Antoine Bourseiller », ED, p, 218.

42 Jean Genet, « La ténacité des Noirs américains », ED, p. 185-189, p. 186.

43 Sur la critique genetienne de la « littérature engagée », voir Ralph Heyndels, « Nuit politique du désir (…) », art. cit.

44 Jean Genet, « Entretien avec Hubert Fichte », ED, p. 156.

45 Voir Subha Xavier, « Le désir militant : Genet, Ben Jelloun et la défense des immigrés », in Ralph Heyndels, éd., *Les Passions de Jean Genet. Esthétique, poétique et politique du désir*, Paris, Alain Baudry & Cie / Fasano, Schena, 2010 (*Transatlantique*), p. 109-116.

tanément, sa critique radicale de la supposée « bonne » (mauvaise) foi et son soupçon absolu à l'égard de toute essentialisation thétique et sémiotique – dogmatisme des idées, universalisme des principes, prétention à l'innocence de la représentation –, le tout pris dans une écriture auto-réflexive qui en souligne (Derrida a en fait l'imparable étude, au sens rimbaldien du mot[46]) la multiplicité des sèmes, l'imprévisibilité des logiques et l'indécidabilité des sites langagiers.

L'« attitude » genetienne, tant stylistique qu'existentielle, est, dans sa propre détermination, performative[47]. Elle se réalise sur un mode onirique – *vie écrite*[48], *vie rêvée* – qui est aussi celui de l'exhibition érotique, frontale dans les premiers textes (comme on dit « *frontal nudity* » en anglais), latérale et d'une densité contenue et retenue dans le dernier dont l'écriture transforme cette réserve en un magnétisme à la fois supplétif et irradiant.

Dans un texte *politiquement essentiel*, Edward Said a souligné le rôle primordial de l'affectif et du positionnement érotique dans *l'engagement amoureux* de Genet à l'égard des feddayin. Il rejette tout d'abord les accusations d'orientalisme et de colonialisme sexuel souvent faites à l'auteur d'un *Un captif amoureux* :

> « Does his love for the Palestinians nevertheless amount to a kind of overturned or exploded Orientalism? Or is it a sort of reformulated colonialist love of handsomely dark men ? ».

Il distingue ensuite une relation essentielle entre l'amour de Genet pour les Palestiniens en particulier et les Arabes en général, et l'absence de toute situation privilégiée que son sentiment et son désir impliqueraient :

---

[46] Jacques Derrida, *Glas*, Paris, Galilée, 1974. Voir l'étude critique d'Elizabeth Stephens, « What Remains of the Author », in *Queer Writing. Homoeroticism in Jean Genet's Fiction*, New York, Palmgrave Macmillan, 2009, p. 24-60.

[47] Voir Laura Oswald, *Jean Genet and the Semiotics of Performance*, Bloomington, Indiana University Press, 1989. Sur la relation entre performance (théâtre / théâtralité) et politique, voir C. Finburgh, C. Lavery, M. Shevtosa, *The Politics of Jean Genet's Late Theatre: Spaces of Revolution*, Palmgrave Macmillan, 2006.

[48] On reprend la formule au titre de l'ouvrage de Jean-Bernard Moraly, *Jean Genet. La vie écrite*, Paris, Éditions de la Différence, 1988.

"Genet did allow his love for Arabs to be his approach to them, but there is no indication that he aspired to a special position (...)".

Il conclut en ces termes : « Yes, he was a lover of the Arabs (...) », et il indique que c'est « *by eroticism and an authentical submission to the political sweep of a passionate commitment* » qu'il parvient précisément à surmonter sa propre situation *de facto* dominante et à en dissoudre le principe d'identité en défaisant du dedans de lui-même la situation et la condition d'"explorateur d'exotisme » (y compris par la subversion, ou plutôt l'inversion, des stéréotypes ; l'absence de toute référence à un prétendu passé « tribal » mythique qui « expliquerait » les Arabes ; l'évitement et / ou le retournement des clichés...). Said aurait au demeurant gagné à pointer aussi sur le rapport de Genet à la langue arabe – vaste sujet qui a été brièvement abordé par Ridha Boulaâbi dans *L'Orient des langues*[49], mais dont un examen attentif pourrait aussi contribuer à l'étude de cette *désintrication par inversion* de l'orientalisme que pratique littéralement en et sur lui-même celui qui, avec des mots qu'Edward Said aurait acclamés, dénonce ce qu'il est convenu d'appeler « l'Orient » comme « l'ombre portée de l'Occident[50] ».

Une telle souveraineté du rêve ne procède cependant pas de la transposition d'un soi-disant réel (comme c'est le cas, par exemple, chez Julien Gracq[51]). Au contraire, *dans l'illusion théâtralisée de l'effectuation*

---

[49] Ridha Boulaâbi, *L'Orient des langues au XX^e^ siècle,* Paris, Geuthner, 2011. L'étude de la langue arabe chez Genet a fait l'objet d'une étude à part dans « La Méditerranée comme espace de décentrement : Jean Genet et les langues de l'Orient » Paris, PUR, à paraître, 2020.

[50] *Un captif amoureux*, *op. cit.*, 96. Ridha Boulaâbi, *L'Orient des langues*, *op. cit.*, 151-153, 166 (« [Ollier] est l'un des rares écrivains contemporains, peut-être avec Jean Genet et (...) Juan Goytisolo, à adopter cette démarche de défense et d'illustration de la langue arabe »). Edward Said, « On Jean Genet's Late Works, in *Grand Street*, 36. [repris dans Edward Said, *On Late Style. Music and Literature Against the Grain* » (section "Four"), Londes, Vintage, 2007. Sur Said et Genet, Saree Makdisi and Felicity Nussebaum, éd., *The Arabian Nights in Historical Context. Between East and West*, Oxford, Oxford University Press, 2008 ("Introduction", 1-24, 11); Nirmala Menon, « At the intersection of queer and postcolonial rerouting with Jean Senac and Jean Genet », in Janet Wilson, Cristina Sandry, Sarah Lawson Welsh, *Rerouting the Postocolonial. New Directions for the New Millenium*, New York, Routledge, 2010, 218-231.

[51] Voir Ralph Heyndels, « Idéologie et signification dans un passage d'*Un Balcon en forêt* de Julien Gracq », in Gilbert Cesbron, *Julien Gracq*, Paris, José Corti, 1981.

*de celui-ci*, elle s'y substitue, à savoir : *elle prend la place de son néant*, et par le rituel, l'allégorisation en abyme, la rhapsodie rhizomatique, la parodie aussi, et ce qu'Agnès Vannouvong a désigné par *les revers du genre*[52], elle en détruit l'ontologie supposée, selon un paradigme que décline l'intervention non seulement scripturale mais encore politique (laquelle, au demeurant, est ici, en elle-même, dramaturgique). Mais il s'agit d'une performativité dialectique négative[53]. En effet, pour celui qui déclarait, dès *Pompes Funèbres,* appartenir à la tribu des Nègres – à savoir : à celles de tous les réprouvés et de tous les aliénés – il n'est absolument pas question de réformer, de transformer, encore moins de remplacer, et certainement pas d'habiter[54] la veulerie constitutive du monde sociétal (et occidental) qui est le mensonge de sa réalité, c'est à dire la vérité de ce qu'il est. C'est bien pourquoi Sartre n'y avait rien compris, qui espérait, qui voulait que l'écrivain "s'engage" *dans* ce monde (et pas seulement *contre* celui-ci), comme le montre fort bien Edmund White dans sa préface à *Fragments... et autres textes*[55].

Mais que vient faire l'amour là-dedans ? Quelle relation entretient-il avec « l'Orient » en sa dialectique négative, et en quoi réside sa radicalité politique[56] ? Si ce n'est : qu'il est (avec l'art[57]) le lieu possible

---

52 Agnès Vannouvong, *Jean Genet : les revers du genre*, Paris, Presses du Réel, 2010.

53 Edward Said (art. cit.) a bien noté, sans qu'il n'y ait aucune influence repérable, une parenté dialectique négative qui rattache (non sans différences majeures au demeurant) le mode d'effectuation de la pensée de Genet à celle d'Adorno, mais il ne la rapporte pas à la topique de l'amour.

54 Une telle position est au cœur de *L'Enfant criminel.* Voir Jean Genet, *Le Funambule avec L'Enfant criminel*, L'Arbalète, 1997.

55 Edmund White, « Préface » à Jean Genet, *Fragments... et autres textes,* Paris, Gallimard, 1990.

56 Dans « À propos du 'style' de Genet », in Ralph Heyndels, éd., *Les Passions de Jean Genet, op. cit.,* p. 17-29, David Ellison montre bien comment et pourquoi l'amour est et doit rester indéfini chez Genet (comme il en va d'ailleurs aussi de la trahison). Le mot ne peut se réduire à une notion. Il doit garder ce que je voudrais nommer son caractère *auratique*, ou encore le « caractère insondable » d'une image post-moderne. Voir Ralph Heyndels, « Le mirage insondable : condition postmoderne de l'image (Sartre, Blanchot, Barthes, Derrida) », in Sanford Ames, Yvan Bamps and Ralph Heyndels, *L'Imaginaire impensable / The Unthinkable Imaginary*, Cincinnati, Cincinnati Romance Review, (*X$^{th}$ Anniversary Special Issue*), 1991. Sur l'idée de « radicalité politique » de l'amour, voir Ralph Heyndels, « La radicalité : une lecture politique de l'amour dans les derniers textes de Marguerite Duras », in Danielle Bajomée et Ralph Heyndels, éd., *Écrire,*

d'une invisibilité[58], ou si l'on préfère, *la possibilité du sens saisie à sa brisure* : « Indispensable pour obtenir la beauté : l'amour. Et la cruauté le brisant ». « Ce point fixe se nomma *peut-être...* ». L'adverbe importe au plus haut point et l'assertion est en fait traversée à la fois par la certitude et le doute, par l'assurance et l'hésitation, et par la transparence et l'obstacle. Car Genet n'en sait rien, en définitive ; et nous devons partager avec lui cette ignorance fatale. Ce n'est là, après tout, qu'une hypothèse fragile, démunie, (im)probable. L'amour ne procède ici pas seulement de l'indéfinissable : il régule la « déhiscence du sens[59] » en ce qu'il n'est saisissable que dans le travail du deuil opéré par l'écriture qui y renvoie dans une fiction subjective. Et ce saisissement s'avère lui-même trompeur car toute « écriture est un mensonge[60] » :

> « Sans dire exactement le contraire de ce qui fut, l'écriture n'en donne que la face visible, acceptable pour ainsi dire muette car elle n'a pas les moyens de montrer, en vérité, ce qui la double[61] ».

C'est en ce non-lieu que se trouve et se perd le sens énigmatique – par-delà la différence radicale des registres et les métamorphoses d'un sujet désirant qui a traversé les expériences de l'art et de la politique – de la « décomposition prismatique », dans *Un captif amoureux*, d'Hamza comme incarnation non de « l'Orient » mais du rejet sans retour ni recours de l'Occident.

Il ne suffit pourtant pas que la charge érotique s'associe à l'aliénation, à l'abandon, au mépris subi par « l'autre[62] » pris dans son

---

*dit-elle. Imaginaires de Marguerite Duras*, Bruxelles, Éditions de l'Université de Bruxelles, 1985.

57 Sur cette question de l'art dans la modernité finissante et la post-modernité, voir Ralph Heyndels, « *Il faut être absolument moderne* : La modernité de l'art et de l'Europe à partir de Rimbaud », in *Rimbaud vivant*, 51, 2012.

58 Voir Françoise Gaillard, « La passion de l'invisible », in Ralph Heyndels, éd., *Les Passions de Jean Genet*, *op. cit.*, p. 85-98.

59 David Ellison, art. cit., p. 29.

60 Jean Genet, *Un captif amoureux*, *op. cit.*, p. 50.

61 *Idem.*

62 Sur la problématique (extrêmement complexe) de l'altérité chez Genet, voir Hédi Khélil, *De l'extranéité à l'altérité. Figures de l'écriture dans l'œuvre de Jean Genet*, Bruxelles, Bruylant, 2003. Voir aussi Bouazza Ali Aissa Benacher, *Le souci de l'autre*, Paris, L'Harmattan, 2006 (Chapitre III, « Edmond Amran El Mahleh entre la page blanche, Genet et Tahar Ben Jelloun »).

reflet en miroir par la subjectivité genetienne. Il faut encore que quelque chose se passe, d'unique, et par quoi le narcissisme sinon meurt à lui-même du moins s'en écarte dans un déplacement, une distance à soi que la théâtralité scripturale régie par l'effort, la maîtrise et la ténacité de l'art, en définitive va exiger.[63] Un renversement bouleversant doit avoir lieu, qui va faire du point de vue de l'autre le sien et va provoquer dans l'œuvre de Genet ce que j'ai par ailleurs nommé « le saut du désir »[64], à savoir : dans et par le désir, un passage (une « sortie » selon la formule d'Hadrien Laroche[65]) qui mène au-delà de celui-ci, *mais tout en le maintenant,* différé, disfracté cependant. C'est un tel « saut » qui permettra à Genet de se placer *aussi* « du côté » des femmes palestiniennes, des mères, des sœurs, des amies des feddayin qu'il aimait[66]. Mais de quel désir s'agit-il ? Celui qui s'est rêvé comme un Arabe *à la fois a désiré et a désiré être* cet Arabe « non – Oriental », au sens de : libéré *à la fois* de l'Occident *et* de son (propre) orientalisme – tel l'Arabe révolté qui se tient debout, incarné par les feddayin palestiniens dont « [les] [c]orps sont offerts à qui sait lire », dont il faut « comprendre qu'ils ont voulu cette dureté afin de créer ce nuage qui flotte sur le monde arabe », de « déchiffrer les mythologies qu'on y a peintes », et qui participe aussi pour Genet de ce que Hédi Khélil a identifié comme participant d'un « viviers de signes » et d'une « intersubjectivité des corps ». De l'« Orient » des Arabes qui « donnent l'impression d'avoir été vidés » le *captif amoureux* effectue en quelques mots une phénoménologie de la « blessure coloniale » caractérisée par

63 Voir Marie Redonnet, *Jean Genet, le poète travesti*, Paris, Grasset, 2000, en particulier p. 125-141 ; Daniel Lance, *Jean Genet ou le quête de l'ange*, Paris, L'Harmattan, 2003, en particulier p. 204-218.

64 Voir Ralph Heyndels, « Le « tout homme » et le saut du désir. Esthétique et éthique chez Jean Genet », in *Annali della Facolta di Lingue e Letterature Straniere* (Université de Bari), à paraître.

65 Hadrien Laroche, *Le dernier Genet.* Paris, Flammarion, 2010. Une telle « sortie » est cependant lisible dans l'œuvre de Genet bien avant ce que l'on appelle ses textes « politiques ». En fait un mouvement vers cette « sortie » est peut-être ce qui a de façon peut-être imperceptible (implicitement, non consciemment) motivé déjà le « premier » Genet à écrire, et ce « mouvement » participe sans doute de la cohérence esthétique de ses œuvres (sur cette notion, voir Ralph Heyndels, « Réflexion sur la notion de « cohérence » dans la sociologie de la littérature de Lucien Goldmann », in *Revue de l'Université de Bruxelles*, 1974, 2).

66 Voir Jérôme Hankins, « Entretien avec Leila Shaïd », in *Genet à Chatila, op. cit.*, p. 23-8, en particulier p. 59-70.

un « vide vraiment vécu » provoqué par la « dépossession, si l'on veut une aliénation », et renvoyant à « des images suspectes » qui composent toute la panoplie discursive et visuelle de l'orientalisme à laquelle font « [e]xceptions [l]es Palestiniens ». Ceux-ci, qui *du dedans* de l'orientalisme « vont abattre [...] les formes traditionnelles » de la « rhétorique boursouflée des capitales arabes », lui ont permis de voir l'Orient à l'envers de sa (de notre) propre vision préalablement acquise, ou devrait-on dire : imposée[67].

Genet a désiré être ce (ou plutôt ceux) qu'il désirait, du *Condamné à mort* à cet autre condamné à mort qu'est George Jackson dans sa prison de Soledad (quand bien même c'est de David Hilliard qu'il était sans doute amoureux, et aussi peut-être, dans la projection imaginaire, du jeune frère de George, Jonathan[68]), ou encore ce *feddayi* palestinien anonyme qui part au combat et disparaît au détour du sentier dans *Un captif amoureux* :

> « Cette image du *feddai* est de plus en plus ineffaçable. Il se tourne dans le sentier ; je ne verrai plus son visage, seulement son dos et son ombre. C'est alors que je ne pourrai plus lui parler ni l'entendre que j'aurai besoin d'en parler. Il semble que l'effacement ne soit pas seulement la disparition mais aussi la nécessité de la combler par quelque chose de différent, par peut-être le contraire de ce qu'il efface. Comme s'il y avait eu un trou dans cet endroit ou le *feddai* disparaît c'est qu'un dessin, une photographie, un portrait veulent le rappeler dans tous les sens de ce mot. Ils rappellent le *feddai* d'assez loin – dans tous les sens de cette expression. Voulut-t-il disparaître afin qu'apparut le portrait ?[69] »

---

67 Jean Genet, « Près d'Aljoun », in *« L'Ennemi déclaré »*, *op. cit.*, 177-183, 178, 181. Hédi Khélil, « L'intersubjectivité des corps dans *Un captif amoureux*, in Ralph Heyndels, éd., *Les Passions de Jean Genet, op. cit.,* p. 163-172. Voir aussi Hédi Khélil, *Jean Genet : Arabes, Noirs et Palestiniens dans son œuvre,* Paris, L'Harmattan, 2005.

68 Voir Ralph Heyndels, « Les Noirs sur la blancheur livide : le sens possible de l'Amérique selon Genet », art.cit, p. 327-329.

69 Jean Genet, *Un captif amoureux*, *op. cit.*, p. 37. Pour un commentaire de ce passage voir Ralph Heyndels, « Le passage par l'art et le saut du désir : Jean Genet », art. cit. Cette hantise de la disparition des êtres et des choses traverse toute l'œuvre de Genet (voir, par exemple, *Pompes funèbres*, *op. cit.*, p. 44).

Ce garçon qui s'efface devait être très séduisant pour avoir déchiré en cette instance le tissu narratif du texte en y creusant ce « trou » que le « portrait » voudrait combler. Il appartenait à cette cohorte des « feddayin [qui] sont beaux », que les « souvenirs » de l'écrivain donnent à voir[70] *dans la (quasi) absence de toute description*[71] et à l'égard de qui il avoue sans fausse honte, avec au contraire une sorte de jouissance rétrospective :

> « Certainement leur révolte me satisfait, celle des Panthères noires aussi, mais je ne suis pas sûr que j'aurais pu rester aussi longtemps avec eux, si leur physique avait eu moins d'attraits[72] ».

Genet « amoureux des feddayin », commente Edmond El Maleh, qui ajoute : « c'est cet amour qui permet de les reconnaître », et le critique marocain avait bien raison de souligner que c'est dans et par la *captivité amoureuse vécue et rêvée* que l'écrivain paradoxalement parvient à échapper à son propre (et en ce sens : inévitablement subjectif) orientalisme objectif, contraint du dehors, culturel et livresque, en se séparant littéralement de lui-même, « en rendant vaine '*la réalité en [lui-même]*' des fantasmes » qu'il peut à présent – en recourant à ce que Rimbaud avait tenté de désigner par l'expression de « poésie objective » – et face à « cette *réalité-là* » des feddayin, *politiquement et poétiquement déconstruire* : « Quelque chose me disait que ma situation n'était pas en accord avec ce que j'avais su sur l'Orient (…) » et « Tout semblait annoncer cet Orient que je verrais à l'envers[73] ». De cette passion la dernière œuvre de l'auteur constitue le mémorial :

---

70 On sait qu'*Un captif amoureux* est constitué de "Souvenirs I" et "Souvenirs II".

71 Il en est des feddayin et d'Hamza comme de Manon dont aucune description n'est donnée dans le roman de Prévost (voir Jacques Proust, « Le corps de Manon », in *Littérature*, 4, 1971, p. 5-21). Leur beauté, comme celle de Manon, n'en est que plus irradiante : « *Voyez* comme les feddayin sont beaux » déclare Genet dans l'« Entretien avec Antoine Bourseiller » (ED, p. 222).

72 Jean Genet, « Entretien avec Antoine Bourseiller », ED, p. 222. La jouissance rétrospective est lisible dans l'usage du présent.

73 *Un captif amoureux, op. cit.*, 13, 295. Edmond Amran El Maleh, *Le Captif amoureux et autres essais.* Casablanca, La Pensée sauvage / Toubkal, 1988, p. 37. Voir aussi Marjorie Bertin, « Jean Genet, captif de la Palestine », in Hassan Moustir, Jamal Eddine El Hani, Mourad Ali-Khodja, *Des lieux de culture. Altérités croisées, mobilités et mémoires identitaires*, Québec, Presses de l'Université Laval, 2016, 179-228 ; et Élias Sanbar, *Dictionnaire amoureux de la Palestine*, Paris, Plon, (article « Genet »).

« (...) les responsables me dépêchaient des feddayin si jeunes et si beaux, avec des visages si avenants, que j'étais chaque fois égayé par un choix si sûr que je le recevais plutôt comme un hommage, un cadeau qui voulait dire : "Contemple ce visage radieux pendant deux heures et sois heureux"[74] ».

L'effet que les combattants palestiniens produisent sur la subjectivité narratrice d'*Un captif amoureux* relève de la même aimantation érotique exercée par les jeunes hommes – enfants perdus, voyous, soldats, marins, voleurs – qui jadis avaient envoûté et ravi l'écrivain,

« ces gosses [ici évoqués dans *Journal du voleur*] dont le corps, le regard et les gestes sont *chargés d'un magnétisme* qui fait de nous leur objet[75] »,

comme ceux aussi qui hantent les premiers romans, les Divers, Bulkaen et Harcamone de *Miracle de la rose*[76], ou encore les Jean, Paulo, Erick et Riton de *Pompes Funèbres*. De même que l'était un Stilitano « inaccessible » ils sont « le signe essentiel » de « ceux (...) qui le terrassent[77] ». Et si « [l]es Palestiniens *rayonnaient* », c'est comme « les colons de Mettray[78] ». Dans *Un captif amoureux* Genet compare d'ailleurs lui-même très explicitement sa relation passionnelle avec les feddayin – « Le cœur y était ; le corps y était ; l'esprit y était[79] » – et celles qu'il a connues avec ses amants :

« Je pensai que trois ans d'amour fou était un temps nécessaire, cinq ans peut-être, mais après viendrait la lassitude habituelle aux amants (...). Tant d'amour au début ne devait que diminuer[80] ».

---

[74] *Un captif amoureux*, *op. cit.*, p. 80. Sur l'écriture du désir dans *Un captif amoureux*, lire Jérôme Neutres, « Le 'rêve flottant au-dessus du monde arabe' de Jean Genet », in Ralph Heyndels, éd., *Les Écrivains français et le monde arabe*, Genève, Droz, 2010 (*Travaux de Littérature*), p. 315-326.

[75] Jean Genet, *Journal du voleur*, *op. cit.*, p. 27.

[76] Voir Albert Dichy et Pascal Fouché, *Jean Genet, matricule 192.102*, Paris, Gallimard, 2010, p. 200-203.

[77] Jean Genet, *Journal du voleur*, p. 47.

[78] Jean Genet, « Entretien avec Antoine Bourseiller », ED p. 219.

[79] Jean Genet, Un captif amoureux, *op. cit.*, p.11.

[80] *Idem*, p. 311.

Au sujet des grands amours de sa vie – Lucien Sénémaud, Java, Decimo, Abdallah, Mohamed El Katrani[81]–, et surtout de ceux qui ont eu une fin tragique, Genet *hors écriture* refuse de *commenter* :

> « (...) Abdallah fait partie de ma vie tellement intime que je préfère ne pas parler de lui (...). Comme je préfère ne pas parler non plus de Jean Decarnin[82] ».

Mais il est une passion qui a littéralement déclenché, puis orienté et soutenu la rédaction de son dernier livre. Dans ce qui est selon moi le plus intelligent et le plus sensible des comptes-rendus consacrés à *Un captif amoureux* au moment de sa parution posthume, René de Cecatty déclare : « (...) il y a Hamza. Et l'on comprend que c'est *pour Hamza* que le livre a été écrit[83] ». Hamza le magnifique n'est pas sans rappeler cependant « la photographie d'un jeune officier, très beau », « image » dont le narrateur de *Journal du voleur* s'est « épris » au point que « toujours [il] la garde sur [lui][84] », sauf que d'Hamza il n'y a point de photo : il *est* cette image absente dans l'écriture (comme le feddayi disparaissant dans le passage cité plus haut). Encore faut-il mesurer combien l'intensité d'un tel amour est chez Genet toujours emportée dans la disparition de son objet :

> « Prétextes à mon irisation – puis à ma transparence – à mon absence enfin, ces garçons dont je parle s'évaporent[85] ».

Dans cette constellation amoureuse et poétique, Hamza ne fait pas exception. Il est en effet *capté* dans une cérémonie des adieux et, comme Jean Decarnin l'était dans *Pompes funèbres*, il est à la fois mythifié et enseveli, inhumé dans et par l'œuvre qui lui est destinée, bien qu'il ait (*et parce qu'il a*) poursuivi une vie *ordinaire* d'immigré en Allemagne[86]. Bien plus, lorsque le narrateur l'imagine mort et rencontre

---

81 Voir Caroline Daviron, *Jean Genet, une passion méditerranéenne*, Paris, Encre d'Orient, 2010.

82 Jean Genet, « Entretien avec Antoine Bourseiller », ED, p. 219.

83 René de Ceccatty, « Le rêve d'une révolution », in *La Quinzaine Littéraire*, 1-15 juin 1986, repris dans Agnès Fontvieille-Cordani et Dominique Carlat, *Jean Genet et son lecteur. Autour de la réception critique de 'Journal du voleur' et d''Un captif amoureux'*, Saint-Etienne, Presses de l'Université de Saint-Étienne, 2010, p. 123-127.

84 Jean Genet, *Journal du voleur*, *op. cit.*, p. 81.

85 *Id.*, p. 106.

86 On laisse ici de côté la mère de Hamza. Voir Ralph Heyndels, « Miracle de la mère : Jean Genet », à paraître.

son double qui « est assez beau pour être Hamza lui-même ou la représentation, la copie[87] », il affirme qu'après deux jours celui-ci pourrait « [le] remplacer dans [son] affection. » C'est que l'expression sédimentée d'Hamza comme être d'une jeunesse déjà toute légendaire – « Beaucoup de gens, probablement tout le monde dans le camp connaissaient Hamza[88] » – participe précisément de l'écriture qui en est le poème et en déclame la mélancolie :

> « À la légère mélancolie qu'il laisse en moi s'il me quitte, je sais que ce trouble ne cessera pas[89] ».

Dans la captivité amoureuse qui délimite le texte et enferme l'écrivain, le feddayi de rêve fait l'objet d'une espèce d'ultime visite déceptive semblable à celle que Genet rend vers la fin de sa vie aux *Régentes* de Rembrandt que « *personne ne verra plus* », dont il ne reste que des « reflets, moins sur la toile que dans la mémoire[90] ».

Hamza est non seulement le dédicataire du livre et son centre incentrable, mais aussi l'incarnation et la quintessence du désir amoureux genetien, de son extase et du « saut » qui par celle-ci s'accomplit – « absence de décharge éprouvée comme charge (...) » : « *Ne croyez pas que je ne parle plus du désir au moment où je m'en éloigne.* » Il s'agit pour le narrateur d'aimer le feddayi sublime mais aussi de *l'être* en phantasmant de s'y substituer et de devenir le fils de la mère de celui-ci. Désirer être celui que l'on ne peut être ; aimer celui qu'on n'est pas : *ce point fixe*. Ce n'est après tout – peut-être ! – pas tellement compliqué. C'est après tout – peut-être ! – ce que se joue à lui-même un enfant orphelin et abandonné. Dans l'aliénation, le rejet, l'humiliation, l'exclusion dont il a fait l'objet (que celle-ci soit « réelle », donc sans doute en partie « exagérée » ; ou phantasmée, donc sans doute plus que « réelle »), le réprouvé *se fait son théâtre* (comme on dit : *se faire son cinéma*) dans lequel *il est l'objet du désir d'en être le sujet* : conscience aigüe et malheureuse, critique lucide mais aussi rage aveugle, et soumission opaque mais voluptueuse : captivité amoureuse. Désirer être cet Arabe *et* désirer celui-ci, comme jadis il avait évoqué « Le

---

87 Jean Genet, *Un captif amoureux*, p. 467. Sur la topique du « double » chez Genet, voir Daniel Lance, *Jean Genet ou la quête de l'ange, op. cit.* (en particulier le chapitre II, « Sur une question d'être, de doubles et d'anges »).

88 *Id.* p. 260.

89 *Ibid.*, p. 272.

90 Jean Genet, Lettre à Laurent Boyer du 4 novembre 1984.

nègre, plus immense que la nuit, [qui le] recouvrira[91] ». Etre *recouvert* par ce que l'on désire être. Ce que le désir sans trêve produit relève tout entier d'une espèce de *substance rêvée* que secrète l'écriture de Genet. Dans ce flux onirique celui qui, pour son malheur, « appartient à la communauté blanche » de l'Occident entend cependant y jouer paradoxalement le rôle de « l'Oriental », mais à condition que celui-ci soit précisément saisi dans *l'image de celui qui n'appartient résolument pas au monde soi-disant « civilisé »* (le « *civilized world* » dominé par l'Amérique, aujourd'hui celle du fascisme à découvert d'un Donald Trump). Et pour celui qui rejoindra le monde arabe jusqu'en son inhumation à Larache, tout en maintenant de sa non appartenance à ce monde la condition même de son désir pour les hommes de celui-ci, il ne reste au bout de la trajectoire que l'impératif d'aimer Hamza qu'il n'est pas et de rêver de l'être : rêver de l'aimer ; rêver d'être le fils de la mère de celui-ci, qui, définitivement, n'est pas la sienne, perdue à jamais... Et pourtant, serait-ce l'épitaphe non écrite sur sa tombe face à la mer, au Maroc, ce mot qu'il me semble soudain y avoir lu un jour où la mélancolie m'y avait conduit, assurément dans un mirage ? *Peut-être* disait l'inscription invisible sur une pierre blanche[92].

---

91 Jean Genet, *Journal du voleur*, *op. cit.*, p. 267.

92 Voir Ralph Heyndels, article « Larache » in Marie-Claude Hubert, éd., *Dictionnaire Genet*, Paris, Champion, 2014.

# *Le Dernier combat du captain Ni'mat* de Mohamed Leftah : autopsie du désir

FOUAD MEHDI

Publié à titre posthume en France, *Le Dernier combat du captain Ni'mat* a fait l'objet, au Maroc, d'une censure qui ne disait pas son nom[1]. En l'absence d'un argumentaire officiel, on ne peut que spéculer sur les raisons profondes d'une telle censure. Il semblerait que l'homosexualité des personnages ne soit pas totalement étrangère à cette décision. Mais cela ne suffit pas à tout expliquer puisque certains romanciers marocains ont en fait un ressort important de leurs fictions sans qu'ils soient inquiétés. C'est le cas, entre beaucoup d'autres, de Driss Chraïbi, de Tahar Ben Jelloun, d'Abdallah Taïa, de Mohamed Leftah lui-même dans, par exemple, *Au Bonheur des limbes* ou *Hawa.* Peut-être que le traitement littéraire de l'homosexualité explique-t-il mieux le pourquoi de la censure. En effet, dans cette œuvre, l'acte homosexuel est donné à voir, théâtralisé, et les descriptions sont d'un réalisme cru. Ce qui a pu choquer, c'est que ce traitement soit associé à la liberté de l'individu. D'ailleurs, le récit regorge de réflexions métanarratives sur une société arabe holiste qui étouffe ses membres en exigeant d'eux une soumission inconditionnelle.

Nous serions tentés par une telle lecture si le texte lui-même n'y résistait pas, en partie. En effet, le roman de Leftah met en fiction la persistance de ce que Judith Butler appelle la « matrice hétérosexuelle », c'est-à-dire la pérennité des enjeux de pouvoir et de domination au sein même de la relation homosexuelle. La liberté de l'individu n'est pas une entreprise aisée, loin s'en faut. Et associer rapidement homosexualité et liberté individuelle apparaît quelque peu simpliste et réducteur. Pour tenter d'apporter quelques éléments de réponse à cette question, il s'agira de montrer, dans un premier temps, comment le désir s'installe dans une société qui renvoie dos à dos le masculin et le féminin, avant, ensuite, de montrer comment ce désir

[1] Mohamed Leftah, *Le Dernier combat du captain Ni'mat*, Paris, La Différence, 2011. Toutes les références à ce texte, dont nous nous contentons de mentionner les pages, renvoient à cette édition.

œuvre pour la jonction, et même la fusion, pour, au final, faire ressortir l'échec d'une telle entreprise car tout est contaminé par le pouvoir.

L'intérêt du roman de Lefath est que, tout en étant intimiste, il ne tourne pas le dos au réel. Bien au contraire, le moi construit le désir – le désir est conscience avant de devenir engrenage – dans une référence permanente à ce qui est en-dehors de lui. Ne nous méprenons pas sur le sens profond de cette connexion entre l'intériorité et l'extériorité. Le dehors n'est pas l'arrière-plan sur fond duquel se détache le désir, il en est la condition *sine qua non*.

En effet, l'attraction du captain Ni'mat (ancien pilote de l'Armée de l'Air égyptienne et radié de cette armée après la défaite de juin 1967 face à Israël) pour son jeune serviteur nubien, Islam, naît dans le contexte d'une société où la séparation des sexes apparaît comme un dogme tout-puissant. Comme le récit accorde une place prépondérante à la piscine, ce lieu apparaît comme l'incarnation du clivage entre le masculin et le féminin :

> « Mervet avait rejoint ses amies à la piscine du club, qui était réservée aux femmes le samedi et le lundi, de 10 heures à 14 heures, à cause des *mouhajjabate* pour lesquelles il était hors de question de montrer leur corps en tenue de bain aux regards concupiscents des hommes. » (p. 43).

Et comme l'eau est le moyen de la purification des corps, elle peut devenir la cristallisation du fantasme de la souillure. Si la piscine est presque déserte la journée où le matin elle est fréquentée par les femmes, c'est parce que beaucoup d'hommes désertent une

> « eau [...] barattée par les corps de femmes dont certaines [sont] peut-être dans leur période de menstrues. » (p. 65).

Mais comme la société ne peut pas systématiquement séparer, elle a tendance à dissimuler. Le récit montre comment le corps féminin voilé adhère aux mécanismes de sa propre servitude. Fait intéressant, ce sont des filles « à peine nubiles » (p. 44) qui font pression sur leurs mères pour les inciter à porter le voile. Et ces dernières n'opposent aucune forme de résistance, « tout simplement pour avoir la paix » (p. 44). Ce que le récit décrit comme une régression sociale trouve son expression la plus extrême dans le thème de la castration dont le rapport à la sexualité est évident. Oncle Samir, le plus chevronné des serviteurs nubiens, se souvient que Bobby, le chien du couple Ni'mat-Mervet, a été châtré, et évoque dans le sillage son rut passé, liant ainsi castration et rut. Mieux encore, en apprenant la relation homosexuelle que son mari entretient avec leur jeune serviteur nubien, Mervet se souvient, avec nostalgie, de ces temps révolus où l'on pouvait châtrer un domestique simplement pour avoir été un peu trop bavard.

Dans une société qui sépare et qui voile, les sexes masculin et féminin sont renvoyés dos à dos, et le rituel de séduction n'existe plus. Ni'mat, fin observateur de ce qui se passe en lui, comme de ce qui se passe autour de lui, remarque avec amertume les mines maussades, les « vêtements gris et informes », les « regards baissés sur des barbes broussailleuses » (p. 62), avant d'en tirer cette conclusion :

> « [...] on eût dit que la séduction était devenue un blasphème contre Dieu et une agression contre son semblable. » (p. 62).

Dans ce contexte, le rôle échu à la langue est précis. Elle permet soit d'éviter de nommer les choses, soit de ressasser des clichés, soit de mystifier. Dans tous les cas, elle est dotée d'une puissance irrésistible. Pour désigner la relation entre Ni'mat et Islam, les femmes en particulier recourent à une langue de l'évitement. Chaïma, l'amie intime de Mervet, parle de « choses que j'ai honte de rapporter » (p. 91). Elle enchaîne en évoquant « des propositions honteuses » (p. 92) que Ni'mat a faites à Mustafa, un autre jeune serviteur nubien. Mervet, de son côté, qualifie la relation de « fange » et de « turpitude » (p. 116). Le recours à l'euphémisme ou à la surqualification montre que la réalité relève de l'ordre de l'innommable.

Mais si la langue est voilement, elle peut être aussi ressassement des mêmes stéréotypes. Il peut arriver au captain Ni'mat de prendre une certaine distance par rapport à son groupe d'amis dont les conversations sont presque toujours

> « un ressassement inlassable des mêmes paroles et des mêmes plaisanteries » (p. 12).

Tant et si bien qu'il les qualifie ironiquement de « corps à parlotte » (p. 67) et les compare aux patriciens de la Rome décadente du V$^{e}$ siècle.

Ce ressassement de clichés apparaît comme l'expression d'un désir plus ou moins inavoué non seulement de conjurer un mal être profond mais aussi de s'abriter dans la bulle d'un bien être illusoire. Le récit épique de la guerre de 1973 en est l'exemple le plus éloquent. Qualifiée de « glorieuse » et d'« immortelle » (p. 14), cette guerre est dite

> « tantôt victoire d'octobre, tantôt victoire du ramadan, dédoublant ainsi en quelque sorte son immortalité » (p. 14).

La redondance langagière devient ici le vecteur d'une mystification collective. En se référant à Wittig, Judith Butler décrit bien ce processus quand elle écrit :

> « [...] le langage est une série d'actes, répétés à travers le temps, qui produisent des effets de réalité qui finissent par être abusivement perçus comme des "faits"[2] »

Le langage transforme donc fantasmatiquement le désir en réalité, cette dernière finissant par avoir force de loi. C'est pourquoi bien qu'il ait

> « une appréciation plus mesurée, plus objective de ce glorieux événement » (p. 14).

qu'il qualifie de « demi-victoire » (p. 14), captain Ni'mat se garde bien d'exprimer publiquement son point de vue, qui aurait détoné dans le concert des voix concordantes du groupe d'amis. Lui-même prend conscience de sa mystification par une langue arabe grandiloquente, et

> « il en voulut à cette langue arabe classique, dont des expressions emphatiques et toutes faites vous venaient à l'esprit et aux lèvres sans que vous les ayez cherchées, comme si c'était elle, la langue, qui menait sa vie propre et pensait à votre place. » (p. 15).

Tout en bloquant le processus d'une identification totale avec son personnage, Leftah introduit le lecteur dans une intériorité tourmentée, celle d'un captain Ni'mat qui a tragiquement pris conscience de vivre dans un monde de simulacres. Dans cette optique, l'homoérotisme traduit une soif d'idéaux.

---

2 Judith Butler, *Trouble dans le genre. Le féminisme et la subversion de l'identité*, traduit de l'anglais par Cynthia Kraus, Paris, éd. La Découverte, (2005-2006 pour la traduction française), p. 229.

Au moment où la société sépare, le désir joint ; au moment où celle-là met dos à dos, celui-ci lie. Le roman de Leftah décrit l'homoérotisme comme une lente réappropriation de son corps. Progressivement, le captain Ni'mat reprend possession de son corps, ou plutôt réapprend à être attentif aux nuances les plus subtiles de la sensation. Chemin faisant, il découvre à quel point le langage est pauvre face à l'infinie richesse du ressenti :

> « Qu'ils étaient secs et limités les termes techniques que lui avaient appris Abou Hassan [le masseur attitré du club], devant la richesse, la polysémie, les nuances infinies de cet alphabet magique, neuf ! ce friselis si léger qui, prenant naissance dans les tendres et infimes creux séparant le haut des cuisses des fesses, propageait dans ces dernières des ondelettes frémissantes ! » (p. 40).

Mais cette harmonie avec son propre corps n'est que le prélude à une autre harmonie, celle d'avec le corps d'autrui. Il est vrai que certaines séquences peuvent choquer un lecteur pudique ou pudibond. En réalité, Leftah, contrairement à d'autres romanciers comme Taïa, met en scène l'acte sexuel dans sa matérialité crue afin de donner à voir le long processus d'une fusion, celle de deux corps qui réalisent progressivement une forme de béatitude proche de celle de l'androgyne, mythe qui, du reste, structure le récit de bout en bout :

> « Quand Islam se retira enfin, son sexe avait creusé une telle béance en moi que je ressentis immédiatement, de façon irrépressible, insoutenable, le besoin qu'il revînt sur-le-champ combler cette béance insupportable. » (p. 143).

Cet extrait, qui prend place à la fin du récit, narrativise le mythe des deux moitiés qui se cherchent, et ce par le motif spatial de la béance, cette dernière étant ressentie comme un vide et une absence insupportables, que seul l'autre corps, devenu *alter ego*, peut combler.

La relation homosexuelle permet par ailleurs à Ni'mat d'entreprendre un travail de déconstruction du mythe de la virilité, et ce sur deux plans : personnel et politique. Sur le plan personnel, il prend conscience que le système de valeurs qui prône le primat de la virilité est un carcan dont il faut se défaire. C'est pourquoi après avoir mal vécu le statut de *khawala*[3], captain Ni'mat finit par l'assumer totalement :

> « Pour la première fois, il assumait sans honte ce qu'il était devenu, osant le nommer et le murmurer en lui-même comme le plus beau des noms : *khawala* ! » (p. 82).

Par ailleurs, dans le roman de Leftah, il peut arriver que l'homosexualité se mette au service de l'hétérosexualité. Dans certains cas, aussi paradoxal que cela puisse paraître, elle permet de rallumer le désir éteint de l'homme pour la femme. Oncle Samir raconte qu'Abdou, un autre serviteur nubien, entretient une relation intime avec son maître. Et

> « l'*effendi* y a tellement pris goût [...] qu'il ne pouvait plus faire l'amour avec sa hanem que les jours où il [Abdou] lui prodiguait ce qu'ils appellent maintenant entre eux, *attadlik al hamimi*, le massage intime. » (p. 58).

*Mutatis mutandis* le captain Ni'mat vit une expérience similaire qui l'émeut mais au sein de la relation homosexuelle. Au cours de la première séance d'*attadlik al hamimi*, et après avoir été pénétré par Abou Hassan, Ni'mat, impuissant depuis un certain temps, bande et éjacule. La même expérience se renouvelle avec Islam, sauf qu'en l'occurrence les deux partenaires éjaculent de façon parfaitement synchrone. D'une certaine manière, l'homosexualité permet le dépassement de la dualité des genres :

> « La chair du captain Ni'mat défaillait, se liquéfiait, n'était plus que reconnaissance pour cette sodomisation aimante, sublime qui, le faisant accéder à l'acmé du double plaisir, le fit éjaculer au moment même où son merveilleux cavalier déchargeait en lui » (p. 107).

Pourtant, au-delà des expériences personnelles, le roman est intéressant par sa capacité à arrimer l'homosexualité au politique. Dans son journal intime, Ni'mat tente de s'expliquer pourquoi les femmes sont asservies. S'inscrivant dans la continuité d'Albert Memmi et réactivant la célèbre thèse de la pyramide des « tyranneaux »[4]

---

3. Les Égyptiens utilisent le mot de « *khawala* » pour désigner péjorativement un homosexuel passif.

4 La Boétie, *Discours de la servitude volontaire*, Paris, Flammarion, 1983 (Édition revue et augmentée en 2015 puis 2016), p. 147.

développée par La Boétie, il note que la féminisation des femmes par des hommes virils est une revanche prise par ces mêmes hommes eux-mêmes féminisés par

> « le chef, le zaïm, le combattant suprême, un super mâle viril qui terrorise et féminise son entourage » (p. 126).

Dans une société structurée par les appareils du pouvoir, on est toujours « la femme de quelqu'un ».

Dans *La Domination masculine*, Bourdieu souligne la fonction régulatrice jouée par les femmes au sein de la société :

> « On a souvent observé, écrit-il, que les femmes remplissent une fonction cathartique et quasi-thérapeutique de régulation de la vie émotionnelle des hommes, calmant leur colère, les aidant à accepter les injustices ou les difficultés de la vie[5] ».

Dans le roman de Leftah, la fonction de la femme est autrement complexe. En fait, la catégorie du féminin joue un rôle déterminant dans la pérennité d'une structure mentale que le roman tend à discréditer. En voici le raisonnement-type : les Arabes sont des hommes, c'est-à-dire courageux, virils, *etc.* Or les Arabes ont essuyé une lourde défaite face à Israël en 1967. Donc ces armées n'étaient pas constituées d'hommes mais de femmes, c'est-à-dire de lâches et de veules. Le féminin n'est pas occulté ; bien au contraire, il est invoqué pour justifier l'échec. La catégorie du féminin – un féminin fantasmé, cela va sans dire – est d'une absolue nécessité. Elle permet de donner du sens à ce qui autrement aurait relevé de l'ordre de l'inexplicable ou aurait requis un face à face douloureux.

En réalité, les choses sont loin d'être aussi simples. Loin d'être émancipatrice, la relation homosexuelle est, dans *Le Dernier combat du captain Ni'mat*, minée par son caractère vénal. Leftah place l'argent au cœur des relations humaines. Lors de sa première séance *d'attadlik al hamimi*, Ni'mat donne à Abou Hassan cinquante livres, soit « le double du tarif normal de la séance. » (p. 74). Et malgré quelques protestations de circonstance du masseur, qui ne durent qu'un moment, ce dernier finit par accepter la somme. *Idem* pour Islam. Après la séance de massage au cours de laquelle, pour la première fois, Ni'mat dénude ses fesses, ce dernier donne à son serviteur cent livres, officiellement

---

5 Pierre Bourdieu, *La Domination masculine*, Paris, Seuil, 1998, p. 109.

« pour l'achat d'habits légers d'été » (p. 42), réellement pour l'inciter à être moins timide, plus entreprenant. Et quand il le devient, Ni'mat triple ses gages. Si bien que quand le captain part en pèlerinage à la Mecque, dans l'espoir de mettre fin à une relation manifestement gênante, Islam, habitué à son nouveau train de vie, est inquiet à propos de sa situation financière :

> « Mais l'intérêt, le sordide intérêt matériel pointait alors son nez affreux, et prenait la parole. En mettant fin à ces rapports sexuels, le captain Ni'mat continuerait-il d'être aussi généreux avec lui ? » (p. 103).

À cette dimension vénale vient s'ajouter une autre : la dimension incestueuse. Le récit la souligne plus d'une fois en la mettant sur le compte des personnages, c'est-à-dire en l'inscrivant dans leur champ de conscience. En voyant le captain Ni'mat totalement démuni face à son désir, Islam éprouve

> « un soupçon de respect filial, de pitié pour cet homme qui était de l'âge de son père » (p. 102).

Ce dernier, d'ailleurs, ne manque pas de l'appeler « mon petit » (p. 120) et même « mon fils » (p. 119). Ces deux dimensions conjuguées montrent clairement qu'associer homosexualité et liberté serait aller vite en besogne.

Par ailleurs, quand on considère de près la relation entre Ni'mat et Islam, la fusion n'est pas aussi absolue que le captain veut bien se le persuader. D'une certaine manière, la genèse et l'accomplissement du désir sont minés par un bras de fer permanent engagé par les deux partenaires de la relation homosexuelle. La première réplique que Ni'mat adresse à son serviteur afin de le pousser à triompher de sa timidité opère comme un péché originel, dont on ne peut jamais se délester :

> « - Combien de fois t'ai-je dit, *animal*, de te laver et de te changer plus souvent ? *Va* prendre une douche, et *viens* me masser. » (p. 35. C'est moi qui souligne).

Symboliquement le substantif « animal » et les jussifs « Va » et « Viens » sont l'expression, dans le langage, d'un exercice de domination. En fait, en s'adressant à Islam, et, dans l'exercice même du rapport homosexuel, Ni'mat a une prédilection pour le jussif :

> « - Ôte ton short, je vais te le mettre [le préservatif], mais il faut que tu bandes d'abord. » (p. 80).

Bander devient donc non pas l'expression d'un désir, mais un acte sur commande.

C'est d'ailleurs pourquoi dès le début, Islam perçoit la relation comme une juste revanche prise sur un maître autoritaire :

> « …il [Islam] se sentait maintenant tellement plus beau, tellement plus jeune, et même tellement plus puissant, plus viril que ce captain qui l'avait terrorisé jusque-là » (p. 63).

Dans ce chassé-croisé, l'ancien dominé jubile en devenant le dominant. Après avoir été soumis, Islam soumet :

> « À chaque évocation de cette métamorphose d'un maître autoritaire en chair qu'il pétrissait, modelait et fouillait à sa guise entre ses bras et ses jambes, un sentiment vertigineux de puissance […] s'emparait d'Islam. » (p. 101-102).

Cette volonté de puissance affecte jusqu'au dispositif descriptif qui assimile la sexualité à un acte de guerre, à une violence inouïe. C'est ainsi que quasiment systématiquement, la verge d'Islam est soit qualifiée de « glaive méchant fendant l'espace d'un seul coup oblique » (p. 82), soit associée à une « arme de guerre » qui donne à son propriétaire un « droit de vie ou de mort » (p. 82) sur l'autre. Et la liste des épithètes est loin d'être exhaustive.

Ces rapports de domination qui se jouent au sein de la relation homosexuelle trouvent leur expression ultime dans une distribution binaire des rôles à l'œuvre dans les couples hétérosexuels. Autrement dit, si Islam et Ni'mat appartiennent au même sexe, ils n'appartiennent pas au même genre. En effet, au moment où Islam se virilise, Ni'mat, lui, se féminise. Ce dernier écrit dans son journal intime :

> « J'étais une vieille et pauvre femme esseulée qu'un prince charmant surgi d'une Nubie engloutie venait de sauver de la misère, de la solitude, de la décrépitude et de la mort. » (p. 145).

L'envers du lyrisme est une réactivation du schème de ces contes merveilleux, tant décriés par les tenants des études du genre[6], parce

[6] Voir à ce sujet, Bérénice Levet, *La Théorie du genre ou le monde rêvé des anges*, Paris, Grasset, 2016, (2014 pour la 1ère édition chez LGF).

qu'ils donnent à voir des femmes fragiles et vulnérables, qui attendent impatiemment leur prince charmant et vigoureux.

L'aboutissement de cette logique de répartition binaire des rôles est une resexualisation du langage qui se trouve en désaccord avec le sexe biologique de la personne. À la fin du récit, Ni'mat a tellement bien conscientisé sa féminisation qu'il finit par s'auto désigner par l'usage du genre féminin :

> « Après ce délire amoureux, puis-je encore me nommer, y compris vis-à-vis de moi-même : le captain Ni'mat ? L'amour m'a affolé, si quelqu'un un jour me traitait de folle, je crois que je ne lui en tiendrais pas rigueur. »[7] (p. 145).

En somme, *Le Dernier combat du captain Ni'mat* est un récit plus complexe qu'il n'en a l'air de prime abord. Autopsier le désir permet à Leftah d'en révéler des aspects insoupçonnés. Certes il est l'expression d'une volonté individuelle de liberté dans une société qui sépare et disjoint. Mais cette entreprise se révèle très compliquée puisque les personnages n'arrivent pas à échapper aux rets du pouvoir. Ce faisant, le récit souligne l'indécidabilité du système de valeurs qu'il promeut. N'est-ce pas là l'essence même de la littérature ? La censure ne l'a toujours pas compris.

[7] Le même nom féminin réapparaîtra à la page 148. Je rappelle que ce qui bouleverse Mervet, ce n'est pas que son mari soit homosexuel, mais que, dans cette relation, il cesse d'être son faucon pour devenir le *khawala* d'Islam.

# Poésie et inconscient
## de Poe et Coleridge à Baudelaire et Mallarmé ou Rimbaud, *nonobstant* Valéry

PATRICK NÉE

« Poésie et inconscient » : la problématique de cette étude est si vaste qu'on peut penser qu'elle est intraitable, tant s'ouvrent aussitôt à l'esprit de chemins possibles à parcourir. Il nous faut donc un fil directeur qui permette de *traverser la forêt*, comme le souhaitait Descartes au cas où l'on s'y trouverait perdu – et sans les petits cailloux du Petit Poucet qui, lui, comptait bien revenir à son point de départ : car nous ambitionnons d'aboutir à un point d'arrivée situé de l'autre côté de ce qui se dresse de toutes parts autour de nous, comme d'épais taillis et de profonds halliers. Autrement dit c'est en tenant fermement le fil « Poésie » que nous pouvons espérer traverser la *selva oscura* de « l'inconscient », à entendre ici dans son sens freudien et non pas préfreudien (l'inconscient de Hartmann, fin XIXe siècle) ou parafreudien (celui de Jung, faisant l'économie de la préhistoire sexuelle du sujet et donc de son caractère rigoureusement *personnel*, au profit d'un inconscient collectif et de ses archétypes mythiques).

Car les poètes – les plus grands – n'ont cessé d'avoir conscience qu'ils puisaient leurs ressources d'*inspiration* dans une part d'eux-mêmes qui leur échappait ; dire ici qu'ils avaient conscience de l'existence souterraine de leur inconscient ne signifie nullement cependant qu'ils aient pu réduire cet inconscient à leur conscience, puisque par définition celui-ci reste inaccessible à la conscience comme telle, interdit qu'il est *a priori* par la barre de la *censure*. La première étape de notre cheminement consistera donc à établir cette prescience plus ou moins claire, plus ou moins confuse selon les poètes, de ce dans quoi ils puisent pour écrire – nous nous limiterons à ceux d'après la grande coupure romantique dans l'histoire des Lettres occidentales, en envisageant plusieurs des poètes majeurs du XIXe siècle, en langues française et anglaise, et qui ont fortement à voir les uns avec les autres : de Poe et Coleridge à Baudelaire et Mallarmé ou Rimbaud, jusqu'à Valéry.

## Un paradoxe : *The Philosophy of Composition*

Et nous commencerons par une position paradoxale : celle qu'a soutenue Edgar Poe dans son essai, *The Philosophy of composition*, accompagnant *a posteriori* son fameux poème du *Raven* (*Le Corbeau*), dans la double mesure où Poe a occupé à cette occasion la position la plus extrême de *déni* du rôle de l'inconscient dans la création poétique – ce qui nous permettra d'ouvrir une démonstration *ab absurdo* – et où, indépendamment de cette position et même *contre elle*, il a profondément marqué deux des plus grands Français qui l'ont fait passer dans leur langue de façon remarquable (sort rare pour un poète étranger) : je veux parler de Baudelaire puis Mallarmé, qui lui ont assuré une influence décisive dans les Lettres françaises (sans doute plus considérable que dans les Lettres anglo-saxonnes) ; auxquels il faut ajouter Valéry (qui croit reprendre le flambeau de Mallarmé) s'identifiant étrangement à la position du *Poetic principle* et, parmi nous aujourd'hui, Yves Bonnefoy donnant son véritable sens à cette filiation tout entière.

Voici les principales propositions qu'il avance à propos de sa « Méthode de composition » (*The Philosophy of Composition*), dont je donnerai à chaque fois sa traduction par Baudelaire :

> "I prefer commencing with the consideration of an *effect.* [...] Of the innumerable effects, or impressions, of which the heart, the intellect, or (more generally) the soul is susceptible, what one shall I, on the present occasion, select[1] ?"

> « Pour moi, la première de toutes les considérations, c'est celle d'un *effet* à produire. [...] Parmi les innombrables effets ou impressions que le cœur, l'intelligence ou, pour parler plus généralement, l'âme est susceptible de recevoir, quel est l'unique *effet* que je dois choisir dans le cas présent[2] ? »

Aussi va-t-il en appliquer le principe en « dévoil[ant] le *modus operandi* grâce auquel, dit-il, j'ai pu *construire* l'un de mes propres

---

[1] E. A. Poe, *The Philosophy of Composition*, *Poems and Essays*, London, Dent & Sons Ltd / New York, Dutton & Co. Inc., 1969, p. 164.

[2] Id., « Méthode de composition », trad. C. Baudelaire, in *Les Poèmes d'Edgar Poe*, éd. Jean-Louis Curtis, Paris, Gallimard, « Poésie », 1982, p. 165.

ouvrages[3] » (« to show the *modus operandi* by which some one of my works was put together ») :

> "I select The Raven as most generally known. It is my design to render it manifest that no one point in its composition is referable either to accident or intuition – that the work proceeded, step by step, to its completion with the precision and rigid consequence of a mathematical problem".
>
> "Je choisis Le Corbeau comme très généralement connu. Mon dessein est de démontrer qu'aucun point de la composition ne peut être attribué au hasard ou à l'intuition, et que l'ouvrage a marché, pas à pas, vers sa solution, avec la précision et la rigoureuse logique d'un problème mathématique[4] ».

L'usage d'un lexique rationaliste (chercher la « solution » d'un « problème mathématique ») et technicien (« construire » un « ouvrage » qui « marche pas à pas ») métaphoriquement appliqué à l'écriture poétique est volontairement provocateur – provocation *continuée* comme on parle de *métaphore suivie* ; quatre pages plus loin tombe la conséquence de telles prémisses :

> "Here then the poem may be said to have its beginning – *at the end*, where all works of art should begin [...]".
>
> « Ici donc, je puis dire que mon poème avait trouvé son commencement – *par la fin*, comme devraient commencer tous les ouvrages d'art [...][5] ».

S'intercale une démonstration prenant appui sur tous les points possibles du poème : l'utilisation *à variations* du « refrain » pour « rest[er] fidèle à la monotonie du son, pendant que j'altérais continuellement celle de la pensée[6] » ("by adhering [...] to the monotone of the sound, while I continually varied that of thought") ; puis « la *nature* » de ce refrain nécessairement « bref » ; ensuite son « *caractère* » (appelant une certaine voyelle, le [o] long, « comme étant la voyelle la plus sonore », associée au [r] « comme étant la consonne la plus

---

[3] *Ibid.*, p. 166 ; je souligne.
[4] *Ibid.*, p. 165-166 / p. 167 ; je souligne.
[5] *Ibid.*, p. 171-172 / p. 172 ; je souligne.
[6] *Ibid.*, p. 170.

vigoureuse[7] » : "the long *o* as the most sonorous vowel, in connection with *r* as the most producible consonant") ; enfin la résultante de toutes ces contraintes, à savoir le choix logique du fameux « *Nevermore* » que prononce l'oiseau visiteur, mis en différents contextes selon l'évolution de la position de l'étudiant qui l'écoute, allant d'une surprise amusée à la culpabilité terrifiée.

Et cependant, un lecteur attentif ne saurait s'y tromper : la démonstration repose sur un forçage de l'opération d'inspiration, et ce forçage n'est pas plus tôt abouti qu'il est littéralement dénoncé ; car sitôt donné le mot-clé, *nevermore*, censé verrouiller et déverrouiller toute cette machinerie intellectuelle, Poe ajoute :

"In fact, it was the very first which presented itself".

« En réalité, il fut le premier qui se présenta à mon esprit[8] ».

Autrement dit, ce qu'il avoue là, remarquons-le bien, anticipe directement sur la non moins fameuse « *phrase qui cogne à la vitre* » mise à l'honneur par André Breton (et qui constituera son dernier recueil poétique, *Le La*[9], composé de ces éclats verbaux *donnés* sans autre intervention de la conscience que leur transcription), comme garant le plus authentique du processus d'écriture exactement opposé : celui de l'*écriture automatique* elle-même – où l'emploi du qualificatif « automatique » est tout à fait *technique*, puisqu'il procède d'une inversion radicale de la valeur attribuée jusqu'alors à cette notion par la tradition psychiatrique française dont Breton était parfaitement informé (puisque sa formation médicale aurait pu le conduire à devenir psychiatre) : au lieu donc de signifier le symptôme de la répétition maniaque (en mots ou en gestes) propre à la folie, l'*automatisme* devenait la méthode d'enregistrement d'une inspiration poétique dégagée de tout *a priori* dû à la conscience du scripteur : ce qui, pour faire bref, *court-circuitait la censure* et laissait parler la *bouche d'ombre* déjà chère à Hugo – qu'à partir de la découverte révolutionnaire opérée par Freud à l'aube du XX^e^ siècle on pouvait reconnaître comme *la voix même de l'inconscient.*

---

7 *Id.*

8 *Id.* ; je souligne.

9 André Breton, *Le La* [1960], Paris, Éditions Alès, 1961 ; repris dans *Œuvres complètes*, éd. Marguerite Bonnet sous la direction d'Étienne-Alain Hubert, Paris, Gallimard, « Bibliothèque de la Pléiade », t. IV, 2008.

En fait, dans *The Philosophy of Composition*, Poe s'amuse à réécrire en termes de métapoétique un autre *The Murders in the rue Morgue* (que Baudelaire a traduit par *Double assassinat dans la rue Morgue*). Il est le nouveau Dupin qui remonte d'indice en indice jusqu'à l'éclatement de la vérité suivante : comment le lyrisme d'inspiration est-il mort ? et de répondre : par l'introduction inaperçue du *calcul* qui a envahi tout son être jusqu'à l'étouffer. Mais ce n'est précisément qu'un jeu : Baudelaire s'en aperçoit tout le premier, lorsque dans ses *Notes nouvelles sur Edgar Poe* de 1857 (qui accompagnent sa traduction des *Nouvelles Histoires extraordinaires*) il considère que

> « notre poète a ingénument en apparence, mais avec une légère impertinence que je ne puis blâmer, minutieusement expliqué le mode de construction qu'il a employé [...]. J'ai dit que cet article me paraissait entaché d'une légère impertinence. Les partisans de l'inspiration quand même ne manqueraient pas d'y trouver un blasphème et une profanation ; mais je crois que c'est pour eux que l'article a été spécialement écrit. Autant certains écrivains affectent l'abandon, visant au chef-d'œuvre les yeux fermés, pleins de confiance dans le désordre, et attendant que les caractères jetés au plafond retombent en poème sur le parquet, autant Edgar Poe – l'un des hommes les plus inspirés que je connaisse – a mis d'affectation à cacher la spontanéité, à simuler le sang-froid et la délibération[10] ».

L'ironie baudelairienne redouble ici celle dont il crédite Poe, qui aurait spécialement destiné son *canular* (*hoax*) aux tenants, ici ridiculisés, de « l'*inspiration quand même* », poussés à prendre la chose au sérieux en s'en scandalisant d'amusante façon ; lesquels pensent qu'il suffirait de jeter les lettres en désordre au plafond (métaphore dévalorisante d'une prétendue pensée qui jaillit), comme on ferait de dés lancés d'un cornet à dés, pour les recueillir mis en ordre sur le parquet comme par un tour de magie (continuation inverse de la métaphore : ce « parquet » figurant à la fois le support écrit recueillant de telles vaticinations – et le niveau fort bas où tout cela se situe dans la hiérarchie des valeurs). Mais que le lecteur ne soit pas dupe de ce *rôle de composition*, souligne Baudelaire : il ne s'agit que d'une pose de

---

10 Charles Baudelaire, « Notes nouvelles sur Edgar Poe » [1857], IV, *Œuvres complètes*, éd. Claude Pichois, Paris, Gallimard, « Bibliothèque de la Pléiade », t. II, 1976, p. 334-335 ; je souligne.

théâtre, et lui se porte garant de la qualité d'*homme le plus inspiré* dont il crédite celui que, par ailleurs, il reconnaît comme son *alter ego*. La démonstration est plus nette encore deux ans plus tard, dans le « Préambule » de *La Genèse d'un poème*, allant jusqu'à la comparaison de l'artifice dont use Poe dans son procédé, avec le fard dont se pare une naturelle beauté :

> « Voici un poète qui prétend que son poème a été composé d'après sa poétique. Il avait certes un grand génie et plus d'inspiration que qui que ce soit [...]. Mais il aimait aussi le travail plus qu'aucun autre ; il répétait volontiers, lui un original achevé, que l'originalité est chose d'apprentissage, ce qui ne veut pas dire une chose qui peut être transmise par l'enseignement. Le hasard et l'incompréhensible étaient ses deux grands ennemis. S'est-il fait, par une vanité étrange et amusante, beaucoup moins inspiré qu'il ne l'était naturellement ? A-t-il diminué la faculté gratuite qui était en lui pour faire la part plus belle à la volonté ? [...]
>
> Après tout, *un peu de charlatanerie* est toujours permis au génie, et même ne lui messied pas. C'est, comme le fard sur les pommettes d'une femme naturellement belle, un assaisonnement nouveau pour l'esprit[11] ».

Et bientôt Mallarmé apporte la confirmation d'une telle intuition, dans les « Scolies » de sa traduction du « Corbeau »[12]. C'est à coup sûr qu'il peut qualifier de « pur jeu intellectuel[13] » cette *Genèse d'un poème*, puisqu'il dispose de la lettre d'une correspondante américaine (une certaine Suzan Achard Wirds) relatant, en manière de « [r]évélation très piquante », la conversation suivante qu'elle a eue avec l'auteur :

> « M. Poe m'assura que la relation par lui publiée de la méthode de composition de cette œuvre n'avait rien d'authentique ; et qu'il n'avait pas compté qu'on lui accordât ce caractère. [...] Il avait [...] produit cette relation simplement à titre d'*expérience ingénieuse*. Cela

11 Id., « La Genèse d'un poème » [1859], *ibid.*, p. 343-344 ; je souligne.

12 C'est en 1875 que Mallarmé publie sa traduction du *Corbeau* avec les célèbres illustrations de Manet ; il faut attendre 1885 pour l'édition Deman (belge) des *Poèmes d'Edgar Poe*, et l'année d'après pour l'édition Vanier (française).

13 Stéphane Mallarmé, *Les Poèmes d'Edgar Poe* [1885], *Œuvres complètes*, éd. Bertrand Marchal, Paris, Gallimard, « Bibliothèque de la Pléiade », t. II, 2003, « Scolies », « Le Corbeau », p. 771.

l'avait amusé et surpris de la voir si promptement acceptée comme une déclaration faite *bona fide*[14] ».

Naturellement, l'un et l'autre – Baudelaire comme Mallarmé – ne renvoient pas l'excellente plaisanterie de Poe au niveau d'un simple *joke*. Pour Baudelaire en effet, « faire la part plus belle à la volonté » ne saurait être un défaut, lui pour qui « le génie n'est que l'*enfance retrouvée* à volonté[15] », où c'est sans doute le complément de l'adjectif – « *à volonté* » – qui mériterait au premier chef la mise en italiques (on se rappelle la description du Mal absolu dont « Satan Trismégiste » accable l'humanité, dans le poème liminaire des *Fleurs du mal*, « Au lecteur » : « Et le riche métal de notre *volonté* / Est tout vaporisé par ce savant chimiste[16] »). Baudelaire, poète de la volonté, ne saurait condamner l'accent mis sur elle, fût-il disproportionné ; mais il n'en est pas moins convaincu de trouver en Poe le héraut d'une cause qui ne lui est pas moins chère, et qui *équilibre* de son autre plateau la balance de l'acte créateur : « Pour lui, l'Imagination est la reine des facultés[17] » – formule-choc que reprendra, deux ans plus tard, le troisième chapitre du *Salon de 1859*[18], j'y reviendrai.

Quant à Mallarmé, il ne peut qu'être sensible chez Poe à son combat contre le hasard : il ajoute, toujours dans sa « scolie » au *Corbeau*, qu'« une idée prodigieuse s'échappe de ces pages » (*The Philosophy of composition*), « congéniales à Poe, sincères » : « À savoir que tout hasard doit être banni de l'œuvre moderne et n'y peut être que feint » ; de sorte que « l'éternel coup d'aile n'exclut pas le regard lucide scrutant les espaces dévorés par son vol[19] ».

### La théorie romantique : *Imagination* contre *Fancy*

C'est alors la question, bien posée par Baudelaire, du rôle central de l'*imagination* dans la création poétique de Poe qui doit être interrogée – ce qui n'exclut nullement « le regard lucide » prôné par

---

14 *Id.* ; je souligne.

15 Charles Baudelaire, *Le Peintre de la vie moderne* [1863, 1865], III. L'artiste, homme du monde, homme des foules et enfant », *Œuvres complètes*, t. II, *op. cit.*, p. 690.

16 *Id.*, « Au lecteur », *Les Fleurs du mal*, *Œuvres complètes*, t. I, 1975, vers 11-12, p. 5 ; je souligne.

17 *Id.*, « Notes nouvelles sur Edgar Poe », III, *op. cit.*, p. 328.

18 *Id.*, *Salon de 1859* [1859], « III. La reine des facultés », *ibid.*, p. 619.

19 Stéphane Mallarmé, *Les Poèmes d'Edgar Poe*, *op. cit.*, « Scolies », « Le Corbeau », p. 772.

Mallarmé, qui lui-même reprend l'impératif baudelairien de la double nature imaginative et *critique* du poète « moderne » ; car il s'agit là d'un point de vue théorique essentiel au romantisme en général.

Ne perdons pas de vue pour autant que c'est cette contradiction entre la pression imaginative et la contre-pression volontaire (avec son désir de maîtrise qui voudrait ne rien laisser au « hasard ») qui rejoue sur la scène de l'écriture l'affrontement sans relâche de la pulsion inconsciente (qui jaillit dans l'*imagination*) avec ce qui veut la maîtriser pour lui donner forme ; de ce point de vue, le choix par Poe d'un *raven* comme oiseau allégorique qui lui servira de support à sa métapoétique s'avère hautement significatif, si l'on suit l'analyse qu'en a faite Yves Bonnefoy (en 2005 puis 2008), commentant la « résonance d'origine » de ce mot dans la langue anglaise :

> « Ce grand « *raven* » des États-Unis, un nom qui fait penser, consciemment ou pas, à « *to rave* ». Ce verbe signifie à la fois délirer et proférer, voire déclamer, et ce sont là des associations qui ont bien dû traverser l'esprit de Poe [...][20] ».

Aussi bien, en une étonnante contraction, l'oiseau du *calcul* de l'*effet à produire* devient-il celui du *délire* ; ce qu'exprime aussi la constellation imaginaire par laquelle Mallarmé achève sa « scolie » :

> « Noir vagabond des nuits hagardes, ce *Corbeau* [...] abjure les ténébreux errements pour aborder enfin une chambre de beauté, somptueusement et judicieusement ordonnée, et y siéger à jamais[21] ».

Sauf que pour lui l'image finale est celle de l'oiseau qui, quoique venu du désordre et de l'agitation du rêve, règne en maître sur une prétendue « chambre de beauté » (n'oublions pas la place qu'il choisit d'occuper dans cette chambre, et qui n'est jamais commentée : sur le buste de *Pallas*, la déesse de la Raison !) ; alors que pour Yves Bonnefoy, le « décor » mis en scène transpose métaphoriquement l'espace intrapsychique : « les rideaux de la chambre » s'y drapent

---

[20] Y. Bonnefoy, « La traduction au sens large. À propos d'Edgar Poe et de ses traducteurs », in *Traduction et critique poétique*, dir. Patrick Née, *Littérature* n°150, juin 2008, p. 21.
[21] Stéphane Mallarmé, *Les Poèmes d'Edgar Poe*, *op. cit.*, « Scolies », « Le Corbeau », p. 772.

« pourpres comme dans la *vie pré-natale*[22] », accordant ainsi au cadre de l'inconscient une place structurante. Est-il besoin d'ajouter que le premier ouvrage de *psychanalyse appliquée* après les rares essais de Freud en ce domaine n'est autre que celui que la Princesse Marie Bonaparte a consacré à Poe[23] ?

Ainsi, tout le débat que nous allons voir entre les deux (ou trois) sortes de fonctionnement de l'imaginaire, et qui a monopolisé l'attention des romantiques[24], prend sens à partir de la relecture contemporaine qu'on en peut faire : laquelle des deux (ou trois) sortes relève d'une manifestation de l'inconscient, laquelle au contraire lui fait barrage en un pur jeu de construction qui n'est autre qu'une opération de *défense* contre lui ?

Partons de Poe, puisqu'il a ouvert notre propos. Un autre de ses *Essays*, concernant *The Culprit Fay* (*Le Sylphe coupable*) de Joseph Rodman Drake dont il dresse une sévère critique – accusant le jeune lakiste américain (qui meurt à vingt-cinq ans) de n'être qu'un pâle imitateur de Wordsworth dans son évocation des bords de l'Hudson, ou même du Shakespeare de *A Midsummer Night's Dream* avec son personnel de féérie conventionnelle –, s'intitule justement *Fancy and Imagination* ; et il ne doit ce titre qu'à la lecture de la *Biographia Literaria* de Coleridge, à laquelle il renvoie explicitement, tout en en simplifiant l'articulation notionnelle à deux termes, là où Coleridge en distinguait trois :

> " 'The Fancy', says the author of *The Ancient Mariner*, in his *Biographia Literaria*, 'the fancy combines, the imagination creates' "[25].

---

22 Yves Bonnefoy, « La traduction au sens large », art. cit., p. 14 ; je souligne.

23 Marie Bonaparte, *Deuil, nécrophilie et sadisme. À propos d'Edgar Poe*, Paris, Denoël et Steele, 1932 ; suivi de *Edgar Poe. Étude psychanalytique*, avant-propos de Sigmund Freud, Paris, Denoël et Steele, 1933 ; rééd. sous le titre *Edgar Poe, sa vie, son œuvre. Étude analytique*, Paris, Presses Universitaires de France, 3 vols., 1958. L'ouvrage a été traduit en anglais par John Rodker sous le titre *The Life and Works of Edgar Allan Poe, a psycho-analytic interpretation*, Londres, Imago publishing Co., 1949.

24 Sur cette question complexe issue de Kant et Schelling, voir (ni l'un ni l'autre ne parlant de Poe) Jacques Darras, « Présentation » de *Biographia Literaria*, *op. cit.*, p. 320-325 ; et Bernard Vouilloux, *Écritures de fantaisie. Grotesques, arabesques, zigzags et serpentins*, Paris, Hermann, 2008, p. 124-140.

25 Edgar Alain Poe, « Fancy and Imagination. Drake's « Culprit Fay » and Moore's « Alciphron », *Poems and Essays*, *op. cit.*, p. 281.

Mais c'est pour vite achever de brouiller la distinction entre les deux branches (« The fancy nearly creates as the imagination[26] ») en déplaçant *entre elles deux* la différence de degré que Coleridge situait, lui, entre les deux sortes d'*Imagination* que Poe a confondues en une seule :

> "We might make a distinction, *of degree*, between the fancy and the imagination, in saying that the latter is the former *loftily employed.* But experience proves this distinction to be unsatisfactory"[27].
>
> « Nous devons faire une distinction, *de degré*, entre la fantaisie et l'imagination, en disant que la seconde équivaut à la première *superlativement utilisée.* Mais l'expérience prouve à quel point cette distinction n'est pas satisfaisante ».

Car écoutons Coleridge, précisément :

> "The IMAGINATION then I consider either as primary or secondary. The primary IMAGINATION I hold to be the living Power and prime Agent of all human Perception, and as a repetition in the finite mind of eternal act of creation in the infinite I AM. The secondary I consider as an echo of the former, co-existing with the conscious will, yet still as identical with the primary in the *kind* of its agency, and differing only in *degree*, and in the *mode* of its operations. It dissolves, diffuses, dissipates, in order to re-create; or where this process is rendered impossible, yet still at all events it struggles to idealize and to unify. It is essentially *vital*, even all objects (*as* objects) are essentially fixed and dead[28]".
>
> « Je considère par conséquent l'imagination comme étant soit primaire soit secondaire. Je pense que l'imagination primaire est la force vivante, l'agent premier de toutes nos perceptions humaines, qui reproduit dans nos esprits finis l'acte éternel de la création du JE SUIS infini. L'imagination secondaire est selon moi l'écho de la première. Elle coexiste avec la volonté consciente, est identique à la première dans la forme de sa puissance d'agir mais diffère d'elle par degré et par son mode d'opérer. Elle dissout, diffuse, dissipe

---

26 *Id.*

27 *Ibid.*, p. 282.

28 Samuel Taylor Coleridge, *Biographia Literaria* [1817], *The Collected Works*, t. VII, London, Routledge and Keagan Paul / Princeton, Princeton University Press, vol. I, 1983, p. 304-305.

pour mieux recréer ; ou si ce processus rencontre des obstacles, elle se bat tant bien que mal pour idéaliser et unifier. Elle est aussi essentiellement *vitale*, que les objets (en tant qu'objets) sont essentiellement fixes et sans vie[29] ».

Évidemment, confondre les deux niveaux d'*imagination* comme le fait Poe, c'est abolir du même coup leur distinction interne, et qui nous intéresse au plus haut point : puisque seule l'imagination « secondaire » suppose, selon Coleridge, l'intervention de la « conscience » (« *co-existing with the conscious will* ») ; on en déduira donc – même si la chose n'est pas formulée et reste implicite – qu'*a contrario* l'imagination « primaire » mobilise, elle, les forces de ce qu'on pourra appeler *l'inconscient.*

Alors que la *fancy* (qu'on traduira en français par *fantaisie*) procède par pure combinaison d'éléments existants ; elle occulte la venue de l'*inconnu* dans le langage, au profit d'un pur jeu de construction que contrôle la conscience :

> "FANCY, on the contrary, has no other counters to play with, but fixities and definites. The Fancy is indeed no other than a mode of Memory emancipated form the order of time and space; and blended with, and modified by that empirical phenomenon of the will, which we express by the word CHOICE. But equally, with the ordinary memory it must receive all its materials ready made from the law of association[30]".

> « La *fantaisie*, en revanche, n'a d'autres jetons dans son jeu que les quantités fixes et définies. La fantaisie n'est en réalité rien d'autre qu'un mode de la mémoire, affranchi des contraintes du temps et de l'espace ; mélangé à ce phénomène empirique de la volonté qu'on appelle le *choix* et modifié par lui. Avec la mémoire ordinaire elle a en commun de recevoir ses matériaux tout préparés par la loi de l'association[31] ».

Voyons bien toute l'étendue de ce paradoxe : car on pourrait penser que la *fantaisie/fancy* est au contraire la plus apte à libérer, par ses jeux sur les signifiants, de l'inattendu ; mais l'*inattendu* n'est pas

29 *Id.*, *Biographia Literaria*, in *La Ballade du Vieux Marin et autres textes*, éd. et trad. Jacques Darras, Paris, Gallimard, « Poésie », 2007, p. 377.
30 Samuel Taylor Coleridge, *The Collected Works*, *op. cit.*, p. 305.
31 *Id.*, *La Ballade du Vieux Marin et autres textes*, *op. cit.*, p. 377.

l'*inentendu*, si je peux risquer ce jeu de mots ; il est même mis en avant pour faire agréablement barrage, de manière aussi habile que ludique, au surgissement incongru de ce qui vient *on se sait d'où* (c'est-à-dire, selon l'expression consacrée, de « l'inspiration »).

Certes, on aura remarqué comment Coleridge caractérise l'*imagination* « première » – source essentielle de ce qu'il est convenu d'appeler « l'inspiration » – sur le modèle de la Création divine (« *as a repetition in the finite mind of eternal act of creation in the infinite I AM* ») : c'est que son horizon métaphysique de pensée continue de valider l'hypothèse d'une inspiration venue des dieux – ou du Dieu unique du monothéisme ; hypothèse qui n'a cessé de donner un fondement théologique à cet *inconnu du sujet*, qui le traverse et qu'il peut tenir pour une forme de *Révélation*. Baudelaire, qui n'a pas lu Coleridge[32] mais qui, par l'intermédiaire de « cette excellente Misses Crowe » (comme il l'appelle avec quelque condescendance dans son *Salon de 1859*[33]) a eu connaissance de l'opposition *Fancy/Imagination* qu'il a profondément intériorisée, cite l'ouvrage de cette dernière, *The Night Side of Nature* (*La Face nocturne de la nature*) :

> « L'imagination *créatrice*, qui est une fonction beaucoup plus élevée [que la simple *fantaisie*], et qui, en tant que l'homme est fait à la ressemblance de Dieu, garde un rapport éloigné avec cette puissance sublime par laquelle le Créateur conçoit, crée et entretient son univers. »[34]

On trouvait déjà, dans les *Notes nouvelles sur Edgar Poe*, l'assurance que « [l]'Imagination est une faculté *quasi divine*[35] » – mais le modalisateur *quasi* marque un écart vis-à-vis du « divin », à ne pas négliger ; et il faut bien voir que la citation de Catherine Crowe s'accompagne d'une distance ironique : Baudelaire prétend « envi[er] » à l'auteur « la faculté de croire » qu'il ne se reconnaît donc pas à lui-même (son livre est rempli d'apparitions surnaturelles).

---

32 Baudelaire ne cite qu'une fois Coleridge, à la mort de Thomas de Quincey et comme l'un de ses amis, dans « Un mangeur d'opium », *Les Paradis artificiels* [1860], *Œuvres complètes*, t. I, *op. cit.*, p. 495.

33 Charles Baudelaire, *Salon de 1859*, « IV. Le gouvernement de l'Imagination », *Œuvres complètes*, t. II, *op. cit.*, p. 624.

34 Catherine Crowe, *The Night Side of Nature* [*La Face nocturne de la nature*], London, 1848, rééd. 1852 ; cité par Baudelaire, *Salon de 1859*, *op. cit.*, p. 624.

35 Id., « Notes nouvelles sur Edgar Poe », *ibid.*, p. 329.

N'oublions pas à quel point en effet l'âge romantique européen est aussi celui de la *mort de Dieu*, déplorée ou constatée : depuis le *Songe* de Jean-Paul (« les morts s'écrièrent : – Ô Christ ! n'est-il point de Dieu ? – Il répondit : – Il n'en est point[36] »), *Le Christ aux Oliviers* de Nerval qui s'en est fait l'écho, Hölderlin et le retrait du divin ou Vigny et le « silence de la divinité » (au « Mont des Oliviers » encore), jusqu'à « l'Insensé » de Nietzsche proclamant au § 125 du *Gai Savoir* : « Dieu est mort. [...] Et c'est nous qui l'avons tué ! » C'est dans ce paradigme que s'inscrit *The Raven* pour Yves Bonnefoy : « Et ce que l'oiseau noir donne à comprendre [à l'étudiant qui déplore la mort de sa *Lénore*], c'est que "jamais plus" dans ce monde *mais jamais non plus dans un autre* il ne pourra la revoir[37] » – au point qu'ici Poe, selon lui, anticipe la *révélation du Néant* telle que la concevra Mallarmé dans sa célèbre lettre à Cazalis d'avril 1866 (« Oui, *je le sais*, nous ne sommes que de vaines formes de la matière[38] ») :

> « De quoi se soucient, en effet, ces poètes qui, avec Mallarmé, ne croient plus aux "glorieux mensonges[39]", quelle est leur cause d'effroi, quelle leur raison d'espérer, jusqu'où vont-ils s'avancer dans cette nuit qu'ils découvrent, vont-ils vraiment renoncer à la promesse divine : "le Corbeau" semble ne parler que de cela[40]. »

**Du côté de l'inconscient freudien**

À partir de là, on peut clairement assigner aux forces non transcendantes de l'inconscient humain la part d'illumination de l'obscur

36 Jean-Paul Richter, « Un songe. Discours du Christ qui n'aurait pas de Père et Le chercherait », *Siebenkäs* [1796-1797], trad. Germaine de Staël, *De l'Allemagne* [1813].

37 Yves Bonnefoy, « La traduction au sens large », version revue [2012], p. 5 du tapuscrit ; je souligne.

38 Stéphane Mallarmé, lettre du 28 avril 1866 à Henri Cazalis, *Œuvres complètes*, éd. Bertrand Marchal, Paris, Gallimard, « Bibliothèque de la Pléiade », t. I, 1998, p. 696 : « Malheureusement, en creusant le vers à ce point, j'ai rencontré deux abîmes, qui me désespèrent. L'un est le Néant [...]. Oui, *je le sais*, nous ne sommes que de vaines formes de la matière – mais bien sublimes pour avoir inventé Dieu et notre âme. »

39 Yves Bonnefoy paraphrase la suite de la lettre du 28 avril 1866 (*id*) : « Tel est le plan de mon volume Lyrique, et tel sera peut-être son titre, *La Gloire du Mensonge*, ou *Le Glorieux Mensonge*. Je chanterai en désespéré ! »

40 Yves Bonnefoy, « La traduction au sens large », tapuscrit cité, p. 5.

qui paraissait ressortir exclusivement à la visitation du divin ; forces dont le sujet-poète devient alors moins l'écrivain que le *passeur*.

Il est ici nécessaire de lever une ambiguïté concernant la représentation que « l'honnête homme » des XX^e et XXI^e siècles s'est donné de l'inconscient : celle de *l'inconscient structuré comme un langage*, célèbre formule de Lacan dite en 1960 au colloque de Bonneval, et devenue depuis une *doxa* – pour ne pas dire un *mantra* ou formule incantatoire. Je suivrai ici un grand psychanalyste français, Jean Guillaumin qui, au colloque de Cerisy-la-Salle de 2006 consacré à Yves Bonnefoy et son rapport aux savoirs dont faisait partie la psychanalyse – colloque que je codirigeais avec toi, cher Daniel – a jugé cette déclaration de Lacan « remarquablement fau[sse][41] ». À ce même colloque de Cerisy, Odile Bombarde (l'assistante d'Yves Bonnefoy au Collège de France, également psychanalyste) a dit la même chose[42], en précisant :

> « [L]'inconscient, en psychanalyse, est certes la condition du langage, il n'est pas pour autant *identique* au langage[43]. »

Pour Jean Guillaumin en effet,

> « [le] langage est […] bien plutôt ce que le Moi ne cesse de chercher à instaurer, pour donner à l'inconscient un sens d'*après-coup* qui ne saurait sans lui s'y trouver déjà inscrit, en quelque sorte, avant la lettre[44]. »

Cela pose la question des *traces mnésiques* enregistrées dans l'enfance, qui sont de deux ordres selon Freud : *représentations de choses* et *représentations de mots* ; et les deux ne sont pas *situées sur le même plan* : ce qui conditionne toute la question de la formation de l'inconscient. Rappelons la définition qu'en donne Freud en 1915 :

---

41 Jean Guillaumin, « Un lieu pour l'indicible. Le poète et l'interprète, aux deux sources du sens », in *Yves Bonnefoy. Poésie, recherche et savoirs* [actes du Colloque de Cerisy-la-Salle d'août 2006], dir. Daniel Lançon et Patrick Née, Paris, Hermann, 2007, p. 488.

42 Odile Bombarde, « La pensée du rêve », *ibid.*, note 1 p. 572.

43 *Ibid.*, p. 573 ; je souligne.

44 Jean Guillaumin, « Un lieu pour l'indicible […] », *ibid.*, p. 485.

« [L]a représentation *consciente* comprend la représentation de chose *plus* la représentation de mot qui lui appartient. [En revanche] la représentation *inconsciente* est la *représentation de la chose seule*[45]. »

C'est donc par la mise en relation des représentations de chose (en attente de leur verbalisation) avec leurs représentations de mots correspondantes que procède l'opération analytique, où la dimension de l'*après-coup* signalée par Jean Guillaumin s'avère capitale. Et si ce n'est pas le langage qui constitue l'inconscient (puisqu'il est fait de traces mnésiques elles-mêmes infraverbales), c'est bien lui, en revanche, qui permet à l'inconscient à la fois de se barricader dans sa forteresse et, inversement, de relâcher sa garde et d'entrouvrir ses portes. Dès lors, ces opérations de *verbalisation* (de mise en mots) que sont : 1. la séance d'analyse au cours de la cure, ou 2. l'*écriture du poème* par le poète en pleine « inspiration », ont pour but d'assurer le *lien entre le mot et la chose* – sur fond de rupture, dans les deux cas, de tout « discours préconstitué ». Dans le cadre de la cure, cette rupture provient d'un « affect non verbalisé dans l'enfance » ; dans le cadre de l'écriture poétique, elle provient d'un surgissement de « *l'intensité comme telle*[46] » (pour reprendre la belle expression d'Yves Bonnefoy dans sa leçon inaugurale au Collège de France, *La Présence et l'Image*), qui est elle-même une *trace de l'archaïque* chez le poète. Je citerai, pour finir ce point, la remarquable formule d'Odile Bombarde :

« Le poète se met en relation avec son archaïque à lui, ce qui nous met en relation avec notre archaïque à nous[47]. »

Dès lors, je le souligne à nouveau, il est inutile de supposer que le poète procède à partir d'une « inspiration » *transcendante* qui en ferait une exception parmi les hommes ; il lui suffit de puiser *dans sa quête de l'archaïque en lui* – ce trésor d'affects dont chacun dispose, qui restent en attente d'une représentation verbalisable. Sans cesse il en est comme hanté, et ce qu'il cherche, de poème en poème, c'est à leur trouver une forme jamais assez satisfaisante à ses yeux. Et à l'intérieur de chaque poème déjà, s'il tente de déjouer au maximum la logification de surface du discours, c'est dans le seul but de rendre sensible

45 Sigmund Freud, « L'inconscient » (1915), *Métapsychologie*, Paris, Gallimard, coll. « Folio Essais », 1986, p. 117 ; je souligne.
46 Yves Bonnefoy, *La Présence et l'image* [1981], *Entretiens sur la poésie (1972-1990)*, Paris, Mercure de France, 1990, p. 188.
47 *Ibid.*, p. 91.

cet intime qui lui reste inconnu (inconnu en tous cas de sa pensée consciente) : pour cela, il dispose d'une part des sons et des rythmes, et d'autre part des images – c'est-à-dire de procédures qui paraissent *formelles* mais qui sont en réalité «*formantes*», et en dépit des apparences, qui ne sont pas mises à disposition de la *fancy* joueuse et gratuite, mais d'une *imagination* en quête de sens. Dira-t-on, pour contester cette fraternisation que j'esquisse entre poésie et psychanalyse, que bien des poètes imaginent une *concurrence* entre les deux démarches ? qu'ils s'interdisent pour eux-mêmes l'introspection auto-analytique, et appréhendent d'être soumis à des critiques compétentes en ce domaine ? Je répondrai que la peur qu'ils manifestent d'assécher leur inspiration révèle, paradoxalement, qu'ils ont bien l'intuition d'une origine commune aux deux pratiques, quant au processus créateur lui-même.

*Processus créateur*, ai-je dit : s'il recharge sa dynamique dans la part archaïque de l'inconscient, quel en est donc concrètement le mode d'être ? On touche là au noyau dur d'*imagination*, opposé à *fancy* : non pas faire image de n'importe quelle fiction en la recombinant avec plus ou moins d'habileté, mais *imager* à partir du noyau central du destin humain, cet « infracassable noyau de *nuit*[48] » qu'André Breton reconnaissait dans notre sexualité, précisément. Qu'est-ce à dire ? Didier Anzieu, dans sa monumentale *Auto-analyse de Freud*[49], rapporte une scène vécue par le jeune Sigmund, faisant irruption dans la chambre parentale et frappé d'énurésie à ce spectacle (il urine au pied du lit des parents), au grand mécontentement de son père, s'écriant *qu'on ne ferait rien de bon avec ce garçon-là*. Pour Anzieu, l'énorme œuvre freudienne aurait trouvé là son ressort, dans ce défi lancé à l'enfant qu'il aurait à cœur de relever tout au long d'une vie de grand *créateur* (certes en sciences humaines et non en littérature, mais c'est tout comme). Anzieu en fait le prototype de l'approche de la *scène primitive* comme plus puissant levier soulevant la créativité dans tous les domaines : à l'exemple de Freud créateur de la psychanalyse, il s'agit de « faire du fantasme de la scène primitive un objet de *conquête plus*

---

48 André Breton, « Introduction aux *Contes bizarres* d'Achim von Arnim » [1933], *Point du jour* [1934], *Œuvres complètes*, éd. Marguerite Bonnet, Paris, Gallimard, « Bibliothèque de la Pléiade », t. II, 1992, p. 359 : « De nos jours, le monde sexuel [...] n'a pas, que je sache, cessé d'opposer à notre volonté de pénétration de l'univers son infracassable noyau de *nuit.* »

49 Didier Anzieu, *L'Auto-analyse de Freud*, 1ère version 1959, 3e version PUF, 1998.

*que d'effroi*[50] ». C'est par cet affrontement direct au fantasme de la *scène primitive*, situé au cœur de « l'imagination créatrice » (pour reprendre l'expression baudelairienne), que je souhaite achever ce parcours.

Je commencerai par l'exemple de Rimbaud (à partir d'un article paru dans la revue *Littérature*[51]) ; Rimbaud dont on peut penser que son désir d'évasion, si puissant dans sa poésie, puis dans sa vie, est en raison directe d'un manque obscur, largement inconscient, partie prenante d'une fantasmatique originaire. Si la scène maritime fait si souvent retour dans l'œuvre, je fais l'hypothèse que c'est à cause de la fantasmatisation qui l'a régulièrement investie, transposant quelques traces des formations les plus archaïques, liées à ce qu'on peut appeler depuis Freud la *scène primitive* du sujet. Dès « Les étrennes des orphelins », premier poème publié par lui (au tout début janvier 1870) et encore grevé d'une imitation toute scolaire de Victor Hugo (« Les pauvres gens » de *La Légende des siècles*), la quatrième séquence du poème présente une intéressante version : elle évoque « le logis d'autrefois », avec en particulier une grande armoire dont le principal attrait consiste à être « sans clefs » (notation répétée trois fois) :

« Sans clefs ! ... c'était étrange !... on rêvait bien des fois
Aux mystères dormant entre ses flancs de bois[52]. »

L'image est déjà assez évidente d'un giron maternel qui resterait accessible, n'étant protégé par aucune défense. Mais la suite importe :

« Et l'on croyait ouïr, au fond de la serrure
Béante, un bruit lointain, vague et joyeux murmure, »

avec son immédiate association d'idées (on sait l'intuition freudienne de voir dans la contiguïté de deux énoncés un principe de liaison inconscient) :

« – La chambre des parents est bien vide, aujourd'hui. »

---

50 Didier Anzieu, « L'auteur travaillé par la création », *Le Corps de l'œuvre*, Paris, Gallimard, 1981, p. 82 ; je souligne.

51 Patrick Née, « L'Ailleurs maritime chez Rimbaud », *Littérature* n°147, sept. 2007, p. 3-20 ; repris dans *L'Ailleurs en question. Essais sur la Littérature française des XIXe et XXe siècles*, Paris, Hermann, 2009, p. 65-85.

52 Arthur Rimbaud, « Les étrennes des orphelins », IV, *Poésies, Œuvres*, éd. Suzanne Bernard, Paris, Garnier, 1960, p. 37.

Ainsi comprend-on que cette serrure de l'armoire dont la clef n'est pas là pour la remplir et l'obstruer, ouvre en fait sur la *chambre des parents* ; et que l'exploration imaginée de l'armoire peut très bien valoir pour celle de la chambre. Or l'armoire émet à l'oreille (qui vaut aussi bien pour l'œil qui s'y colle) le son même de l'écho de mer perçu au creux d'un coquillage – ce « bruit lointain, vague et joyeux murmure » qui résonne comme la transposition euphorisée des rumeurs d'une *scène primitive*, épiée davantage sur le plan auditif que sur le plan *scopique* (c'est-à-dire visuel, *par le trou de la serrure*), qui sont représentées comme les « mystères dormant » mystérieusement célébrés dans la chambre parentale. Chambre dorénavant « vide » (et en particulier du père), puisque les orphelins ne songent qu'à réclamer : « Quand donc reviendra notre mère ? »

Je poursuivrai par l'exemple de Mallarmé (à partir d'une étude parue cette fois dans la revue *Romantisme*[53]) en partant du constat suivant : celui de l'horreur de la *scène primitive* qui se donne à lire dans un poème sans titre envoyé à l'ami Cazalis en mai 1863, « *Parce que de la viande était à point rôtie...*[54] ». La dénonciation du *bourgeois* (conventionnelle pour un poète français post-romantique) passe ici par la caricature de ses pratiques sexuelles :

« Un niais met sous lui sa femme froide et sèche,
[...]
Et travaille en soufflant inexorablement »

Mais il s'y glisse un dégoût d'une tout autre portée : car d'une telle conjonction sexuelle sans désir risque de naître – ô surprise – le contraire absolu du *bourgeois*, c'est-à-dire *un futur poète* :

« Et de ce qu'une nuit, sans rage et sans tempête,
Ces deux êtres se sont accouplés en dormant,
Ô Shakspeare[55] et toi, Dante, il peut naître un poète ! »

53 Patrick Née, « Ailleurs et poésie (Mallarmé) », *Romantisme*, n° 137, 3e trim. 2007, p. 125-135 ; repris dans *L'Ailleurs en question*, *op. cit.*, p. 85-103.

54 Stéphane Mallarmé, « *Parce que de la viande était à point rôtie...* » [supposé de 1863], *Œuvres complètes*, éd. Bertrand Marchal, Paris, Gallimard, « Bibliothèque de la Pléiade », t. I, 1998, p. 65.

55 *Sic.*

Quel fantasme a pu pousser Mallarmé à une telle supposition ? C'est bien simple : il n'y a rien de plus ridicule et épouvantable – rien de plus antipoétique – que la *scène primitive* d'où le sujet refuse ici de provenir : attestant ses dieux (qui sont Shakespeare et Dante) de son rejet d'une telle origine sexuée.

Songeons maintenant au célèbre texte intitulé « Don du poème »[56], qui comporte une charge autobiographique exceptionnelle chez Mallarmé. Songeons à cet « enfant d'une nuit d'Idumée » – c'est-à-dire le poème douloureusement accouché sur une feuille de papier pendant une nuit blanche – qu'au matin le poète « apporte » à sa jeune épouse ; or celle-ci est la mère de la petite Geneviève, leur fille à tous deux, alors âgée de deux ans (je décris là les faits de la vie réelle de l'auteur). Pourquoi apporte-t-il son poème à sa femme ? pour qu'elle en « accueille [l']horrible naissance », jusqu'à littéralement nourrir la créature des mots du lait de son sein maternel !

On ne peut manquer de discerner une profonde cohérence fantasmatique quant à la difficulté, dans les deux textes que j'envisage, à accepter l'ordre terrestre et sexué de la *chair*. Car si l'énonciateur de « Don du poème » se voit sous la figure d'un « père », c'est en père *de son poème* et non pas du tout de la petite Geneviève : n'est-elle pas dénommée « *ta* fille » et donc attribuée à sa mère ? Quant à elle, la jeune femme et mère, elle n'a droit pour être dénommée qu'à une métaphore (« Ô la berceuse »), sans rien qui la distingue heureusement ; au contraire, elle fait groupe avec l'enfant réel qui est elle-même rejetée (« ta fille », on l'a dit), les deux partageant le même défaut physique quelque peu dissuasif :

« Ô la berceuse avec ta fille et l'innocence
De vos pieds froids »

Elle est donc exclue de la sphère érotique, comme le confirment la caractérisation de sa voix (« Et ta voix rappelant *vi/ole et clavecin* » – c'est-à-dire deux instruments tombés en désuétude depuis la fin de l'époque baroque), ou mieux encore le « doigt fané » avec lequel on l'invite à presser son sein pour qu'en coule le lait. – Le lait, c'est d'ailleurs beaucoup dire : peut-on reconnaître, dans l'opération de ce sein

56 *Id.*, « Don du poème » [1866], *Poésies*, *Œuvres complètes*, t. I, *op. cit.*, p. 17.

« Par qui coule en blancheur sibylline la femme »

– comme une sorte d'écoulement blanc instituant le féminin comme une énigme pour l'homme – peut-on reconnaître, donc, la riche et substantielle production du lait maternel ?

Et pourtant, ce texte regorge de notations érotiques ; mais elles concernent toutes l'*enfant selon l'esprit* – à commencer par ses « lèvres que l'air du vierge azur affame ». L'indication d'*oralité* pulsionnelle apparaît d'autant plus vive qu'il s'agit là du dernier vers, et à modalité interrogative. Dès la mise en scène initiale, la charge érotique apparaissait puissante : mettant fin à la veillée de travail, c'est une aurore « à l'aile saignante » qui colore le ciel du petit matin, et le verre de la fenêtre, tout « brûlé d'aromates et d'or », érotise l'éclairage de la chambre. Mallarmé va jusqu'à suggérer que cette aurore qui « montre [la] relique » du poème nocturne « À ce père » qui vient de l'enfanter, forme avec lui le vrai couple du texte, paradoxal et inversé, dont le fruit se voit salué d'un cri de triomphe : « *Palmes*[57] ! »

Ainsi, derrière la demande faite à la femme réelle d'insuffler vie à l'autre, la poésie sa rivale, se cache une fantasmatique profonde : celle de la *naissance selon l'esprit* préférée – et même substituée – à *celle selon la chair.* On pourrait donc dire qu'il s'agit moins d'un « Don du poème » (offert à la vie telle qu'elle va, dans sa finitude) que de la prise de pouvoir de l'écriture sur l'existence : la difficulté à affronter la *scène primitive* a conduit Mallarmé à une poétique d'*idéalisation* l'impliquant comme telle toute la première.

## Pour conclure

Mais il est temps de conclure, en revenant à notre point de départ, avec Paul Valéry qui s'est cru le fidèle disciple de Mallarmé en s'identifiant à Poe et à sa *Philosophy of composition* sans aucun recul critique, comme en témoigne un article de lui de 1889, « Sur la technique

---

57 Quant au vers des *Géorgiques* de Virgile (III, v. 12) qui reste sous-jacent tout au long du poème (*« Primus Idumaeas referam tibi, Mantua, palmas »*, « Je serai le premier à te rapporter, ô Mantoue, les palmes d'Idumée »), il permet de convoquer, dans le prosaïsme d'une aube contemporaine, les fastes de l'antique Levant.

littéraire », resté inédit mais considéré comme son *premier article*[58]. Il emboîte le pas à « la Poétique si originale d'Edgar Poe », avec sa prétendue « technique entièrement *a posteriori*[59] », modèle d'une

> « conception toute nouvelle et moderne du poète, [qui] n'est plus le délirant échevelé, celui qui écrit tout un poème dans une nuit de fièvre, [mais] un froid savant, presque un algébriste, [qui] se gardera de jeter sur le papier tout ce que lui soufflera [...] la *Muse Association-des-Idées*[60]. »

Contre le processus créateur *prospectif* de l'*association des idées*, qui sera à la fois celui qu'utilisera Freud dans la cure et Breton dans l'écriture automatique, Valéry prône donc un « style » *rétrospectif* qui « ser[t] uniquement à préparer le *feu d'artifices final*[61] ».

L'inconvénient est qu'il restera constamment fidèle à ce principe de jeunesse, comme en témoigne, en 1937, sa Leçon inaugurale au Collège de France :

> « Quel que soit le détail de ces jeux ou de ces drames qui s'accomplissent dans le producteur, tout doit s'achever dans l'œuvre visible, et trouver de ce fait même une *détermination finale* absolue[62]. »

Le poète n'est plus qu'un « *producteur* » – et du coup son lecteur, métaphore « économique » oblige, un « *consommateur*[63] ». Car, avance-t-il en 1935 dans « Questions de poésie »,

> « Le seul gage du savoir réel est le *pouvoir* : pouvoir de faire ou pouvoir de prédire. Tout le reste est Littérature[64]... »

58 Paul Valéry, « Sur la technique littéraire », *Œuvres*, éd. Jean Hytier, Paris, Gallimard, « Bibliothèque de la Pléiade », t. I, 1957, note 1 de la p. 1412 [p. 1809]. L'article a été envoyé le 10 novembre 1889 à Charles Boès pour le *Courrier libre*, qui cessant de paraître ne peut le publier : il est donc resté inédit jusqu'à l'édition Hytier.

59 *Ibid.*, p. 1810.

60 *Ibid.*, p. 1809. ; je souligne.

61 *Id.*

62 *Id.,* « Première leçon du cours de Poétique » [1937], repris dans *Variétés V* [1944], *Œuvres*, t. I, *op. cit.*, p. 1351; je souligne.

63 *Ibid.*, p. 1344.

64 *Id.*, « Questions de poésie » [1935], *ibid.*, p. 1285 ; je souligne.

Et à cette aune du *pouvoir*, qui témoigne de son fantasme d'absolue maîtrise, il faut d'abord *vouloir ce que l'on doit vouloir*, pour que la pensée, le langage et ses conventions, [...] le rythme et les accents de la voix [...] s'accordent, et cet accord exige des *sacrifices réciproques dont le plus remarquable est celui que doit consentir la pensée*[65].

La chose est clairement dite : à ce jeu-là, bien des éléments du fonctionnement de la « pensée » (incluant ses zones d'ombre) seront *sacrifiés* ; et Valéry de prétendre sans rire, au sujet de « la doctrine de la pure inspiration » qu'il souhaite abolir :

> « On trouverait [...] que ce poète, qui se borne à [...] *livrer à des inconnus ce qu'il tient de l'inconnu*, n'a donc nul besoin de comprendre ce qu'il écrit sous la dictée mystérieuse[66]. »

Croyons-en donc plutôt un autre poète, René Char, qui verra, lui, comme une nécessité vitale, dans le célèbre « Argument » de son *Poème pulvérisé* : « *Comment vivre sans inconnu devant soi*[67] ? »

---

65 *Id.*, « Première leçon du cours de Poétique », *ibid.*, p. 1356 ; je souligne.

66 *Id.*, « Propos sur la poésie » [1927], *ibid.*, p. 1377 ; je souligne.

67 René Char, « Argument » du *Poème pulvérisé* [1947], *Fureur et mystère* [1948], *Œuvres complètes*, Paris, Gallimard, « Bibliothèque de la Pléiade », 1983, 2e éd. augmentée, 1995, p. 247.

# Lettre à Daniel Lançon

Paris, le 6 janvier 2006

J'ai vu travailler Daniel Lançon pendant de nombreuses années, car il a entrepris depuis 1995 d'établir une bibliographie complète et analytique de mes publications et autres travaux, ce qui fut et continue d'être un travail considérable, au total près de sept cents pages tout en détails, et j'ai pu voir avec quelle détermination, quelle opiniâtreté, quel courage, il a réussi à traverser des milliers de documents, souvent en désordre, souvent à retrouver et à rassembler, sans jamais se laisser abattre, et faisant preuve à chaque instant (c'est bien le mot qui convient) d'une attention infaillible. Ce travail est d'une précision absolue. Il démontre les qualités d'éditeur de textes de ce chercheur que j'ai vu d'ailleurs appliquer sa méthode de dénombrement complet des écrits mais aussi des faits et des témoignages d'époque dans son travail sur les écrivains égyptiens Georges Henein et Edmond Jabès.

Un travail absolument neuf, ces fois-là encore. C'est le goût de Daniel Lançon de s'attaquer à des problèmes où il y a tout à faire, et de leur apporter le substrat d'information qui permettra par la suite d'interpréter de façon plus avertie quelques grandes œuvres. Et dans le cas de Georges Henein, dont il fallait absolument révéler l'importance en son moment historique, il s'est agi d'une véritable résurrection, qui aboutit[1] à une publication presque complète des Œuvres de cet auteur. Édition établie en collaboration, d'ailleurs, avec deux ou trois autres pionniers, et qui fait apparaître une autre des qualités de Daniel Lançon que je crois utile de signaler : sa parfaite aptitude à partager ce travail, son esprit d'initiative à ce plan, sa constante bonne humeur, sa force d'entraînement. C'est à ces qualités que le « Georges Henein » doit de renouveler comme il fait le tableau des relations littéraires entre la France et l'Égypte. Et comme c'est un sujet que je connais bien, puisque j'ai eu avec Henein d'étroites relations amicales

[1] Daniel Lançon, « Introduction », et établissement du texte des poèmes, Georges Henein, *Œuvres, poèmes récits, essais, articles et pamphlets,* préface d'Yves Bonnefoy et Berto Farhi, édition établie par Pierre Vilar, avec la collaboration de Marc Kober et Daniel Lançon, Paris, Denoël, 2006.

de 1945 à sa mort, je me sens en droit de dire que l'étude de ce poète - et de Jabès, et de leur milieu littéraire - comme Lançon l'a conduite est aussi véridique qu'elle est utile à la compréhension de la poésie française – française aussi bien qu'égyptienne – de la deuxième moitié du XX^e siècle.

Et j'ajouterai simplement que la vaste enquête que Daniel Lançon a maintenant entreprise, avec une énergie et une ampleur de vue à la mesure de l'immensité du sujet, devrait avoir la même valeur de révélation. Ses premiers résultats sont apparus dans la thèse d'habilitation, mais l'ambition en est bien plus considérable que cette première moisson. Et elle va sans doute nous donner l'œuvre fondamentale qui manque encore aujourd'hui sur les relations littéraires de la France et du Proche-Orient méditerranéen. *L'Égypte littéraire*[2], en effet, ce va être non seulement l'étude – et la mise en contexte – d'auteurs importants ou notoires, de Volney ou Savary à Maxime du Camp, Nerval, Gautier, Flaubert, mais une plongée dans le fourmillement des relations effectives entre la culture française et le Proche-Orient à un moment de l'histoire où aux voyages et aux travaux scientifiques – sous le signe de Champollion – se superposent déjà les divers projets coloniaux. Tout cela débouchant pour finir sur un XX^e siècle ainsi éclairé, tant il est vrai que cette activité « littéraire » touche à beaucoup plus d'aspects de la société qu'on ne l'imagine, dans cette époque cosmopolite. Vaste est le programme de Daniel Lançon, mais ce chercheur aussi intuitif que méthodique, aussi obstiné qu'entreprenant, et tout à fait résolu, est assurément tout à fait à même de le réaliser d'une manière inventive dans les années à venir.

Yves Bonnefoy

---

2 Daniel Lançon, *l'Égypte littéraire de 1776 à 1882. Destin des antiquités et aménité des rencontres.* Préface d'Yves Bonnefoy, Paris, Geuthner, 2007.

# Publications de Daniel Lançon

*Seules les publications critiques sont numérotées, hors entretiens et œuvres de création*

## 1976

* *ÉLÉMENTAIRES*, poèmes, Tours, Chez l'auteur, 1976, 58 p.

## 1978

* « Au printemps », poème, Angers, *Nard*, revue de bibliographie, de création et de recherche poétique, n° 17, septembre-octobre 1978, (1 page).

* « Les coquilles réelles... », poème, Besançon, *Possibles*, 1978, p. 84.

## 1979

* « Ouvert (extrait) », poème en prose, Issirac, *Solaire*, n° 25-26 (« Ombre, lumière »), été-automne 1979, (6 pages).

## 1983

1. « Furtive présence. *Essai sur la peinture de Denise Esteban* par Roger Munier », Poitiers, *ORACL*, revue trimestrielle de création littéraire, n° 6, automne 1983, p. 92-94.

## 1984

2. « Jean Markale, *Mélusine ou l'androgyne.* L'Universelle Mélusine à la recherche de la finitude », Poitiers, *ORACL*, revue trimestrielle de création littéraire, n°8-9, printemps-été 1984, p. 139-145.

3. « Yves Bonnefoy, *La Présence et l'image* », Poitiers, *ORACL*, revue trimestrielle de création littéraire, n°8-9, printemps-été 1984, p. 153-155.

## 1985

4. « Se tenir au carrefour des savoirs et de l'être », colloque de Cerisy-la-Salle (été 1984, Marseille, Sud, 15e année, « Yves Bonnefoy », Daniel Leuwers (dir.), 1985, p. 392-406 ; avec « Bibliographie des

œuvres d'Yves Bonnefoy de 1946 à 1985 », établie par Daniel Lançon, p. 427-479.

5. « Yves Bonnefoy. Le destin d'un être : la poésie », New-Delhi (Inde), *Parenthèse*, n° 5, novembre 1985, p. 113-127 ; (précédé d'un choix de poèmes p. 109-112). Revue de l'Ambassade de France.

## 1986

6. « Alchimie et couleur dans l'œuvre d'Yves Bonnefoy », in *Yves Bonnefoy : Poésie, Art et Pensée*, colloque de mai 1985, Yves-Alain Favre (dir.), Université de Pau, 1986, p. 63-112, suivi d'une discussion, p. 113-120.

7. « Jean-Claude Renard ou le mystère d'être poète », New-Delhi (Inde), *Parenthèse*, n° 5, novembre 1986, p. 104-106 ; (suivi d'un choix de poèmes p. 107-112). Revue de l'Ambassade de France.

## 1989

8. « Une poésie du voyage », in *Lorand Gaspar. Poétique et Poésie*, colloque de mai 1987, Yves-Alain Favre (dir.), Université de Pau, 1989, 431 p. (Coll. : « Cahiers de l'Université » ; 17), p. 15-23.

## 1990

9. « L'Inde de Jean-Claude Renard et l'énonciation créatrice du mantra », in *Jean-Claude Renard. Poétique et Poésie,* colloque de mai 1988, Yves-Alain Favre (dir.), Centre de Recherche sur la Poésie Contemporaine de l'Université de Pau, Biarritz, Éditions J & D, 1990, p. 159-166.

## 1993

10. *YVES BONNEFOY. ÉCRITS SUR L'ART ET LIVRES SUR LES ARTISTES*, Préfaces de Marc Fumaroli, Jérôme Thélot et Yves Peyré. Entretien d'Yves Bonnefoy avec Françoise Ragot, Alain Irlandes et Daniel Lançon. Catalogue de l'exposition établi par Françoise Ragot avec le concours de Daniel Lançon, Paris, Flammarion, 1993, 192 p., ill.

11. « Leurre et vérité des images », entretien d'Yves Bonnefoy avec Françoise Ragot, Alain Irlandes et Daniel Lançon, in *Yves Bonnefoy. Écrits sur l'art et livres sur les artistes*, Préfaces de Marc Fumaroli, Jérôme Thélot et Yves Peyré. Entretien d'Yves Bonnefoy avec Françoise

Ragot, Alain Irlandes et Daniel Lançon. Catalogue de l'exposition établi par Françoise Ragot avec le concours de Daniel Lançon, Paris, Flammarion, 1993, p. 35-78, ill.

## 1994

12. « Tension et espoir dans la poétique récente d'Yves Bonnefoy », *Critique*, n° 589-590 (« Yves Bonnefoy »), janvier-février 1994, p. 47-55.

## 1995

13. « Le Proche-Orient », in *Lorand Gaspar. Transhumance et Connaissance,* colloque du Centre International de Cerisy, été 1994, Madeleine Renouard (dir.), Paris, Éditions Jean-Michel Place, 1995, p. 255-281 ; suivi de la *Bibliographie* générale de l'auteur, établie par Daniel Lançon, p. 283-356.

14. *HIBISCUS ROUGE. Périple du Chevalier Amélius Cassius*, avec postface de Lorand Gaspar, Losne, Thierry Bouchard ; Romillé, Éditions Folle Avoine, 1995, 64 p., ill.

Réception critique : Steven Jaron : « Hibiscus rouge », Norman (Oklahoma, USA), *World Literature Today*, vol. 71, n° 1, Winter 1997, p. 109.

## 1996

15. « Soixante-quinze ans de littérature francophone en Égypte (cent auteurs). Bibliographie des principales publications et index des auteurs », Le Caire, *Ibda* (*Création*), décembre 1996, p. 139-154 ; précédé d'une introduction à l'œuvre d'Edmond Jabès trad. en arabe par Ragaa Yacout, p. 68-72.

16. « Le Caire, plongeant dans l'azur, où le rêve exulte », prose, *Poésie 96*, n° 62 (« L'Horizon »), avril 1996, p. 68-72.

## 1997

17. « Un *Ut pictura poesis* contemporain », in *L'Acte Créateur,* colloque de l'Institut Collégial Européen (Loches), Gilbert Gadoffre, Robert Ellrodt, Jean-Michel Maulpoix (dir.), juillet 1995, Paris, Mercure de France, 1997, p. 205-214, « Discussion », p. 215-217 ; (« Écritures »).

18. « L'écrivain Edmond Jabès au Caire », Le Caire, *Égypte Monde Arabe*, mars 1997, n° 29 ; http://ema.revues.org/index274.html

19. Entretien avec Daniel Lançon, Le Caire, *Al-Ahram International*, 9 novembre 1997, évocation des générations francophones, en français, trad. en arabe.

## 1998

20. « *Douve* à l'horizon des années cinquante », in *Yves Bonnefoy*, Jacques Ravaud (dir.), Cognac, Éditions Le Temps qu'il fait, 1998, p. 226-248. + Bibliographie des Œuvres « Yves Bonnefoy : 1985-1997 », établie par Daniel Lançon, p. 295-325.

21. « La France, passion égyptienne », *Qantara*, n° 27, juin 1998, p. 31-33, ill.

22. « Doria Shafik, voix brisée de la francophonie égyptienne », Périgueux, *Les Cahiers de Vésone*, printemps 1998, p. 14-20, ill.

23. *JABÈS L'ÉGYPTIEN*, Paris, Éditions Jean-Michel Place, 1998, 344 p., 61 ill. Biographie de jeunesse, 1912-1957.

Réception critique : conférences à la Bibliothèque Municipale de Tours (26 janvier 1999) et au Centre Culturel Égyptien de Paris (jeudi 25 février 1999) ; émission « Du jour au lendemain », France-Culture, diffusion 25 février 1999 ; réception critique : *Al-Ahram*, 25 février 1999 ; Alain Duveau : « Edmond Jabès, l'ultime question des origines », Bruxelles, *Le Mensuel Littéraire et Poétique*, n° 268, mars 1999, p. 7 ; Henri-Georges Muller : « Edmond Jabès, écrivain humaniste de l'exil », Tours, Le Courrier français, 19 février 1999, p. E, ill. ; Patrick Kéchichian : « *Jabès l'Égyptien* », *Le Monde des Livres,* vendredi 7 mai 1999, p. V ; *Critique*, juin 1999 ; René Kochmann : « *Jabès l'Égyptien* », *Europe*, juin 1999, p. 296-298 ; Daniel Madelenat : « Biographie littéraire, histoire littéraire, littérature comparée », in *Fin d'un millénaire. Rayonnement de la littérature comparée.* Textes réunis par Pascal Dethurens et Olivier-Henri Bonnerot, Strasbourg, Presses Universitaires de Strasbourg, 2000, p. 206.

24. « La France participée : les grandes heures de la francophonie égyptienne (1860-1960) », London, *Bulletin of Francophone Africa*, Spring 1998, n° 12-13, p. 11-40.

25. « Poétique de Lorand Gaspar à l'aube du siècle », *Dix-neuf vingt, XIX-XX*[e] *siècles*, n° 6 (« Que peut la poésie aujourd'hui ? », Jérôme Thélot dir.), octobre 1998, p. 177-186.

## 1999

26. Henri El-Kayem, *PAR GRAND VENT D'EST AVEC RAFALES*, édition et préface, Daniel Lançon et Cécile Gandolfi, Paris, Éditions L'Esprit des Péninsules, 1999, 210 p., ill.

27. *ENTRE NIL ET SABLE : ÉCRIVAINS D'ÉGYPTE D'EXPRESSION FRANÇAISE (1920-1960)*, Irène Fenoglio, Marc Kober et Daniel Lançon (dir.), Paris, C. N. D. P., 1999, 332 p., ill.

*Réception* : « *Entre Nil et Sable…* », Katell Querré, Le Caire, *Le Progrès égyptien*, samedi 8 janvier 2000 - Ahmed Youssef (en arabe), Le Caire, *Al Ahram*, 27 février 2000 – Marion Ranval-Zizine et Maïté Vienne, *Journal du CNRS*, n° 122, février 2000, p. 28 - Dina Hesmat, Le Caire, *Al Ahram Hebdo*, n° 337, 21-27 février 2001, - Georges Fréris, La Fayette (Louisiane), *Études francophones*, vol. XVII ; n° 1, Printemps 2002, p. 185-189.

28. « Fortune et infortune du champ littéraire d'Égypte », in *Entre Nil et Sable : Écrivains d'Égypte d'expression française (1920-1960)*, p. 27-50.

29. « Edmond Jabès l'Égyptien », in *Entre Nil et Sable : Écrivains d'Égypte d'expression française (1920-1960)*, p. 173-189.

30. « Georges Cattaui ou la France participée », *Entre Nil et Sable : Écrivains d'Égypte d'expression française (1920-1960)*, p. 87-103.

## 2000

31. « Robert Desnos dans les manuels scolaires : (mé)connaissance et enjeux », colloque de Cerisy, été 2000, in *Desnos 2000*, Kate Conley et Marie-Claire Dumas (dir.), Paris, Gallimard, 2000, p. 329-343.

32. « La Médiacritique en classe de français », *Le Français Aujourd'hui*, n°130 (« La Vie de l'auteur »), coordination Violaine Houdart-Mérot), août-septembre 2000, p. 83-88.

33 « Réflexions sur l'enseignement de la poésie », entretien avec Yves Bonnefoy, *Le Français Aujourd'hui*, n° 130 (« La Vie de l'auteur »), coordination Violaine Houdart-Mérot), août-septembre 2000, p. 18-25.

34. *LA POÉSIE À L'ÉCOLE, DE LA MATERNELLE AU LYCÉE*, Marie-Thérèse Denizeau et Daniel Lançon (dir.), préface de Georges Jean, Orléans, C. R. D. P. Région Centre, 2000, 135 p., ill., avec bibliographie générale (10 p.).

35. « Le Partenariat avec le poète », in *La Poésie à l'école, de la maternelle au lycée*, Marie-Thérèse Denizeau et Daniel Lançon (dir.), préface de Georges Jean, Orléans, C. R. D. P. Région Centre, octobre 2000, p. 49-65.

36. « La grande neige poétique d'Yves Bonnefoy », Nice, *Nu(e)*, n° 11 (« Yves Bonnefoy »), mars 2000, p. 97-103.

37. « Edmond Jabès, Ahmed Rassim et la question des genres en poésie francophone d'Égypte », London, *A. S. C. A. L. F. Yearbook*, n° 4, March-April 2000, p. 60-73. Association for the Study of Carribean and African Literature in French.

38. « Le manuscrit de Kasr-al-Doubara », fiction, in *Saluer Jabès. Les suites du livre*, Didier Cahen (dir.), Pessac, Opales, 2000, p. 86-93. Sous le pseudonyme de Abu Dan-El.

## 2001

39. « Georges Henein », « Yves Peyré », in *Dictionnaire de poésie de Baudelaire à nos jours,* Michel Jarrety (dir.), Paris, Presses Universitaires de France, 2001, p. 337-338 ; p. 593-594.

40. *YVES BONNEFOY ET LE XIX^e^ SIÈCLE, VOCATION ET FILIATION*, colloque de l'Université de Tours, novembre 2000, Daniel Lançon (dir.), Tours, *Littérature et Nation*, n° 25, 2001, 380 p. ; bibliographie « Yves Bonnefoy et le XIX^e^ siècle », p. 347-356.

41. « L'Avenir du passé », in *Yves Bonnefoy et le XIX^e^ siècle, vocation et filiation*, colloque de l'Université de Tours, novembre 2000, Daniel Lançon (dir.), Tours, *Littérature et Nation*, n° 25, 2001, p. 1-5.

42. « La *petite patrie*, l'École et les langues : aux origines de la vocation », in *Yves Bonnefoy et le XIX^e^ siècle, vocation et filiation*, colloque de l'Université de Tours, novembre 2000, Daniel Lançon (dir.), Tours, *Littérature et Nation*, n° 25, 2001, p. 79-107.

43. « Marcheurs de l'horizon : Victor Segalen et Pierre Teilhard de Chardin en Chine », Brest, *Cahiers de l'Association Victor Segalen*, n° 7 (« Segalen et ses contemporains », Marie Dollé dir.), 2001, p. 115-125.

44. « Yves Bonnefoy et Tours : 'Que le bien de la source ne cesse pas / À l'instant où la source est retrouvée' », in *Tours, des légendes et des hommes*, Michel Lussault (dir.), Paris, Éditions Autrement, 2001, (« Collection France ; 21), p. 217-225.

45. « Yves Bonnefoy (1946-1950), surréalisme & périphérie », in *Les Traversées,* volume d'hommage à Marie-Claire Dumas, Nathalie Piégay-Gros (dir.), Paris, Librairie Honoré Champion, 2001, p. 83-102.

46. *L'ERMITE DE DOKKI. RENÉ GUÉNON EN MARGE DES MILIEUX FRANCOPHONES ÉGYPTIENS*, Xavier Accart (dir.), avec la collaboration de Daniel Lançon, Paris ; Milano, Archè, 2001, 354 p.

47. « René Guénon, diaphane au Caire », in *L'Ermite de Dokki. René Guénon en marge des milieux francophones égyptiens*, Xavier Accart (dir.), avec la collaboration de Daniel Lançon, Paris ; Milano : Archè, 2001, p. 19-43.

48. « L'Égypte inaccessible de Philippe Jaccottet », in *Philippe Jaccottet. Études et œuvres,* Jérôme Thélot et Patrick Née (dir.), Cognac, Éditions Le Temps qu'il fait, 2001, p. 223-231.

49. « Ahmed Rassim, le passeur invisible », Tours, *Littérature et Nation*, n° 24 (« La langue de l'autre ou la double identité de l'écriture »), 2001, p. 217-229.

50. « Ciels, Provence et finitude. Notes à propos d'une œuvre commune », Nice, *Nu(e),* n°13 (« Nasser Assar »), mars 2001 p. 67-70. *Dans le leurre du seuil*, Yves Bonnefoy/Nasser Assar.

## 2002

51. « Les passés littéraires d'Alexandrie », *Qantara*, n° 43, printemps 2002, 47-49.

52. « Une controverse littéraire exemplaire au Caire : l'affaire Bonjean-Deif (1927-1931) », in *Enseigner la Francophonie,* journée d'études de juillet 2000, Université de Bayreuth (Allemagne), Janos Riesz et Véronique Porra (dir.), Bremen, Éditions Palabres, 2002, p. 137-147.

53. « Vers une nouvelle didactique de la poésie », colloque « La poésie de l'École », Université d'Artois, avril 2000, Arras, *Cahiers Robinson*, n° 11, mai 2002, p. 177-209 ; avec une bibliographie générale établie par Daniel Lançon.

54. « Le Voyage oriental de Lorand Gaspar : entrée décisive en poésie », in *Poésie et voyage. De l'énoncé viatique à l'énoncé poétique*, 12e colloque international du Centre de Recherche sur la littérature des voyages, La Napoule, 12-14 mars 1999, Sophie Linon-Chipon,

Véronique Magri-Mourgues et Sarga Moussa (dir.), Nice, Éditions La Mancha, 2002, p. 293-310.

55. « La Mémoire alexandrine », *Qantara*, n° 44, Été 2002, p. 12-15, ill.

56. « Un poète-voyageur : James Sacré et le Maghreb », in *James Sacré*, colloque de l'Université de Pau, Centre de Poésie Contemporaine, mai 2001, Christine Van Rogger Andreucci (dir.), Saint-Benoît du Sault, Éditions Tarabuste, 2002, p. 37-47 ; « Bibliographie des œuvres de James Sacré (1962-2002) », établie par Daniel Lançon, p. 221-259.

57. « Un horizon d'altérité : naissance de l'auteur francophone du Tiers-monde à l'École », colloque « L'auteur », Université Michel Montaigne, mars 2000, Bordeaux, *Modernités*, décembre 2002, p. 211-223.

58. *LORAND GASPAR*, Daniel Lançon (dir.), Nice, *Nu(e)*, n° 17, 2002, 189 p.

59. « La Maison près de la mer », *Lorand Gaspar*, Daniel Lançon (dir.), Nice, *Nu(e)*, n° 17, 2002, p. 143-149.

## 2003

60. *YVES BONNEFOY ET L'EUROPE DU XX^e^ SIÈCLE*, Michèle Finck, Daniel Lançon et Maryse Staiber (dir.), Presses Universitaires de Strasbourg, 2003, 503 p.

61. « L'Europe, le XX^e^ siècle, la poésie », entretien d'Yves Bonnefoy avec Michèle Finck, Daniel Lançon et Maryse Staiber, in *Yves Bonnefoy et l'Europe du XX^e^ siècle*, Michèle Finck, Daniel Lançon et Maryse Staiber (dir.), Presses Universitaires de Strasbourg, 2003, p. 5-19.

62. « Georges Henein et Yves Bonnefoy : l'exemplarité de l'amitié », in *Yves Bonnefoy et l'Europe du XX^e^ siècle*, Michèle Finck, Daniel Lançon et Maryse Staiber (dir.), Presses Universitaires de Strasbourg, 2003, p. 459-478.

63. « Un paradoxe urbain : gnose et éthique dans le *Paris* de Jean Follain », colloque « Jean Follain », Centre jacques Petit, Université de Franche-Comté, mars 2002, in *Jean Follain : un goût très fin d'éternel*, Jean-Yves Debreuille, Gérard Farasse et Catherine Mayaux (dir.), Pau, éditions de Vallongues, 2003, p. 171-178.

64. « L'Ingénuité d'Andrée Chedid », Arras, *Cahiers Robinson*, n° 14 (« Enfances multiples. Andrée Chedid », Christiane Chaulet-Achour dir.), 2003, p. 12-19.

65. « Georges Cattaui : l'Orient et l'Occident de l'accomplissement », *Bulletin de la Société Paul Claudel*, n° 170, juin 2003, p. 2-13.

66. « Louis Pierre Mouillard, aviateur au Caire », *Romantisme*, n° 120 (« Égypte », Sarga Moussa dir.), 2e trimestre 2003, p. 77-87.

## 2004

67. *LORAND GASPAR*, sous la direction de Daniel Lançon, Cognac, Éditions Le Temps qu'il fait, 2004, 415 p., ill., collection « Cahiers ; 16 » ; avec Bibliographie générale (œuvres, traductions, critique) établie par Daniel Lançon, p. 355-412.

68. « Avant-propos », in *Lorand Gaspar*, sous la direction de Daniel Lançon, Cognac, Éditions Le Temps qu'il fait, 2004, p. 7-8.

69. « Une nouvelle universalité », entretien avec Lorand Gaspar, in *Lorand Gaspar*, sous la direction de Daniel Lançon, Cognac, Éditions Le Temps qu'il fait, 2004, p. 43-54.

70. « Nationalité littéraire et universalisme de l'œuvre d'Andrée Chedid », colloque, Université Paris XIII, juin 2003, in *Andrée Chedid. Racines et Libertés,* Jacques Giraud et Bernard Lecherbonnier (dir.), Paris, L'Harmattan, 2004, p. 73-84.

71. « Les derniers voyageurs français en Égypte dé(livrée), 1900-1956 », XVe colloque du Centre de Recherche sur les Littératures de Voyage, La Napoule, in *Le dernier siècle des voyages*, Olivier Hambursin (dir.), Paris, Presses Universitaires de la Sorbonne, 2004, p. 223-244.

72. « La Condition itinérante de l'homme dans le siècle : les années égyptiennes de Gabriel Bounoure », in *Vergers d'exil. Gabriel Bounoure dans le siècle*, colloque d'Aix-en-Provence, 8-9 juin 2001, Gérard Khoury (dir.), Paris, Librairie Orientaliste Geuthner, 2004, p. 233-252 ; bibliographie générale, p. 373-388. Avec « Bibliographie de Gabriel Bounoure (1913-1995) », établie par Daniel Lançon, p. 370-390.

## 2005

73. « La Naissance de l'auteur français », *Europe*, n° 917 (« Lorand Gaspar »), octobre 2005, 73-87.

74. *Yves Bonnefoy. Poésie et Peinture, 1993-2005*, Bordeaux, William Blake & Co Édit., 2005, 107 p, grand format, ill. en noir et en coul.

Catalogue de l'exposition « Yves Bonnefoy. Poésie et peinture. 1993-2005 » au Château de Tours (9 avril-3 juillet 2005). Comité scientifique et auteurs des notices : Yves Bonnefoy, Odile Bombarde, Jean-Paul Avice, Daniel Lançon, Patrick Née, Alain Irlandes, Michèle Prévost. Commissariat général : Alain Irlandes, Michèle Prévost.

75. « John Constable, *Dedham vu de Langham* ; Hopper, Étude pour *Sun in an empty room* » ; *Pierre écrite* (Yves Bonnefoy/Raoul Ubac) ; *Le Miracle du feu* (Yves Bonnefoy/Eduardo Chillida) », in *Yves Bonnefoy. Assentiments et partages*, Bordeaux, William Blake & Co. Édit., 2005, p. 78 ; p. 85-86 ; p. 120 ; p. 123.

Catalogue de l'exposition « Yves Bonnefoy. Assentiments et partages » au Musée des Beaux-arts de Tours (9 avril-3 juillet 2005). Comité scientifique et textes des notices : Odile Bombarde, Jean-Paul Avice, Daniel Lançon, Patrick Née. Commissariat général : Philippe Le Leyzour, Danielle Oger.

## 2006

76. « L'Aménité romantique en Égypte – un pluriel à « civilisation » ? », *Lettre trimestrielle*, n° 19, juillet 2006, p. 5-7, ill. Société des Études saint-simoniennes.

77. *HEATHER DOHOLLAU : L'ÉVIDENCE LUMINEUSE*, colloque de Cerisy, juin 2005, Daniel Lançon et Tanguy Dohollau (dir.), Bédée, Éditions Folle Avoine, 2006, 175 p.

78. « 'La Joie du don' », avant-propos, in *Heather Dohollau : l'évidence lumineuse*, colloque de Cerisy, juin 2005, Daniel Lançon et Tanguy Dohollau (dir.), Bédée, Éditions Folle Avoine, 2006, p. 9-10 ; « Bibliographie », p. 165-170.

79. « Le Destin du lettré Nicolas Perron, passeur des cultures arabes », in *L'Orientalisme des saint-simoniens*, colloque de l'Institut du Monde Arabe, 26-27 novembre 2004, Michel Levallois et Sarga Moussa (dir.), Paris, Maisonneuve et Larose, 2006, p. 197-222, ill.

80. « Introduction », et établissement du texte des poèmes, Georges Henein, *ŒUVRES, POÈMES RÉCITS, ESSAIS, ARTICLES ET PAMPHLETS,* préface de Yves Bonnefoy et Berto Farhi, édition établie par Pierre Vilar, avec la collaboration de Marc Kober et Daniel Lançon, Paris, Denoël, 2006, 1062 p. ; p. 35-37 ; p. 38-153.

## 2007

81. *EDMOND JABÈS : L'ÉCLOSION DES ÉNIGMES*, colloque de Cerisy, août 2003, Daniel Lançon et Catherine Mayaux (dir.), Saint-Denis, Presses Universitaires de Vincennes, 2007, 317 p.

82. « Avant-propos », avec Catherine Mayaux, in *Edmond Jabès : l'éclosion des énigmes*, colloque de Cerisy, août 2003, Daniel Lançon et Catherine Mayaux (dir.), Saint-Denis, Presses Universitaires de Vincennes, 2007, p. 7-13.

83. « Le Destin poétique d'Edmond Jabès dans les désécritures de la décennie blanche », in *Edmond Jabès : l'éclosion des énigmes*, colloque de Cerisy, août 2003, Daniel Lançon et Catherine Mayaux (dir.), Saint-Denis, Presses Universitaires de Vincennes, 2007, p. 43-66.

84. « Vers une reconnaissance des altérités : l'Égypte de Savary en héritage », Genève (Suisse), *Orages*, numéro consacré à « L'Égypte des Lumières, 1760-1830 », 1er semestre 2007, p. 21-47, ill.

85. « L'Égypte des lettrés et le creuset des religions du Proche-Orient et de l'Occident », in *Orient-Occident : la rencontre des religions dans la littérature moderne*, colloque Université Paris 3 Sorbonne Nouvelle, Muriel Détrie (dir.), Paris, Éditions You Feng, 2007, p. 277-298.

86. *YVES BONNEFOY : POÉSIE, RECHERCHE ET SAVOIRS,* colloque de Cerisy, août 2006, Daniel Lançon et Patrick Née (dir.), Paris, Éditions Hermann, 2007, 645 p.

Réception par Nelson Charest, Montréal, *analyses*, vol. 7, n° 3, automne 2012, p. 423-433 (avec recension de François Lallier, La Voix intérieure, II, 2010).

87. « Yves Bonnefoy et le goût des savoirs », Daniel Lançon et Patrick Née, in *Yves Bonnefoy : poésie, recherche et savoirs*, colloque de Cerisy, août 2006, Daniel Lançon et Patrick Née (dir.), Paris, Éditions Hermann, 2007, p. 5-19.

88. *YVES BONNEFOY. L'AMITIÉ ET LA RÉFLEXION*, Daniel Lançon et Stephen Romer (dir.), Tours, Presses Universitaires François-Rabelais, 2007, 174 p.

89. « Avant-propos », in *Yves Bonnefoy. L'Amitié et la réflexion*, Daniel Lançon et Stephen Romer (dir.), Tours, Presses Universitaires François-Rabelais, 2007, p. 7-8.

90. *L'ÉGYPTE LITTÉRAIRE DE 1776 À 1882. DESTIN DES ANTIQUITÉS ET AMÉNITÉ DES RENCONTRES*. Préface d'Yves Bonnefoy, Paris, Geuthner, 2007, 716 p., ill. Réception critique : Michel Brix : « Daniel Lançon, *L'Égypte littéraire* de 1776 à 1882 », Louvain-la-Neuve, *Lettres Romanes*, vol. 61, n° 1-2, 2007, p. 161-162.

91. Ahmed Rassim, *LE JOURNAL D'UN PAUVRE FONCTIONNAIRE ET AUTRES TEXTES*, Préface d'Andrée Chedid. Édition établie, annotée et présentée par Daniel Lançon, Paris, Denoël, 2007, 576 p.

Réception critique : J.-C. P. : « Poète pacha. Ahmed Rassim *Le Journal d'un pauvre fonctionnaire et autres textes* », *Livre Hebdo*, 13 avril 2007, p. 7. - Robert Solé : « Chants d'un monde évanoui. Ahmed Rassim *Le Journal d'un pauvre fonctionnaire et autres textes* », *Le Monde des Livres*, 18 mai 2007, p. 3. - A. F. : « Rassim, l'Égyptien francophile. Ahmed Rassim *Le Journal d'un pauvre fonctionnaire et autres textes* », Genève, *La Liberté*, 10 juillet 2007, p. 6. - Éric Phalippou : « Un roman égyptien. Ahmed Rassim *Le Journal d'un pauvre fonctionnaire et autres textes* », *La Quinzaine Littéraire*, n° 950, 16-31 juillet 2007, p. 10-11.

92. « Postface », Ahmed Rassim *Le Journal d'un pauvre fonctionnaire et autres textes*, Édition établie, annotée et présentée par Daniel Lançon, Paris, Denoël, 2007, p. 501-525.

93. « Patrick Née : *Yves Bonnefoy penseur de l'image ou les Travaux de Zeuxis* », *Europe*, n° 935, mars 2007, p. 378-380.

## 2008

94. « Retour sur le voyage de Sartre en Égypte (1967) : points de vue égyptiens », *L'Année Sartrienne*, mai 2008, p. 21-25.

95. « La Mise en œuvre de *Sol absolu* : savoir et poétique », Bruxelles, Paris, *Nunc*, n°17 (« Lorand Gaspar »), novembre 2008, p. 26-30.

96. « Préface », Jean-Jacques Luthi, *Entretiens avec des auteurs francophones d'Égypte et fragments de correspondances*, Paris, L'Harmattan, 2008, p. 5-7.

97. « Les Lettrés égyptiens et la France (1798-1835) », in *Bonaparte et l'Égypte. Feu et lumières,* exposition de l'Institut du monde arabe, Paris, octobre 2008-mars 2009, Paris, Hazan, IMA, p. 341-344, ill.

98. « Le Contre feu des Romantiques », *Qantara,* n° 69 (« L'Égypte après Bonaparte »), octobre 2008, p. 49-51, ill.

99. « Mémoires de l'expédition d'Égypte », *Méditerranée Magazine,* Automne 2008, p. 76-80, ill.

## 2009

100. *L'AILLEURS DEPUIS LE ROMANTISME. ESSAIS SUR LES LITTÉRATURES EN FRANÇAIS,* colloque de Cerisy, août 2008, Daniel Lançon et Patrick Née (dir.), Paris, Éditions Hermann, 2009, 580 p.

101. « Introduction », in *L'Ailleurs depuis le romantisme. Essais sur les littératures en français,* colloque de Cerisy, août 2008, Daniel Lançon et Patrick Née (dir.), Paris, Éditions Hermann, 2009, p. 7-17.

102. « Georges Henein ou l'impossible ici de l'ailleurs » in *L'Ailleurs depuis le Romantisme. Essais sur les littératures en français,* colloque de Cerisy, août 2008, Daniel Lançon et Patrick Née (dir.), Paris, Hermann, 2009, p. 283-302.

## 2010

103. « L'Expérience des États-Unis », in *Yves Bonnefoy,* Odile Bombarde et Jean-Paul Avice (dir.), Paris, L'Herne, (mars) 2010, p. 204-209.

104. « Le Défi des avant-gardes européennes pour les écrivains égyptiens et pour Georges Henein en particulier de 1934 à 1941 », in *Les Métropoles des avant-gardes/Avantgardistische Metropolen,* colloque de Genève, novembre 2006, Edith Kunz, Thomas Hunkeler (dir.), Berne, Peter Lang, 2010, p. 163-174.

105. « Étiemble et *Valeurs* à Alexandrie : L'Égypte et la France à la recherche d'elles-mêmes (1944-1948) », in *Itinéraires intellectuels entre la France et les rives sud de la Méditerranée,* colloque de Cergy-Pontoise, 24-25 septembre 2008, Christiane Achour (dir.), Paris, Éditions Karthala, 2010, p. 207-234.

106. « Gérard de Nerval et Jean-Jacques Ampère en Égypte : mise à l'épreuve des savoirs et rencontres d'altérité », in *Gérard de Nerval et l'esthétique de la modernité*, colloque de Cerisy, août 2008, Jacques Bony, Gabrielle Chamarat, Hisashi Mizuno (dir.), Paris, Hermann, 2010, p. 167-180.

107. « L'Invention de l'auteur : Assia Djebar entre 1957 et 1969 ou l'Orient second en français », in *Assia Djebar, littérature et transmission*, colloque de Cerisy, 23-30 juin 2008, Mireille Calle-Gruber, Dominique Combe, Wolfgang Asholt (dir.), Paris, Presses Sorbonne Nouvelle, 2010, p. 119-139.

108. « Polyphonie en absence : la voix des esclaves africains d'Égypte », in *Littérature et esclavage. XVIII^e-XIX^e siècles*, Sarga Moussa (dir.), colloque Institut des Sciences de l'homme, Lyon, 18-20 juin 2009, Paris, Desjonquères, 2010, p. 127-141.

109. « LECTURES DE VICTOR-MARIE COMTE HUGO », *L'Amitié Charles Péguy*, Julien Piat et Daniel Lançon (dir.), n° 131-132, octobre-décembre 2010, p. 737-810.

110. « L'Ailleurs et la colonie ou les paradoxes de la 85^ème note de *Victor-Marie Comte Hugo* », *L'Amitié Charles Péguy*, n° 131-132 (« Lectures de Victor-Marie Comte Hugo »), octobre-décembre 2010, p. 763-777.

111. « Le Théâtre, la voix et la scène shakespearienne chez Yves Bonnefoy », in *Quarante ans de scénographie*, Luc Boucris, Jean-François Dusigne et Romain Fohr (dir.), Montpellier, Éditions de l'Entre-temps, 2010, p. 179-186 grand format.

112. « Out el Kouloub », in *Dictionnaire des écrivains francophones classiques, Afrique subsaharienne, Caraïbe, Maghreb, Machrek, Océan indien*, Christiane Achour (dir.), Corinne Blanchaud (coll.), Paris, Honoré Champion, 2010, p. 344-347.

## 2011

113. « Portraits et épitaphes : la Mémoire des âmes dans les récits récents d'Yves Bonnefoy », in *Yves Bonnefoy. Écrits récents (2001-2008)*, Patrick Labarthe, Odile Bombarde (dir.), colloque du Centre d'Études poétiques, Romanisches Seminar, Université de Zürich (Suisse), 13-16 mai 2009, Genève, Slatkine Érudition, 2011, p. 263-280.

114. « Le Voyage égyptien des Français (1820-1880) : fragile entreprise de mémoire vive », colloque de Cerisy, 1er-8 septembre 2007, in *Le Voyage et la mémoire au XIX*[e] *siècle*, Sarga Moussa, Sylvain Venayre (dir.), Paris, Créaphis Éditions, 2011, p. 157-172.

115. « L'Égypte arabe à la croisée des discours (1956-1970) : débats culturels en miroir », in *Écrivains et intellectuels français face au monde arabe*, colloque Université de Cergy-Pontoise, janvier 2008, Catherine Mayaux (dir.), Paris, Honoré Champion, 2011, p. 89-105. (« Littérature de notre siècle »).

116. « La France des Égyptiens » (1940-1946), *La France des écrivains : éclats d'un mythe (1945-2005),* colloque, Université Paris 3 Sorbonne Nouvelle, 22-24 octobre 2009, Michel Schmitt, Marie-Odile André (dir.), Paris, Presses Sorbonne Nouvelle, 2011, p. 27-40.

117. Entretien filmé : « L'Égypte au XIXe siècle », Bibliothèque Nationale de France (Richelieu, Paris), exposition « Visions d'Égypte. Émile Prisse d'Avennes (1807-1879) », 1er Mars-5 juin 2011. Vidéo en ligne.

## 2012

118. « Andrée Chedid », « Albert Cossery », « Heather Dohollau », « Lorand Gaspar », « Edmond Jabès », in *Passages et ancrages. Dictionnaire des écrivains migrants de langue française (1981-2011)*, Ursula Mathis-Moser et Birgit Mertz-Baumgartner (dir.), Paris, Honoré Champion Éditeur, 2012, p. 216-220 ; p. 245-247 ; p. 311-313 ; p. 321-234 ; p. 373-375.

119. « Les *Journaux* d'un ailleurs néo-romantique : l'exemple de l'Égyptien francophone Ahmed Rassim », in *Les Journaux d'écrivains : enjeux génériques et éditoriaux*, colloque Université Stendhal Grenoble 3, 21-23 octobre 2010, Cécile Meynard (dir.), Berne, Peter Lang, 2012, p. 391-406. (« Littératures de langue française »).

## 2013

120. « Les *Entretiens* au cœur de la poétique d'Yves Bonnefoy », in *Yves Bonnefoy. Poésie et dialogue,* Michèle Finck et Patrick Werly (dir.), Presses Universitaires de Strasbourg, 2013, p. 77-90.

121. « Paroles orientales au cœur de l'Empire : al-Afghani à Paris (1883-1884) », in *Les Orientaux face aux orientalismes*, journée d'études de

l'Université d'Amiens, 31 mars 2010, Ridha Boulaâbi (dir.), Paris, Geuthner, 2013, p. 41-66.

122. « L'Idéologue Volney devant l'altérité des langues du Proche-Orient : utopies et apories », in *Le Moment idéologique. Littérature et sciences de l'homme*, colloque de l'Université Stendhal Grenoble 3, novembre 2009, Yves Citton, Lise Dumasy (dir.), Lyon, ENS éditions, 2013, p. 177-195.

123. « L'Égyptophilie littéraire de Prisse d'Avennes : une mémoire des altérités », in *Emile Prisse d'Avennes : un artiste-antiquaire en Égypte au XIXe siècle*, colloque de l'Institut National d'Histoire de l'Art, 31 mars 2011, Mercedès Volait (dir.), Le Caire, Institut Français d'Archéologie Orientale, 2013, p. 17-28.

124. « L'imaginaire littéraire des hiéroglyphes chez les écrivains français : égypto*sophie*, cratylisme et analyse de la psyché », in *Le XIX^e^ siècle & ses langues*, Sarga Moussa (dir.), Paris, Société des Études Romantiques et dix-neuviémistes, V^e^ congrès 24-25 janvier 2013, sur le site de la Société et de la Fondation Singer-Polignac en novembre 2013, communication consultable (audio-vidéo).

125. « Jehan d'Ivray », « Doria Shafik », « Out el Kouloub », in *Dictionnaire des femmes créatrices*, Mireille Calle-Gruber, Béatrice Didier (dir.), Paris, Éditions des Femmes, novembre 2013.

126. « La Semaine égyptienne, de 1926 `a 1939 ou la littérature comme ailleurs », https://halshs.archives-ouvertes.fr/hal-00872925/document

## 2014

127. *PERSPECTIVES EUROPÉENNES DES ÉTUDES LITTÉRAIRES FRANCOPHONES*, colloque Université Stendhal Grenoble 3, 17-19 mars 2010, Claude Coste et Daniel Lançon (dir.), Paris, éditions Honoré Champion, 2014, 350 p. (dont « Théorie des littératures en français. Éléments pour une bibliographie mondiale (2005-2011) », établi par Daniel Lançon, p. 265-346).

Réception par Joëlle Le Morzellec, Académie des sciences d'Outre-mer, 2016 (www.academieoutremer.fr) ; par Yolaine Parisot, *Revue d'histoire littéraire de la France*, http://srhlf.free.fr/PDF/ Perspectives_europeennes _francophones.pdf ; par Alexandra Gueydan-Turek, *French Review*, vol. 89, n° 4, may 2016, p. 221-222 ; par Valentina Tarquini, Bologna, *Rivista Francofonia*, marzo 2016, p. 159-161.

128. « Perspectives européennes des études littéraires francophones », avec Claude Coste, in *Perspectives européennes des études littéraires francophones,* colloque Université Stendhal Grenoble 3, 17-19 mars 2010, Claude Coste et Daniel Lançon et (dir.), Paris, éditions Honoré Champion, 2014, p. 7-19.

129. « 1962 : l'Algérie de la revue *Esprit* », in *La France et l'Algérie en 1962. De l'histoire aux représentations textuelles d'une fin de guerre*, Pierre-Louis Fort et Christiane Chaulet-Achour (dir.), Paris, Karthala, 2014, p. 41-55.

130. *YVES BONNEFOY : HISTOIRE DES ŒUVRES ET NAISSANCE DE L'AUTEUR. DES ORIGINES AU COLLÈGE DE FRANCE,* Paris, Hermann, 2014, 618 p.

Réception par John E. Jackson, Genève, *Le Temps*, 2014, 5 juillet 2014, p. 37 ; Lucien Wasselin, *Europe*, n° 1029-1030, janvier-février 2015, p. 370-372.

131. « Les relectures d'*Orientalism* par Edward Said : défense, illustration et nouveaux contextes », *Sociétés & représentations*, n° 37 (« Edward Said. Une conscience inquiète du monde », Guillaume Bridet dir.), printemps 2014, p. 79-89.

132. « Le Moyen-Âge d'Yves Bonnefoy : un sacré pour la poésie des années cinquante », in *Mémoire du Moyen-Âge dans la poésie contemporaine*, colloque universités Paris 3 Sorbonne Nouvelle, Paris IV Sorbonne, Paris 8, École Normale Supérieure Ulm, 15-17 septembre 2011, Nathalie Koble, Mireille Séguy (dir.), Paris, Hermann, 2013, p. 209-226.

133. « Cité des hommes et cité de Dieu dans les écrits religieux de la guerre d'Algérie », in *Guerre d'Algérie. Les mots pour la dire*, Catherine Brun (dir.), colloque de l'Université Paris 3 Sorbonne Nouvelle, BNF/IMA, 6-7 décembre 2012, Paris, CNRS Éditions, 2014, p. 93-112.

134. *L'ORIENT DES REVUES, XIX^e^-XX^e^ SIÈCLES*, Daniel Lançon (dir.), Grenoble, ELLUG, 2014, 198 p.

Réception par Efstratia Oktapoda, *Le Français à l'Université*, 21e année, n°1, janvier 2016, en ligne en mars 2016.

135. « L'Orient dans les revues françaises et francophones : vers une révolution des représentations », in *L'Orient dans les revues, XIXe-XXe siècles*, Daniel Lançon (dir.), Grenoble, ELLUG, 2014, p. 7-12.

136. « Mutations des Orients arabes d'*Esprit* dans la décennie soixante », in *L'Orient dans les revues, XIX^e-XX^e siècles*, Daniel Lançon (dir.), Grenoble, ELLUG, 2014, p. 151-167.

137. « L'Égypte chrétienne dans le miroir des lettrés français : entre quête des origines de soi et stratégies culturelles (1880-1920) », in *Le Livre des Égyptes*, Florence Quentin (dir.), Paris, Robert Laffont, 2014, p. 629-637 (bibliographie p. 975-976) ; (Coll. « Bouquins »).

138. « L'Égypte ancienne des écrivains et des lettrés. Entre égyptologie et égyptosophie (1920-1970) », in *Le Livre des Égyptes*, Florence Quentin (dir.), Paris, Robert Laffont, 2014, p. 781-787 (bibliographie p. 975-976) ; (Coll. « Bouquins »).

139. « De l'isthme au canal de Suez : discours littéraires en tension », in *Le Livre des Égyptes*, Florence Quentin (dir.), Paris, Robert Laffont, 2014, p. 801-808 (bibliographie p. 976-977) ; (Coll. « Bouquins »).

140. *LE VOYAGE AU SINAÏ. ANTHOLOGIE DE TEXTES, DE 1700 À 1914*, Cécile et Daniel Lançon, Paris, Éditions Geuthner, 2014, 305 p., ill., couv. ill. en coul.

141. « Introduction », *Le Voyage au Sinaï. Anthologie de textes, de 1700 à 1914*, Cécile et Daniel Lançon, Paris, Éditions Geuthner, 2014, p. 5-9.

## 2015

142. *LES FRANÇAIS EN ÉGYPTE : DE L'ORIENT ROMANTIQUE AUX MODERNITÉS ARABES*, Saint-Denis, Presses Universitaires de Vincennes, 2015, 380 p., couv. ill. en coul.

143. *VESTIGES DU PROCHE-ORIENT ET DE LA MÉDITERRANÉE*, Catherine Delmas et Daniel Lançon (dir.), Paris, Geuthner, 2015, 258 p., ill., couv. ill. en coul.

Réception : avril 2017, Académie des sciences d'outre-mer.

144. « Les ruines périssent aussi : éléments pour une histoire de la posture anti-archéologique dans les récits de voyage en Égypte (XIX^e-début XX^e siècle) », in *Vestiges du Proche Orient et de la Méditerranée*, Catherine Delmas et Daniel Lançon (dir.), Paris, Geuthner, 2015, p. 147-162.

145. « Introduction », avec Sarga Moussa et Michel Murat, in *Poésie et orientalisme*, Michel Murat, Sarga Moussa (dir.), Paris, Garnier, 2015, p. 7-24.

146. « *Essai sur le Lyrisme et la Critique littéraire chez les Arabes* (1917), la thèse d'Ahmed Deif à l'Université de Paris : un exemple de transferts réciproques », in *Poésie et orientalisme*, Michel Murat, Sarga Moussa (dir.), Paris, Garnier, 2015, p. 193-206.

147 « L'Élégie la plus claire », in *Littératures plein Suds. Langues, Histoire, Mémoire. Mélanges pour Christiane Achour*, *Algérie Littérature / Action*, numéro hors série, juin 2015, p. 241-242.

148. « Exils, terre natale, terre rêvée : naissance de la francophonie littéraire libanaise dans et par la Grande Guerre », dans *La Grande Guerre et le Liban*, Paris, Geuthner, 2015.

## 2016

149. « Les Études littéraires orientalistes d'hier à demain ou les Orients décomposés et recomposés », *La Réserve* [En ligne], La Réserve, Livraison du 09 janvier 2016, mis à jour le : 16/01/2016, URL : http://ouvroir-litt-arts.u-grenoble3.fr/revues/reserve/ /revues/reserve/314-les-etudes-litteraires-orientalistes-d-hier-a-demain-ou-les-orients-decomposes-et-recomposes.

150. « Urbain a beaucoup écrit… » (introduction à « Urbain poète, journaliste et publiciste », « Qu'en est-il donc de l'héritage d'Urbain… » (introduction à « Perspectives contemporaines »), in *Ismaÿl Urbain, les saint-simoniens et le monde arabo-musulman,* bicentenaire de la naissance, colloque Bibliothèque de l'Arsenal (BnF) et Institut du Monde Arabe, 24-25 octobre 2013, Michel Levallois et Philippe Régnier (dir.), Paris, Riveneuve, 2016, p. 373 ; p. 437.

## 2017

151. « Jules Mohl, un grand orientaliste et penseur de l'orientalisme à l'époque romantique », in *Orient. Zur (De-)Konstruktion eines Phantasmas*, Véronique Porra und Gregor Wedekind (dir.), Bielefeld, Mainz, transcript verlag, 2017, p. 167-189.

152. « *L'Égypte nouvelle* (1920-1926) ou le pari d'une modernité risquée », dans *Presses allophones de Méditerranée,* Jean-Yves Empereur et

Marie-Delphine Martellière (dir.), Alexandrie (Égypte), Centre d'Études Alexandrines (CEALEX), 2017, p. 47-62.

153. « Pour une archéologie des écritures viatiques dans l'œuvre de Lorand Gaspar », in *Lorand Gaspar, le poème et l'archive*, Anne Gourio et Danièle Leclair (dir.), Paris, Garnier, 2017, p. 125-142.

## 2018

154. « Poésie et photographie chez Yves Bonnefoy : au défi d'une rencontre de l'improbable », *Europe*, n° consacré à Yves Bonnefoy), Michèle Finck (dir.), 1er trimestre 2018, p. 166-175.

155. « *Feuilles d'hôpital* (1960-1990), les cahiers du chirurgien hospitalier et poète Lorand Gaspar », dans *Médecins-écrivains français et francophones : Imaginaires – poétiques – perspectives interculturelles et transdisciplinaires*, colloque de Saarbrücken (Allemagne), Julia Pröll, Hans-Jürgen Lüsebrink, Henning Madry (dir.), Würzburg, Königshausen & Neumann, 2018, p. 203-220.

156. « Une comtesse russe face à la condition des femmes en Égypte (1864) », dans *Femmes européennes en voyage. Afrique, Orient : regards littéraires*, Élodie Gaden (dir.), *Viatica*, n° 5, 2018, en ligne : *viatica.univ-bpclermont.fr/*

157. « L'Islam des Orientaux francophones au début du XXe siècle : l'utopie de la concorde », dans *Les Occidents des mondes arabes et musulmans. Afrique du Nord – XIXe-XXIe siècles*, Maxime Del Fiol et Claire Cécile Mitatre (dir.), Paris, Geuthner, 2018, p. 117-140.

## 2019

158. « Yves Bonnefoy, poésie, théâtralité et théâtre : une alliance au long cours (1948-2015) », dans *Puissances de la fiction théâtrale,* Catherine Naugrette (dir.), *Registres,* revue des études théâtrales, Paris, Presses de la Sorbonne Nouvelle, 2019.

159. « Les Orients de Valentine de Saint-Point : une militance politique contrariée et spiritualiste utopiste, 1925-1953 », dans *Valentine de Saint-Point. Des feux de l'avant-garde à l'appel de l'Orient*, colloque Université de Nantes, juin 2017, Paul-André Claudel et Élodie Gaden (dir.), Presses Universitaires de Rennes, 2019, p. 227-250.

160. « Femmes européennes au Moyen-Orient : dialogues, monologues et silences dans les harems, au milieu du XIXe siècle »,

dans *Dialogues interculturels à l'époque coloniale et postcoloniale. Représentations littéraires et culturelles. Orient, Maghreb, Afrique (de 1830 à nos jours)*, colloque de l'Institut Historique Allemand (Paris), 8-10 novembre 2017, Sarga Moussa, Hans-Jürgen Lüsebrink (dir), Paris, Éditions Kimé, 2019, p. 93-114.

161. *L'ESCLAVAGE ORIENTAL ET AFRICAIN AU REGARD DES LITTÉRATURES ET DES ARTS (XVIIIe–XXe siècles)*, Daniel Lançon et Sarga Moussa (dir), Paris, Presses de la Sorbonne Nouvelle, 2019.

162. « À la rencontre des Égyptiens contemporains dans les récits de voyage en français au tournant du siècle (1890-1914) : de l'Orient rêvé à l'Orient politique », Clermont-Ferrand, *Viatica*, n° 6, mars 2019, en ligne.

163. « Préface », Romolo Garbati, *Mon aventure dans l'Afrique civilisée* (1935), édition, notes et dossier, Paul-André Claudel, Alexandrie (Égypte), Centre d'Études Alexandrines, 2019, p. 1-11, (« Littérature alexandrine » ; 3).

## *À paraître*

*. « L'Alexandrie littéraire du premier vingtième siècle : paradoxes et tensions d'une expérience de seconde patrie », dans *La seconde patrie. Vivre et penser ailleurs*, Sylvain Venayre (dir.), colloque Université Grenoble Alpes, novembre 2016.

*. *YVES BONNEFOY, ŒUVRE POÉTIQUE*, notices, notes, annotations, Odile Bombarde, Patrick Labarthe, Daniel Lançon, Patrick Née, Jérôme Thélot, Paris, Gallimard, collection de la Pléiade.

*. *NEDJMA DE KATEB YACINE, 1956-2016*, colloque Université Grenoble Alpes, avril 2017, Daniel Lançon, Ridha Boulaâbi, Pascale Roux (dir.).

*. « Tentatives de réinvention d'une géographie sacrée de l'isthme à l'époque du Canal de Suez (1855-1870) », colloque *Suez* à l'Université du Caire, 4-6 novembre 2018, à paraître dans la revue *Sociétés & Représentations.*

*. « Bibliographie descriptive des œuvres d'Yves Bonnefoy, 1946-2016 », avec la participation de l'auteur.

*. « Quelle présence des "grands" auteurs au sein d'une francophonie littéraire en cours de mondialisation ? », *Revue d'Histoire Littéraire de la France*, n° « Histoire littéraire francophone », Romuald Fonkoua (dir.).

*. « Alexandrie, ville orientale cosmopolite sous les bombes anglaises : récits et discours (juillet 1882) », colloque « Villes en guerre. L'urbanité moderne à l'épreuve du conflit (1800-1914) », Université Goethe de Francfort/ Institut Français (Allemagne), 30 mai-1er juin 2018.

*. « Deux érudits français au Caire : Bounoure et Bouillier lecteurs de Nerval », *Revue Nerval*, n° 4 (« Résonances. Autour de l'Orient nervalien »).

*. *ALEXANDRIE 1882, UNE VILLE DANS LA GUERRE*, Alexandrie (Égypte), Centre d'Études Alexandrines, (« Alexandrie moderne »).

*. *LE LONG COMBAT CONTRE LES SERVITUDES EN ALGÉRIE. Récits et discours 1814-1914.*

*. *LE HAREM DES VOYAGEUSES EUROPÉENNES EN REGARD DES DISCOURS MASCULINS (1780-1920).*

# Index des noms de personnes

Achevé d'imprimer en octobre 2019 par

15 rue Francis de Pressensé
93210 La Plaine Saint-Denis

Numéro d'impression : 148405

*Imprimé en France*